广东省教育厅广州学协同创新发展中心
广州市教育局广州学协同创新重大项目　研究成果
广东省普通高校人文社科重点研究基地

徐俊忠　涂成林　主编

The Essays of
Cantonology (1)

# 当代广州学评论
## （第1辑）

社会科学文献出版社
SOCIAL SCIENCES ACADEMIC PRESS (CHINA)

# 学术委员会

（按音序排列）

# 发刊词

当今世界，国际间的竞争往往表现为城市间的竞争，而城市间的竞争最终是"以文化论输赢"。故此，自第二次世界大战以后，以城市为研究对象的各种学科不断涌现，并逐渐从特色城市研究（如敦煌学、延安学）过渡到对重点城市的综合性研究。于是乎，以国际知名城市或特色城市为研究对象，深入城市的历史脉络和现实问题，试图构建一门综合性学科的尝试，在国内外不同城市和地域迅速展开。国际上出现了"伦敦学""东京学""巴黎学"等学科研究，国内则有"北京学""上海学""杭州学""武汉学""成都学""泉州学"等方兴未艾，渐成声势，并推出了不少研究成果。

然而，当我们反观广州这个具有2200多年历史的城市时，却别有一番滋味在心头。作为长期雄踞国内综合实力第三位的国家中心城市和历史文化名城，海内外学界对广州的研究虽然汗牛充栋，但直到前些年仍鲜有人提出研究"广州学"的明确倡议，也很少见"广州学"研究的具体成果。这不仅与广州当下在国内的总体实力和城市地位不相称，也与广州自秦以来两千多年一直是华南地区中心城市和综合门户城市的地位不相称，更与广州作为岭南文化中心地、近现代革命策源地、改革开放前沿地、海上丝绸之路发祥地的地位不相称。可见，在当前国际竞争格局、城市发展趋势和广州转型升级的大背景下，开辟"广州学"的研究领域不仅必要，而且及时。

值得欣慰的是，广州在2200多年的发展历史中虽然城市定位与功能多有变化，但其作为商贸中心的地位一直没有变化，这使得广州在中国对外商贸、对外交流中始终占有一席之地。因此，如果我们以"canton"为关键词搜索海外研究广州的资料和成果，就会发现关于广州的史料和研究卷帙浩繁，不胜枚举，特别是近400年来国际学术界不乏研究广州的高端成果。

这些研究成果再加上国内千年以来特别是近现代学界广州研究的浩瀚成果，不仅为"广州学"的研究奠定了坚实的基础，而且为"广州学"的成熟确立了国际视野，开启了"广州学"无限的发展可能。

因此，就有了研究"广州学"的倡议和探索，就有了"广州学协同创新发展中心"的制度建构与安排，它将扭转和改进当下广州研究中研究机构条块分割、专家学者各自为战、研究成果重叠分散的现状，从学科高度和学术框架来统摄广州研究的不同方面，并遵循严谨的学术态度对广州发展的历史和现实问题研究进行系统的梳理和规划。

因此，就有了"广州学论坛"的举办，就有了《当代广州学评论》的诞生，它将作为"广州学"协同创新的公共平台，汇集海内外"广州学"研究的专家学者，兼容并蓄，博采众长，努力汇聚和传播"广州学"的最新研究成果，打造"广州学"研究的高端学术品牌。

衷心期望海内外学者关注和参与，让我们共同见证《当代广州学评论》的发轫、成长和成熟。

《当代广州学评论》编辑部

2015 年 10 月

# 目 录 Contents

## 学科前沿

## 方法论研究

## 广府文化研究

## 海上丝绸之路研究

## 热点聚焦

## 经济视野

# 学科前沿

# 关于"广州学"学科建构的几个问题

涂成林[*]

**摘要：** 关于广州学的学科建设，有几个方面的重要指涉。一是广州学的基本定位和现实需求，二是广州学的学科框架、基础理论、学科分支和文献典籍，三是当下广州学建构所面临的历史与现实、点与面、本土性与开放性等若干核心问题。

**关键词：** 广州学 学科建设 框架 核心

近年来，经过同行方家的不懈努力，"广州学"不仅进入了地方决策者的视野，也进入了神圣的学术殿堂。其明显标志，一是有关推进广州学研究的建议不断得到地方首长的认可、批示与贯彻，最终促成了今日汇集全国同行的"广州学论坛"之盛举；二是"广州学"研究项目，经过多次论证、反复推敲，最终脱颖而出，建构出"广州学协同创新发展中心"的开放研究平台。然而，任何一门新兴学科的提出和成长，都免不了受到各种不同的质疑，都会在论争中发展和成形，"广州学"也是如此。有鉴于此，本文就"广州学"学科建构提出如下构想，就教于各位方家。

## 一 关于"广州学"的学科定位

"广州学"显然不是指传统专业门类意义上的一门学科，而是一门综合

---

* 涂成林，广州大学广州发展研究院院长，研究员，博士生导师；广州学协同创新发展中心负责人；国务院政府特殊津贴专家，广州市杰出专家。目前主要研究领域为马克思哲学与文化批评、科学学与科技政策、城市综合发展等。

的、交叉的、集成的新兴学科。但不能否认，"广州学"并非空中楼阁，其基础学科依然是传统意义上的学科，如城市学、地理学、社会学、经济学、历史学、文化学等。另外，"广州学"又是一个以现实问题和客观需求为导向的学科集群，是多种学科交叉、集成研究的产物。

换言之，"广州学"是以研究广州现实发展的诸多问题为切入点、增长点，进而延伸到广州研究的横向（空间）和纵向（时间）领域。从横向上看，"广州学"涵盖了广州经济、社会、文化、科技、城市发展、生态文明等林林总总各个方面；从纵向上看，"广州学"则延伸到广州城市史、文化演进史以及各种专门史，依托和研究体现广州底蕴的历史文化遗存和各种文献典籍等，深入城市文化、城市精神等方面进行深度发掘。

正因为"广州学"具有横向的广度和纵向的深度，所以就有了协同合作研究之必要；又因为"广州学"是一门综合的、交叉的新兴学科，所以也就存在创新发展之可能。正是这两者的有机结合及其发展潜力，方构成当下"广州学协同创新发展中心"存在之基础，这也成为"广州学"作为一门新兴学科得以成立和获得可持续发展的基础。

必须指出，"广州学"的提出，并非简单给当下林林总总、零碎松散的"广州研究"加上"学科"的冠冕，而是基于学科概念、学术体系和研究方法对现有"广州研究"的成果进行甄别、梳理与整合，使之具有学科的树干和学术的枝叶。同时，"广州学"一旦作为学科确立或者发展成形，就必须按照学科建设规律去梳理、整合与发展，既要厘清"广州学"作为学科的学科定位、内容框架与学理逻辑等，也要确立"广州学"的基础理论、主干学科与分支学科等内容。可见，"广州学"还刚刚开始，还有许多值得探索和创新的地方。

更需要强调的是，"广州学"的提出，并非一时头脑发热或者时下流行的学科虚拟，而是契合当下地方学、城市学研究的国际潮流，契合广州的历史积淀和城市定位，更契合当前广州经济社会文化发展的客观实际需求。

第一，"广州学"的提出符合当前国内外城市学研究的大趋势。在当前全球化背景下，城市成为国际竞争的主体，而城市间竞争又往往"以文化论输赢"。这种趋势不仅推动世界各个城市增强硬实力，也促使国内外关于城市的各种研究方兴未艾，如火如荼①，城市学的个案研究亦风起云涌。在国际上就有"东京学""伦敦学""巴黎学""纽约学"等，在国内更有"北京学""上海学""杭州学""温州学""泉州学"等。过去的京派、海派之争，其实就是城市文化个性的一种比较，其本身也是城市学、城市比较研究的一个具体内容。虽然争论者各执一端，但这种城市比较的争论所引起的广泛关注、造成的文化影响以及对城市文化资源的具象整合，都成为城市发展的重要因素②。广州作为立城 2200 余年、综合经济实力长期稳居全国第三、在国内外均有重要影响的"特大型城市"，不仅至今尚未提出与城市实力相匹配的"广州学"研究议题，关于自身的相关研究也落后于国内外其他同类城市，这不能不说是非常令人遗憾的事情。寄望于现时刚刚开启的"广州学"研究，当属亡羊补牢，为时未晚。

第二，"广州学"研究是广州开展国际文化交流的主符号。众所周知，越是民族的，就越是国际的；越是地方的，就越是世界的。基于"只缘身在此山中"的认识效应，若我们身处广州来谈论"广州学"往往会感到稀松平常，地气十足。但一旦"广州学"走向全国，甚至走向国际，必定会因为岭南地域特色和城市国际关注度而深受关注，最终成为广州与国际交往的一个文化符号。事实上，我们如果用"canton"一词进行国际范围内的文献检索，就会发现数百年来汗牛充栋的文献史料中，"canton"一词虽然通指"广东"，但空间范围其实就是广州及周边的有限区域。因此，如果我们启用以"cantonology"为名的"广州学"研究，不仅可以承接浩瀚的国际研究文献，而且可以接轨国际学术界关于广州的最新研究。这样一来，我们既可以建立一个具有国际视野的"广州学"学术研究与交流平台，也可

---

① 美国芝加哥学派是 20 世纪较早对城市进行研究的社会学学派。20 世纪斯宾格勒在哲学上最早提出对城市的关切，又有学者"从地理学的角度，稍后又从生态学的角度对城市进行研究"，其中尤以刘易斯·芒福德为代表。可参见［美］帕克等《城市社会学：芝加哥学派城市研究》，宋俊岭、郑也夫译，商务印书馆，2012，第 4 页。

② 参见杨东平《城市季风：北京和上海的文化精神》，新星出版社，2006。

以让"广州学"研究本身成为广州作为国际大都市的一个文化符号①。

第三，"广州学"的应用是服务广州经济社会文化发展的客观需求。广州作为千年商都、南国明珠，正在追求成为国际商贸中心和世界文化名城的发展目标。特别是建设世界文化名城，其要义之一就是梳理和继承广州历史文化传统，提升广州城市文化品位，培植广州城市文化精神。我们认为，"广州学"的提出，正是实现上述目标的有效尝试。在我们看来，"广州学"研究不仅可以增加广州的城市文化内涵，提高海内外人士特别是专家学者对广州的关注度，增强城市的国际影响力，而且"广州学"研究本身就是提升广州文化软实力和培育世界文化名城举措的一个组成部分（这一点可能尚未引起决策者的真正重视）。可以设想，当经过多年努力之后，"广州学"成为一门具有国际学术影响的"显学"，广州的城市文化价值就会得到充分彰显，广州的国际影响力就会得到进一步拓展，"广州现象"的文化意味就会引起国际学术界的关注和深入研究。

## 二 关于"广州学"的基本框架

如前所述，"广州学"作为一门新兴学科，正在建构，尚未成形。既然作为一门学科，从提出伊始，就必须按照学科规范构建其基本框架、理论体系、研究方法和文献基础。在这方面，笔者提出几点浅见，权作引玉之砖。

第一，要厘清"广州学"的基本概念，确立"广州学"的学科定位。当下国内外关于城市学或地方学的研究，大致有以下几种取向：一是着重于城市或区域的鲜明特征的研究，如"敦煌学"等；二是关注城市或区域

---

① 近年来，西方学界特别是美国学者对广州的研究及其成果大多可以纳入"广州学"的范围，如美国哈佛大学出版社出版的 Ezra F. Vogel, *Canton under Communism*：*Programs and Politics in a Provincial Capital* (1949 – 1968), Harvard University Press, 1980；哥伦比亚大学出版社出版的 Randolph C. Head, *Early Modern Democracy in the Grisons*：*Social Order and Political Language in a Swiss Mountain Canton* (1470 – 1620), Cambridge University Press, 2002；斯坦福大学出版社出版的 Janice Stockard, *Daughters of the Canton Delta*：*Marriage Patterns and Economic Strategies in South China* (1860 – 1930), Stanford University Press, 1992；Nation, *Governance, and Modernity in China*：*Canton* (1900 – 1927), Stanford University Press, 2000. 这些研究涉及广州的政治、民俗、商业等多个领域，具有较大的学术影响。

文化本体或民族特色的研究，如西方的"蒙古学"以及前几年轰动一时的"东方学"① 等；三是对城市或区域进行全方位的研究，如"北京学""杭州学""泉州学"等。

"广州学"大体上属于第三种取向。但这里要明确，"广州学"既不能理所当然地被视为"城市学""地方学"的某一分支，也不能纯粹被看作有关城市"文化学"的一门衍生学科，而只能是一门多学科交叉研究的综合性新兴学科。在我们看来，"广州学"与其他各门具体的学科不是相互包容的关系，而是相互交叉的关系。这一点既可以从前面谈及的"广州学"研究背景（必要性、迫切性、现实性）等方面展现出来，也可以从其作为一门学科的多元化内容建构和多样化方法论运用中揭示出来。

第二，厘清"广州学"所关涉的基础理论，确立"广州学"的话语体系。任何一门学科的建构，都需要依托相关的基础理论。就"广州学"而言，起码应包含以下三方面内容。

一是要包含"广州学"作为一门学科得以建立、得以奠基的那些基本理论，如我们经常涉猎的城市变迁、区域发展、社会空间、产业布局、城市创新等基本理论。

二是要包含"广州学"作为一门学科得以建立的各门具体的专业学科，如城市学、管理学、历史学、文化学、社会学、建筑学、经济学等相关的学科，这些学科的存在是广州学得以形成并生发成熟的基础营养。

三是要包含"广州学"学科建设的基础文献。这方面需要通过学术史的梳理和文献的甄别，将"广州学"的历史研究文献和现实研究材料、国内文献和国际文献进行整合和汇编，使之成为"广州学"不可或缺的文献资源。

第三，明确"广州学"的学科分支，建立"广州学"的基本骨架。

一是要建立"广州学"的纵向坐标和横向坐标。所谓横向坐标，就是对广州当下的经济、社会、文化、科技等各方面内容的研究；所谓纵向坐标，就是从现实的研究深入广州的历史、城市及建筑演变、艺术与音乐传统以及城市文化及其精神的研究。由此而确立"广州学"作为一门学科的"横断面"和"纵深点"。

---

① 参见〔美〕萨义德《东方学》，王宇根译，生活·读书·新知三联书店，2007。

二是要确立"广州学"的主要问题和次要问题，通过主要问题的确立明确"广州学"的主流话语体系，通过次要问题界定"广州学"可能延伸和扩展的范围，在此基础上，要建立"广州学"作为一门学科的基本范畴体系。

三是要划分"广州学"所涉及的不同学科层次。在这方面，既应构建"广州学"的主体学科，如城市学、文化学、历史学、地理学等，也应有与主体学科并行或者由主体学科衍生出来的其他学科分支，如城市社会学、城市生态学等，还应有对"广州学"关键节点的人物、专题和具体问题的研究，前者如赵佗、陆贾、孙中山、陈炯明等，后者如十三行、禁烟运动等。

四是要构建"广州学"开放性的学科体系和话语体系。加强"广州学"与其他学科的知识对接，与其他城市学的交流，以及与研究广州其他专题的合作，确立"广州学"的学科开放性，推进"广州学"的国际化研究视界、综合性话语体系与兼容性学术标准。

第四，整理"广州学"的文献典籍，奠定"广州学"的文献基础。学术文献是"广州学"作为一门新兴学科的主要配置和构建基础，必须给予高度重视。在这方面，笔者有以下设想。

首先，"广州学"要充分运用《广州大典》所提供的系统历史资料，将《广州大典》视为"广州学"之所以为"学科"的文献基础，构建"广州学"与《广州大典》之间"皮之不存，毛将焉附"的血肉关系①，从而使《广州大典》的文献价值通过"广州学"的生成与成熟而得到充分展示，使"广州学"的建设通过《广州大典》的基石而具有更坚实的基础。

其次，"广州学"应充分运用海外广州研究所积累的卷帙浩繁的文献，将这些文献作为"广州学"的学科基础和国际学术交流的通路。自清以来，广州曾出现过"一口通商"的辉煌，西方传教士及后来的西方学者研究广州者众。这些资料不仅应当成为"广州学"建构的基础资料，也应该成为"广州学"国际性起点的重要材料。

再次，"广州学"还要高度重视和合理辨识当下国内研究广州的种种文

---

① 《广州大典》是由中共广州市委宣传部、广东省文化厅牵头编纂出版的大型地方文献丛书，收罗关于广州的古籍 3500 多种，共 520 册，内容涉及广州学的方方面面。参见陈建华主编《广州大典》，广州出版社，2015。

献资料，通过汇集、归并、辨别和整合等方法，使已有的广州研究成果在"广州学"学科建设上各安其位、各得其所。同时，还要依据现有资料、评价体系，整合当今学者的共同努力，建立未来"广州学"的学科意识、学科取向和学科标准，提升"广州学"研究之于广州城市发展的资政价值和文化价值。

## 三 关于"广州学"的几个核心问题

就"广州学"的学科建构而言，我们既要有"经世致用"的现实关怀和"以文化论输赢"的可持续预期，也要有对学术本体的基本尊重和学科建设的高质量标准。基于这种考量，笔者认为"广州学"从一开始就应该具有较为强烈的"问题意识"和"目标导向"，并始终秉持这种追求和态度，推动"广州学"的深入研究和可持续发展。就眼下急需而论，笔者认为"广州学"在学科建构中主要应该关注和解决以下几个问题。

首先，应关注"广州学"的"历史"与"现实"，解决"广州学"学科建构的时间维度问题。

一方面，我们需要继续开展和深化"广州学与广州文化历史研究"的系列研究，透过广州城市演化、文化传承、城市精神延续来确立广州在城市、区域及民族发展中的历史定位，通过广州的历史定位寻求广州发展的现代价值和未来空间。

另一方面，我们也应基于城市发展的现实需要和疑难问题来倒逼和推进对广州现实问题的多学科研究，既发挥"广州学"原本的"经世致用"功能，也彰显"广州学"研究在提升城市文化软实力方面的独特作用。

其次，应关注"广州学"的"点"与"面"，解决"广州学"学科建构的空间拓展问题。

应该强调的是，"广州学"当然是对广州经济、社会、文化、历史等诸多问题或学科的横向与纵向研究，这是"广州学"必须聚焦的"点"和"根"，也是"广州学"当然应该具有的"本土意识"或者说"学术本分"。

但是，"广州学"研究又必须突破地域与学科的狭隘局限，发扬广州城市原本具有的开放性和"广州学"所秉持的开放态度，在推进"广州学"学科建设中，将"广州学与珠三角研究""广州学与港澳问题研究""广州学与东南亚研究""广州学与海上丝绸之路研究""广州学与世界华人华侨研究"等具有广阔空间的研究议题纳入"广州学"的研究领域，从而不断拓展"广州学"研究的开放视野和话语空间。

再次，要关注"广州学"的"千年商都"和"文化名城"定位，解决"广州学"学科建设的城市文化禀赋问题。

2200 多年来，广州市得以立市和发展，与"千年商都"的历史定位是分不开的。因此，广州的城市个性和文化禀赋也是沿着"商贸文化"的轨道而不断演进和嬗变的。从"南海神庙"的通商猜想到"黄埔古港"的历史遗迹，从"十三行"的一口通商再到"海上丝绸之路"的烟雨风云，从 100 多届的"广交会"再到当下定位的"综合性门户城市"，两千多年的广州历史让这座城市"成"也商贸，"败"也商贸。"千年商都"总是让广州在世人眼里"毁誉参半"，需要从文化着眼为"千年商都"寻找"定海神针"。

这正是"广州学"所要承载且必须承载的历史使命。因此，"广州学"的学科建设，既要通过梳理两千多年来广州的商脉继续打造广州"国际商贸中心"的地位，着力构建广州更为先进、更加国际化的商贸文化，同时，也要通过历史文化的系统梳理和深入研究，通过"广州学"的自身建设与拓展，充分发掘广州城市历史的文化基因，在传统文化与现代文化的贯通与重构中，在东方文化与西方文化的冲突与交融中，建立一种与广州结合更紧、更为多元、更为包容的现代城市文化。

复次，要关注"广州学"的"本土性"与"开放性"，解决"广州学"学科建构的学术平台问题。

广州作为中国大陆文明的一部分，历史上深受中原文化的影响，这使得广州城市文化天然具有了中国文化的"本土性"；但是，广州在历史上又是一座滨江、滨海城市，天然的地域特色与海洋禀赋，长期的对外商贸历史，激烈的中西文化冲突，同样培育了广州城市文化"开放、包容"的品格。"本土性"和"开放性"矛盾统一，无疑是"广州学"在学科建构和问题研究中不得不深度关注的重要问题。

目前，广州城市格局滨江临海，城市人口结构多元，城市经济开放度高，城市文化兼收并蓄，既是国家中心城市，又是国际性大都市。这些城市特质和历史传统，要求"广州学"必须在广州本土性和开放性的城市品格中寻求一种新的平衡，不仅在城市发展过程中要兼收并蓄国内外的城市发展经验和研究成果，而且在"广州学"的学科建构中也要注意展示和扩展城市发展变迁中的这种特质。

最后，要关注"广州学"的"普适性"与"特殊性"，解决"广州学"学科建构的学术本体问题。

对任何一座城市的综合性、多学科研究，都既是对研究对象城市样本的概括提炼，也是对特色经验外延性复制的过程；同样，任何学科的建构，也存在着某一学科建构本位的特殊性和学科原则、学术规律的普遍性问题。"广州学"自然也不能例外。

因此，在"广州学"的学科建构中，我们既要坚守所研究的样本城市的独特性和学科建设的本位意识，也要警惕和防止对自身城市个案研究与经验的无限复制和扩散的危险。既不能用普适性的学术原则遮盖广州这个单一样本城市的特殊性，也不能以城市独特性为借口抗拒吸收其他城市的先进经验或者妨碍不同城市间的良性交流。"广州学"的存在价值，正是以理性为标杆，以学术为旨归，一方面深入广州的现实广度和历史纵深，提升广州的城市特色价值和文化软实力；另一方面，通过对广州的深入研究，与其他城市的学术交流来推动国内外不同城市的取长补短，实现城市的共同成长①。

---

① 这也正是以芒福德为代表的城市文化研究学者所倡导的：在整体上观照人类城市的学术旨归，它通过对不同城市的研究，力图推进"一次新的城市聚合过程：亿万觉醒人民，团结一致，建设一个新世界"。参见［美］芒福德《城市发展史：起源、演变和前景》，宋俊岭、倪文彦译，中国建筑工业出版社，2005，第583页。

# 区域/地方研究、城市学及其统合：
## 以广州学的建构为中心<sup>*</sup>

谭苑芳<sup>**</sup>

**摘要：** 概括中美两国区域研究的特征，可以认为当前区域（地方）研究至少存在四种取向，分别是技术型专家取向、批判性知识分子取向、史官取向和文人取向。前两种是当前美国学界典型的"区域研究"，后两种则可以认为是中国的"地方学"。"广州学"的展开应自觉继承中国地方学的方志学、风物学传统，借鉴美国区域研究的社会科学和人文批判传统，融四者而贯之，呈现"继往"与"开来"的一体两面，为"城市学"提供一种范式，而对于《广州大典》的"再利用"正是一种基本的方法。

**关键词：** 广州学 《广州大典》 区域研究 城市学

晚近以来，在以信息化为主要特征、互联网为主要载体的全球化（globalization）浪潮中，"地方"成了带有双重面向的复杂概念——它既与传统、保守、封闭、落后等富有人类学意义的价值观相联系，又随着"反全球化"思潮的兴起，而被赋予了后殖民的反抗色彩，是一个积极上进、在同质化的世界中力争树立个性的代表符号，即与全球化形成对立的"地方化"（localization）。在这一学术背景下，以城市研究为代表的区域研究逐渐成为当代人文社会科学领域的显学话题。典型例证是美国文化人类学家格尔茨（Clifford Geertz）的《地方性知识：阐释人类学论文集》（1983）在20

---

* 《广州大典》与广州历史文化研究重点课题（编号：2015G2202），广州市社科规划、广东省广州学协同创新发展中心"广州学"研究资助项目（编号：2015GZXZ02）成果之一。

** 谭苑芳，广州大学广州发展研究院教授，从事传统文化、宗教文化研究。

世纪末所引起的强烈反响①。

中国学界的"城市研究"则具有另一番景象，经济学、社会学、政治学、法学等社会科学，甚至地理遥感学、心理学、医学等自然科学在"城市研究"中都有重要影响。这使得这一研究领域不可避免地带有强烈的应用性取向，研究成果也以"对策"为主。对策当然有重要的社会价值，但其学术意义却需要在学术（文化）场域内部得到确证。富有责任与使命感的对策研究并不因为它所探讨的话题具有时代性而被遗忘。时至今日，城市研究的学者们仍在频频回顾雅各布斯（Jane Jacobs）写于半个世纪前的《美国大城市的死与生》（1961），乡村研究的学者们依旧念念不忘费孝通的《江村经济》（1938）。这恰在提醒中国的城市研究者：城市研究自有其传统，这传统不仅与学术史相关，也与城市（或地方）自身的文化积淀有着密切的关联。据一地而建立的学术体系——城市（地方）学，必须面对其文化传统，持有正确的价值取向和人文关怀，才能面向未来。

## 一　区域/地方研究的四种取向：以中美为例

在讨论"区域/地方研究"或"城市研究"时，可以简要回顾的是美国学界。这不仅是因为美国以其强大的学术话语权而在当代国际学界处于标杆地位，中国的城市研究往往多受其影响，也是因为美国的"区域/地方/城市研究"呈现为两种不同形态，颇具代表性。

美国"区域研究"（area studies，如近东、远东或东亚研究科系）的学科建制是当前"地方/城市研究"日渐成为显学的推手。这种学科体系带有强烈的冷战思维，既不着眼于某一区域的文化传统，亦不着眼于其发展的未来，而是出于某种政治、文化上的反制或利用的角度从事的学术研究。"从区域研究的名称可知，严格来说，它是一种带有军事目的的知识生产模式。即使关于'远东'文化的历史、语言与文学研究，早在二次大战之前就已经存在，但是，在特殊的地缘政治考量下所进行的系统化研究，主要

---

① 参见〔美〕格尔茨《地方性知识：阐释人类学论文集》，王海龙、张家瑄译，中央编译出版社，2000。

还是二次大战之后才在美国兴起的特殊现象。"① 显然，这种地方研究具有明显的应用或功利诉求，主要生产实用性的学问和技术型专家，可视为当代国际地方城市研究的主流。

与之不同的是，美国文化学界（包括人类学、比较文学、意识形态研究等领域的学者）始终对这种"带有军事目的的知识生产模式"怀着警惕之心。他们认为，这种"专家式"的知识生产因缺乏文化的反省与批判意味，而无从涵养地方的文化意识，培育富有地方化情怀的"知识分子"而非"技术型专家"。美国文化学界对"地方"的关注，除了上文提及的格尔茨，还可以倡导"东方学"闻名于世的中东学者萨义德（Edward Said）为代表。他曾说道："与东方研究或区域研究相比，东方学一词今天的确不太受专家们的欢迎，既因为它太含混、太笼统，也因为它带有 19 世纪和 20 世纪早期欧洲殖民主义强烈而专横的政治色彩。"② 可以说，萨义德之所以重启"东方学"这一区域研究概念，恰是因为其具有殖民主义的政治色彩，这为他人文主义的批判思路提供了可能。

这两种思路可谓泾渭分明，甚至价值取向迥然对立。区域研究的文化取向在很大层面上是建立于对区域研究的军事（地缘政治学）取向的批判立场之上——"地缘政治学"恰是全球化的另一副面孔。也即说，具有文化关怀的区域研究才能形成对全球化、跨国经济霸权、国际垄断组织等帝国主义表现形式的反拨，反之则可能成为全球化的推手。但仅有对全球化的反拨显然是不够的，今天任何一个区域的社会经济发展都不可能停滞不前，也不可能彻底脱离开全球化语境而存在，即使是反全球化的区域研究也需要在全球化语境中、在一定程度上顺应全球化趋势进行。因此，重要的是将美国区域研究的两种思路加以整合，最终形成一种新的地方学体系。这就不得不提到中国传统区域研究（地方学）。

中国地方学有两种不同的价值取向，也形成了两种方法论。其一是方志学。地方志是记载一定地区自然和社会的历史与现状的综合性著述，持续不断地编修方志是我国优秀的文化传统。关于地方志的研究已经形成了一门特殊的学问，即"方志学"——这是一种中国特有的学问，"不仅美国

① 〔美〕周蕾：《世界标靶的时代：战争理论与比较研究中的自我指涉》，陈衍秀译，麦田出版有限公司，2011，第 7 页。
② 〔美〕萨义德：《东方学》，王宇根译，生活·读书·新知三联书店，1999，第 3 页。

没有地方志，所有西方国家都没有"①。这种区域研究意在"存史"，关照某一地方的整体变迁历史。方志虽然论述的是一时一地之事，但修纂者往往带有史家意识，力图从历史谱系和文化纵深的角度对一个时期的地方态势加以"盖棺定论"式的价值评判。中国代代相继的修志传统，又巩固、加深着这种价值观，从而形成了主要面向过去（历史）的方志修撰立场以及以此为代表的地方学。

其二是地方文化研究（风物学）。中国自古划分为九州，并有强烈的"一方水土养一方人"观念。在此基础上，以"一方水土"和"一方人"为研究对象的地域性风俗名物之学历来兴盛。例如，广府文化、湖湘文化、八闽文化、江南文化、燕赵文化、巴蜀文化……关于这些地方性文化范畴的讨论，丰富了中国地方学的传统，也使区域研究具有强烈的人文色彩。但毋庸讳言的是，此类"研究"的成果多为描述性书写，缺乏足够深入与细致的辨析，也少有批判，更类似于传统士大夫（文人）对地方社会风俗的观察与总结。

概括上述中美两国区域研究的特征，可以认为当前区域（地方）研究至少存在四种取向，分别是技术型专家取向、批判性知识分子取向、史家取向和文人取向。前两种是当前美国学界典型的"区域研究"，后两种则可以认为是中国的"地方学"，前者多是跨学科研究，并无严格、明晰的研究方法，而后者则大体有明确固定的修撰体例或行文风格。不过，这种划分并不十分严格，国外（如韩国）也有"从研究方法等角度对地方学在学术价值上持否定态度的学者，回避使用从'××'地区名称发展来的'××学'，而使用'区域研究'等名称"②。但无论如何，区域研究与地方学分别注重实用与文化的取向之区别却是明显的。上述四种研究取向在当代中国区域研究界都能找到相应的研究成果，尤其在"城市研究"领域，不同研究取向甚至可能得出完全不同的研究结论，这就需要对城市研究的立场、价值取向和文化传统再作强调，以求其具有足够的人文情怀。

---

① 仓修良：《方志学通论》，华东师范大学出版社，2014，第12页。
② 〔韩〕李奎泰：《韩国地方学发展：地方政府和民间的合作》，载张妙弟主编《地方学与地方文化：理论建设与人才培养学术研讨会论文集》，知识产权出版社，2012，第4页。

## 二 超越专家取向的城市学——以广州学的协同创新为例

对城市展开研究，可以归纳为"城市学"，"城市学是一门涉及多学科，综合自然科学、社会科学、基础科学和应用科学，以城市总体为研究对象，探讨城市建设和发展中的各种宏观的、综合的战略问题的学科"①。概括来说，城市学是一门以地理学、生态学为基础，综合其他相关学科的科学。显而易见，这一定义极其强调城市研究的"科学性"。2011 年城市规划学家、两院院士吴良镛教授荣获国家最高科学技术奖，不少城市学研究者都以其国家层面的城市规划为对"科学"的最高认可。但其有意或无意忽视的是，吴良镛教授首先是一位建筑学家，而"建筑"不仅是科学，更是公认的艺术；同时，吴良镛还是一位杰出的画家，师从徐悲鸿、傅抱石、吴作人等名家，曾举办过 7 次个人画展②。

这一例证鲜明地说明，以城市研究为代表的区域研究不能唯"科学"（专家）论，不能唯定量研究马首是瞻，还应有充分的人文精神属性，应是一门有立场、有担当、有传统、有文化的现代综合性学科。这要求城市学者自觉继承中国地方学的方志学、风物学传统，借鉴美国区域研究的社会科学和人文批判传统，融四者而贯之，构建自己的学术体系。

如果把"城市学"视为"区域研究"或"地方学"的一种独特形态，并以此为框架建构中国特色的地方学体系，那么它至少应包括上述四种取向，同时又避免上述四种取向各自存在的弊端："专家取向"失之技术理性当先，人文关怀不足；"知识分子取向"则对现实和未来的实然问题关切不够，建设性有限；"史家取向"则往往承担太重的历史使命感，容易以一己私见替代学术的公器之论，或者贪多求全，难以深入；"文人取向"过于注重务虚的文化，对现状的调研和细节的辨析都有所欠缺。也就是说，以区域/地方（学）研究为基础的现代中国城市研究，应在技术与人文、历史与未来之间寻找一个平衡点，占有和掌握丰富的史料、文献、数据和档案，并形成富有现实关怀的问题意识，构建一门既有文化历史积淀，又能应对

---

① 段汉明：《城市学：理论·方法·实证》，科学出版社，2012，第 8 页。
② 参见吴良镛《吴良镛画记》（上下），生活·读书·新知三联书店，2002。

和回答现实问题的基础性应用学科。尤其值得指出的是，城市学作为一门"学科"或一种"学术"，它对现实问题的回应不同于政府部门的政策研究或企业研发部门的商业研究，城市学所提供的答案是建立在历史回顾而非现实利益基础上的，理当具有深厚的人文关怀和明确的学术史诉求。

以广州学为例，它以广州的现实发展问题为切入点，从问题入手，综合运用自然科学、社会科学和人文科学的方法，对问题背后的根源或制度性原因进行深度挖掘与研究。根源可能包括广州经济社会发展等领域的现实因素、制度障碍，也可能包括广州文化氛围、社会心态，还可能与广州的城市历史、文学艺术相关，往往需要多学科的协同作业、综合攻关，才能就一个具体的现实问题给出对策性建议。

以广州城市宗教管理为例，截至 2013 年 12 月，广州共有宗教信徒 30 多万人，教职人员 400 多人，是五大宗教聚齐的现代都市，部分地区（如小北一带）已经形成了以数千名中东地区穆斯林为主的外籍社区①。另外，广州伊斯兰教信众的 95% 为外籍、外地穆斯林，广州天主教神职人员中也有 75% 是外籍神父。面对如此复杂的城市宗教形势，如何使不同宗教和谐共处、共同维护社会稳定并为提升广州市民城市文化生活作出贡献？这是一个现实的城市管理问题，但可以从广州文化史上找到经验——广州在唐宋时期就设有"蕃坊"，专供十几万穆斯林生活，实行选举"蕃长"的自治制度，深入研究这一制度和当时的城市规划，就有可能为今天的广州城市宗教管理提供有效的意见。传统经验不仅是一种可以"治标"的制度性安排或策略性调整，更重要的是，这些经验已经构成了今天广州城市生活的历史基因，日用而不自知，对其进行挖掘和探索是一种文化上的"寻根"，是对传统进行批判性的再认识、再诠释与再利用，返古开新，是有可能对当前广州城市发展的问题进行"治本"的。

当然，这并不是说应对广州城市管理的现实问题，只能从历史上寻找答案。当代城市生活毕竟已经远远不同于以往，还需要从外来经验与思维创新中寻求问题的解决之道。例如，广州市宗教管理部门就充分利用 2010 年广州亚运会的契机，引导广州 8 个宗教团体为来自亚洲 45 个国家和地区的运动员过宗教生活提供便利。在依法登记的 82 个宗教活动场所中，广州

① 徐俊忠等主编《中国广州文化发展报告（2014）》，社会科学文献出版社，2014，第 67 页。

宗教管理部门指定了 28 个作为涉亚场所，并另设了 7 个宗教活动临时场所，还在亚运会运动员村国际区设立宗教服务中心。这一系列的创造性制度安排，不但服务了广州市的重要赛事活动，展示了广州宗教的良好形象，也为本土宗教团体与国际宗教团体在文化生活上的相互认可、相互协调提供了可能，是促进不同宗教间和谐相处的有效办法。

这样的城市学研究，既有理论的深度，又有现实的广度；既需要历史学、文化学（宗教学）的介入，又需要有社会学、政治学、管理学甚至体育学、公共关系学、新闻传播学等学科视角的参与。多学科的加入，就有进行协同和整合的必要。这种整合本身就是一种创新，它使传统地方学或区域研究呈现综合性、交叉性、理论性与实用性的特色，具备了创新和发展的可能。在这个意义上，城市学的协同创新不仅必要，而且必须。

## 三 作为一种方法：地方文献的"再利用"——以《广州大典》为例

如果上文对广州城市宗教管理的例证分析可以解释城市学（广州学）的"专家取向"和"知识分子取向"，那么，中国地方学的另外两种取向对于建构广州学也同样重要。

以"文人取向"（风物学）来说，与广州学相关的文化风物研究是岭南文化与广府文化。"岭南文化"是地域指向的学术概念，"岭南"的字面义即"五岭以南的地区"，而"现代岭南，指的是广东、广西、海南、香港、澳门等省区所在的地域"。"广东地区向来是岭南地区的政治、经济、文化中心，在广东地区的文化，最为集中、最具代表性地反映了岭南文化的特征"①，因此，岭南文化的主要地域指向即广东文化。

而"广府文化"则比岭南文化更为复杂，也更为狭窄。从概念史（历史语义学）的角度来考察"广府"，可以发现它的意指标准从地域向民系、语言变迁的过程。一般认为，"广府"的字面义是"广信首府"，汉武帝统一岭南之后，在岭南置广信县，取"初开粤地，宜广布恩信"（《汉书·郡国志》）之意。随着岭南地区的开化，其民众逐渐分为广府、客家、福佬（潮汕）三个民系，所有讲粤语的人都被客家或潮汕人列为"广府人"。于

---

① 陈泽泓：《岭南文化概说》，广东人民出版社，2013，第 3 页。

是，"广府文化"就成了"岭南文化"的一个分支，尽管其内部仍有论争。

"广州作为广府地区的中心城市，很早以来就是广东乃至岭南地区的政治、经济和文化中心。"① 可以说，广州学的主体内容、文化表征和历史渊源与岭南文化、广府文化多有重合，甚至广州学的文化层面即是岭南文化或广府文化的典型代表。那么，如何明确辨析广州学的研究对象、文献资源、学科体系与布局，使其区别于风物学的研究取向？

中国地方学的方志传统（史官取向）恰可以为现代城市学的建立提供基础与衡定学科边界的标准。地方志以一地为范围，将其论述集中在一个区域单位，即所谓"一邑之小"，而论述的内容却涉及天文地理、社会人文，极为广泛。"纪地理则有沿革、疆域、面积、分野，纪政治则有建置、职官、兵备、大事记，纪经济则有户口、田赋、物产、关税，纪社会则有风俗、方言、寺观、祥异，纪文献则有人物、艺文、金石、古迹。"② 这些地方文献本该构成历史以来中国现代城市学的主要数据库。可是，相对中原地区，广州开化较晚，现存最早的广州旧志刻本是 1304 年的《南海志》残本（6－10 卷）③，以及清代乾隆和同治年间修编的《广州府志》各一套，前者 60 卷，后者 163 卷，其余见诸文献记载的方志俱已散佚④。这就意味着，现代广州学需要在大量文献中钩古稽沉，从中挖掘出有关广州历史、文化的地方文献，并对其分门别类编排有序。例如，李仲伟等学者编撰的《广州文献书目提要》就收录了西汉初年至 1997 年出版的有关广州地区政治、经济、文化、军事、历史、地理和科技的图书共 11852 种，为广州学的建立打下了一定的文献基础⑤。

值得指出的是，地方志编撰所体现的"史官取向"可能会遮蔽某些史实，这是需要其他文献相与参证的。城市学确实需要在现存有限的地方志之外，建立一个相对完整、全面的学科基本文献数据库，亦即地方文献库。一方面，一个学科或研究领域（广州学）得以建立的基础，是有深厚的学

---

① 参见刘傅峰等主编《广府文化与和谐广东》，广东人民出版社，2011，第 13－26 页。
② 顾颉刚：《中国地方志综录序》，载朱士嘉《中国地方志综录》，文丰出版公司，1975，第 5 页。
③ 广州市地方志编纂委员会办公室编《元大德南海志残本》，广东人民出版社，1991，第 1 页。
④ 参见陈谦《明清两代广东修志概况》，《岭南文史》1983 年第 2 期。
⑤ 参见李仲伟等《广州文献书目提要》，广东人民出版社，2000。

科发展史背景，这突出表现在文献资源上；另一方面，城市学研究的展开，不仅需要以现实的问题为切入点，还应该有大量的历史资源可供检索、溯源、分析和评判。前者是地方文献的史料意义，后者则可以视为从现代城市研究与文化研究的角度来对城市文献的"再利用"。杭州从 2010 年开展"杭州文献集成"项目，分地志、史书、风土文献、艺文著录、金石、宗教、中医药、楹联、戏曲小说等，同时面向社会征集丛书，使学术与民间记忆形成参照，计划用 15 年编订成《杭州全书》。

广州学在这一方面的努力可以中共广州市委宣传部、广东省文化厅组织编纂，广东省立中山图书馆、中山大学图书馆编辑，广州出版社影印出版的《广州大典》为例。这套丛书收录文献 3000 余种，分经、史、子、集、丛五部出版，总计 820 卷。这套大典对于广州学的研究价值在于，它不仅是一套历史文献的集成与索引，而且可以被"再利用"。

地方文献的"再利用"作为一种研究方法，有两层含义。一是《广州大典》提供了看待广州的历史视角，使当代广州所遭遇的现实问题之解决有传统文献作为智力资源，如上文提及的广州唐宋时期的"蕃坊"对今天广州城市宗教管理有借鉴意义；二是《广州大典》提供了诠释地方文献的当代视角。《广州大典》是今人选编的，"选本可以借古人的文章，寓自己的意见"①。对《广州大典》的研究也是如此，可以从当代城市研究的视角来看待广州的地方文献，将传统史学放置在国家中心城市和世界文化名城的视野中加以审视，从中挖掘出有利于当前认识广州、塑造广州、理解广州、引导广州和提升广州的相关内容，进行重新阐释。这是"广州学"的必要组成部分，也是一种值得提倡的研究方法。

尽管许多城市（如北京、杭州、温州、上海、澳门、台北等）都提出了自己的"城市学"，但如果缺乏一个系统完整的地方文献数据库，城市学研究就可能流于碎片化的对策研究；即使有了地方文献数据库，对其重视、利用不足，也会导致"城市学"研究缺乏文化立场和历史的温度，让"大典""全书"成为"摆设"。《广州大典》是广州学得以展开的必要前提，也是基础性工作。"广州学"的展开应该建立在《广州大典》的基础上，使史料、现实、立场与方法融为一体。这样的"广州学"才可能成为当代中

---

① 鲁迅：《选本》，载《鲁迅全集》（第 7 卷），人民文学出版社，1981，第 136 页。

国城市学的研究范式之一。概括来说，本文倡导"广州学"应兼取美国区域研究的专家视角、知识分子视角和中国地方学的史官视角、文人视角，呈现"继往"与"开来"的一体两面，为"城市学"提供一种范式，而对于《广州大典》的"再利用"正是一种基本的方法。

**参考文献**

[1] 陈泽泓：《岭南文化概说》，广东人民出版社，2013。

[2] 陈谦：《明清两代广东修志概况》，《岭南文史》1983 年第 2 期。

[3] 段汉明：《城市学：理论·方法·实证》，科学出版社，2012。

[4] 仓修良：《方志学通论》，华东师范大学出版社，2014。

[5] 李仲伟等：《广州文献书目提要》，广东人民出版社，2000。

[6] 刘傅峰等主编《广府文化与和谐广东》，广东人民出版社，2011。

[7] 广州市地方志编纂委员会办公室：《元大德南海志残本》，广东人民出版社，1991。

[8] 涂成林等主编《中国广州文化发展报告（2014）》，社会科学文献出版社，2014。

[9] 张妙弟主编《地方学与地方文化》，知识产权出版社，2012。

[10] 朱士嘉：《中国地方志综录》，新文丰出版公司，1975。

[11] 周蕾：《世界标靶的时代》，陈衍秀译，麦田出版有限公司，2011。

[12] ［美］格尔茨：《地方性知识：阐释人类学论文集》，王海龙、张家瑄译，中央编译出版社，2000。

[13] ［美］萨义德：《东方学》，王宇根译，生活·读书·新知三联书店，1999。

# 广州学研究中的若干关键词*

## 姚华松**

**摘要：**广州学是专门从事广州历史、经济、社会和文化发展与变迁研究的重要学科。在广州学的研究过程中，有必要对广州在城市发展、变革与转型过程中的若干关键词进行提炼，尤其在广州正在亲历和见证深刻的经济、社会与文化转向情势下。本文试图概括广州转型过程中的若干关键词，包括广州战略规划、国际商贸中心及岭南文化名城、绿道与宜居湾区、红砖厂、城中村、秀山楼，对于丰富和总结广州转型过程、深化当代广州学研究具有积极意义。

**关键词：**转型升级　广州学　关键词

广州，这座有着 2600 余年历史的古城，是中国城市发展史上的一朵奇葩。早在秦汉时期，广州就是古代海上丝绸之路的始发港，与海外交往频繁，中国的丝织品、瓷器、铁器、铜钱、纸张、金银等以广州为起航站运往海外，换回珠宝、香药、象牙、犀角等，广州成为当时世界上最著名的贸易大港。到了元代，世界上同广州有贸易往来的国家与地区有 140 多个。明代广州便有了"出口商品交易会"。清朝由于"一口通商"的实施，广州成为唯一的对外通商口岸，对外交往更加频繁，著名的十三行就是专门分工开展对外贸易的洋行。近现代中国进出口商品交易会（广交会）的建立更是将广州的对外交流事业推向新的高潮。两千多年来，广州一直保持开

---

  \* 本文系"广州学"协同发展研究中心研究成果，其他资助项目包括：国家自然科学基金项目（41101132）、广东省自然科学基金项目（S2013010014780）、广州市"羊城学者"科研骨干项目（12A023D）、广东省哲学社会科学"十二五"规划项目（GD11YSH03）。

\*\* 姚华松，湖北黄冈人，广州大学广州发展研究院副研究员，博士，主要从事城市社会地理、城市底边群体研究。

放性的城市底质，即使在近代中国整体处于闭关锁国的特殊时期，广州的开放程度和深度也从未改变。新中国成立及改革开放以来，中国工业化和城市化进程日益加快，国家对城市的建设投资力度加大，得益于毗邻港澳的区位优势和改革开放的先行先试政策，以广州为代表的相对发达型城市有很多内地城市和广大农村地区所不具备的发展条件和机遇，城市化、工业化、现代化进程都走在全国前列。2014 年以来，习近平总书记提出构建"21 世纪海上丝绸之路"发展战略和建设"一带一路"的具体设想，这无疑给具有对外开放光荣历史传统的广州的再次启程提供了重大机遇。

本文从人文地理和城市规划学视角，通过城市经济、社会与文化等多面向辨识，寻找广州发展的关键词。

## 一 广州战略规划：开全国之先河

好的城市规划，一定对城市的未来发展起到基础引导和规制作用。某种意义上，一座城市的发展预期，很大程度上取决于这个城市的规划水平和质量如何。这也是国内外众多城市竞相开展城市各类规划的重要出发点。秉承开拓创新的岭南文化精神，广州总在面临新形势、新问题情况下创造性地开展新工作，在城市发展与规划层面体现最为明显。早在 2000 年，广州市就开全国城市之先河，为积极应对国际国内发展环境变化的机遇与挑战及广州市行政区划调整对原有区域发展带来的影响，广州市编制了《广州市城市总体发展战略规划（2001 - 2010）》，对广州城市未来发展的重大问题（议题）开展高水平研究与论证，为广州城市未来发展制定相对稳定的城市结构框架和可持续的发展模式，为下属各层次规划提供前瞻性指引和规制。作为城市发展八字方针的"南拓北优东进西联"，成为城市规划的业内佳话，被众多城市效仿。相对于传统城市总体规划、分区规划、控制性详细规划、修建性详细规划等规划体系，战略（概念）规划开创和实施具有重要意义。2009 年，《广州 2020：城市总体发展战略》完成，此次规划特点在于，从国家、珠江三角洲、广佛都市圈等多层面入手研究广州如何建设国家中心城市，带动区域一体化发展；以 2020 年为目标年制定了阶段性战略目标，突出时效性及对实施的引导；以战略规划为统领，统筹协调主体功能区规划、土地利用总体规划与城市总体规划；贯彻生态优先的原则，提升城市环境品质。《广州城市总体发展战略规划（2010 - 2020）》和《广州城市总体规划（2011 - 2020）纲要》相继出台。广州城市规划的巨大成功，也引起广泛的国际关注。在肯尼亚举行的第 46 届国际规划大会上，广州市战略规划获"国际杰出范例奖"，广州成为中国首个获得全球规划最高级别奖项的城市。

## 二　国际商贸中心与岭南文化名城：广州之根

广州城市的定位一度扑朔迷离，历史上广州的发展定位先后经历了如下演变：国际大都市（1993）、区域性中心城市（1996）、现代化大都市（2001）、华南中心城市（2002）、"带动全省、辐射华南、影响东南亚"的现代化大都市（2003）、广东首善之区（2008），而 2008 年底国务院颁布实施的《珠江三角洲地区改革发展规划纲要（2008 - 2020）》对广州定位的描述是"国家中心城市、综合性门户城市和区域文化教育中心地位，将广州建设成为广东宜居城乡的'首善之区'，面向世界、服务全国的国际大都市"。定位越来越清晰，但百姓识别度更强烈的具体功能仍然是广州亟待解决的问题，国家中心城市具体体现在哪些方面？广州上下经过激烈的集体大讨论，结论是"国际商贸中心"和"岭南文化名城"。余以为，这个判断很准确，十分契合广州的发展事实。如前所述，广州从海上丝绸之路的起点，到十三行，到广交会、广博会，广州的商贸功能一直沿袭和强化。一般而言，体现某城市商业气质的直接指标就是专业街，广州是全国专业街最多的城市。其中，海印电器总汇、海印布料城、玩具文具工艺精品城（艺景园）、一德路海味干果街、小北路外贸服饰等特色专业街驰名远近，同类商品琳琅满目，令人目不暇接，是国内外游客最有兴趣光顾的地方，可以作为对广州进行记忆和识别的标志性符号。高度专业化的地域分工与地域集中，无疑彰显了广州发达与繁荣的市场经济。

对于广州的另一功能定位——岭南文化名城，这似乎与流行观点格格不入。一直以来，人们都把广州标定为工商业发达的城市，这种标定是合乎实际的。广州确实由于工商业的发展而不断走向兴旺并为世界创造了机会，但不论世界还是中国，要真正获得世人的尊重，仅有发达的工商业是不够的。历史上的犹太民族就是一个商业民族，但犹太人没有由于商业成功而获得世界的尊重。相反，正是犹太人的商业特性使其备受世人非议，莎士比亚笔下的犹太人形象几乎都是自私自利的奸诈财迷。其实，不论中国还是西方国家，发达的商业可以造就令人羡慕的繁荣与富裕，但仅有商业却难以唤起人们对于这种繁荣与富裕发自内心的敬重。究其原因，也许就在于"人是文化的存在物"。时下，广州在提出建设国际商都的同时，响亮地提出建设世界文化名城，这是广州决心超越自身发展样态，重铸发展灵魂与气质，实现城市内涵更新与提升的一种宏大气魄。广州有着较为深厚的历史积淀，拥有丰厚的历史文化资源，文化性格与特征鲜明，成为世界文化大观园里显示度较高的独具一格的文化样态。从广州的历史底蕴、历史文化资源状况和文化特征与个性等方面看，广州完全有可能成为世界文化名城。

## 三 绿道：快工作结合慢生活

长期以来，以广州为代表的珠三角地区，给世人的印象是"世界工厂"，每个人都行色匆匆，为工作和生意马不停蹄。目前，这种传统认同正在渐行渐远。广州和珠三角其他城市正致力于打造以珠江出海口为中心的植被覆盖率高和生态环境良好的宜居湾区，繁忙的工作之外，高品质的生活将是每个珠三角人可以预期和见证的尤物；除了快节奏的工作外，居民还可以享受慢一拍的休闲生活。"绿道"工程的提出，正是广州在实施"青山绿水"工程中落实宜居湾区计划的具体行动。所谓绿道，就是一种线行绿色开敞空间，通常沿着河滨、溪谷、山脊、风景道路、铁路、沟渠等自然和人工廊道建设，内设可供游人和骑车者进入的景观线路，连接主要的公园、自然保护区、风景名胜区、历史古迹和城乡居民居住区。2013 年底，广州已建成生态型、郊野型和都市型绿道共计 1060 公里，覆盖全市 12 个区县级市的 98 个镇街，几乎连通了广州所有历史人文底蕴最足和自然景观最美的地段，是珠三角九市中建成里程最长、覆盖面积最广、服务人口最多、配套设施最完善、试运营最早和贯穿城市中心区最长的绿道。其中穿越中心城区的路段长 393 公里，服务人口高达 700 多万。如今，广州市民可以从白云山出发，顺着麓湖绿道抵达东濠涌绿道，然后进入沿江大道绿道，顺着二沙岛绿道进入临江大道绿道，就可以抵达万亩果园，接着可以进入番禺区的大学城。绿道配套设施齐全，广州已建成各类绿道驿站 99 个，无线宽带信号、手机充电站、固定电话、小卖部、医疗救助等配套设施一应俱全，极大满足了广大市民在物质需求满足后对生态休闲日益增长的需要。2014 年，广州计划建设 500 公里绿道。此外，广州绿道还尽可能利用当地自然和人文资源，绿岛建设与城市规划、与环境整治、与农家乐、与乡村扶贫等进行无缝结合，形成了绿道的经济、社会与环境效益多赢局面。未来，广州将继续致力于打造更多的优质环境，倾尽全力改善民生福祉，将广州打造成为名副其实的宜居宜业之都。

## 四　红砖厂：城市更新与改造

在"退二进三"和从"广东制造"向"广东创造"产业演进的背景下，广州原来分布在城区内大大小小、形态各异、功能不同的旧厂房又迎来了它们的春天。旧厂房们褪去了原有的功能，却挥不去浓郁的历史气息，几十年的沉淀让它们成为创意产业的最佳孵化地。创意产业园悄然入驻，仿佛是一夜之间，"千树万树梨花开"，各大创意产业园挂牌成立，勃然发展壮大了起来。它们携带着创意，在旧厂房宽阔的空间里肆意挥洒，古老的机械诉说了工业时代的辉煌。广州入驻创意产业园的企业以服装设计、工业设计、动漫、建筑、广告策划、现代艺术、摄影和影视为主。原有的历史背景和新来的资源整合能力也造就了风格各异、主题不一的创意园。创意产业正在成为一股势不可当的力量向我们袭来，活跃了广州和珠三角地区的经济社会生活，为羊城增添了一道耀眼的风景线。羊城创意产业园的活跃和创新，太古仓浓厚的商业艺术，TIT 的精致和时尚，信义会馆的静谧雅致，红砖厂的浓郁艺术气质和"1850"的强烈创意碰撞之感……年轻且个性十足的"80 后""90 后"们总能寻找到心仪的玩乐场所。创意集市、品牌发布会、艺术展览、音乐会……无一不丰富着市民们的精神世界。但是，在市场化程度相对高的广州，创意产业发展过程中也出现了一些不好的苗头。总体上，广州创意产业园缺乏整体规划，重复建设现象严重。部分园区建设发展思路明显雷同，创意产业园有"大跃进"式发展趋向，整体发展难以实现错位、优势互补。广州的越秀、荔湾、天河、海珠、白云五个老城区在建的创意产业园多达 12 处，创意企业青睐老建筑，其核心目的不是重拾传统文化，而是赚钱。就连地处远郊区的番禺、黄埔、经济开发区、萝岗区都在筹备大大小小的创意产业园。从具体行业看，不少创业园只有园区，没有创意，很多创意产业园只是房地产项目，是为小公司提供工业厂房或仓库改建的廉价办公场所而已。"创意产业园的老板就是地产商，地产商看中的是利润，才不管招进来的是什么企业，只要把空间加价租出去赚钱就行了"，一位圈内朋友如是评价。可见，深挖广州历史文化特色，以文化再现的初衷和终结为原则，严禁创意产业地产化倾向，做好全市创意产业发展规划与空间布局，设定相对高的进驻门槛，加强创意产业相关资质设定与管理工作，是广州创新产业实现真正意义上的"广州创造"的根本。

## 五　城中村：城市转型的文化符号

城中村是快速城市化背景下中国城市土地及人口管理体制与制度转型的特殊产物。浙江村与三元里，成为人们谈起北京和广州两座城市时耳熟能详的地域单位。不同的是，北京的城中村更具同质性，广州则更加彰显其文化多元包容的特征，城中村数量多（138 个），人口构成方面多以混合型的异质性结构为主。城中村存在工具理性，它们给大量进城外来工提供工作、栖息、生活与娱乐之所，为城中村原籍村民提供了巨大经济收益，创造了"人家种地，他们种房"的奇观。城中村更有其价值理性，它们扮演了社会冲突与矛盾缓冲器的角色，它们对城市的和谐与稳定，对于社会矛盾的缓和与化解，地位举足轻重。同时，从文化学视角看，它们承载着历史记忆的建筑符号，有着丰富的文化沉淀，是城市历史文化传承的重要载体，是城市最重要的文化印记，它们真实见证了广州近现代大批流动人口南下打工、城市产业转型、土地制度变更、传统村落和宗祠空间在快速工业化、城市化和现代化进程中的嬗变。从城市生态学角度看，它们是中国城乡统筹和人口管理制度变革背景下城市的必然组成部分，其存在具有客观性与合理性。自 2010 年 7 月始，为完善城市区域功能、改善人居环境、提升城市空间综合价值，广州市已全面启动城中村的拆迁改造工程，计划用 10 年左右的时间基本完成全市 138 个城中村的整治改造任务，对其中的 52 个村实施全面改造，对 86 个村开展综合整治。全面改造的对象是影响城市景观和区域协调发展的旧村，以猎德村为代表，将旧楼全部拆除，然后再将地块"招拍挂"进行出售或者由村集体自行引入开发商进行重新建设。采取这个模式的还有林和村、杨箕村和冼村等。综合治理的对象是有历史文化保护价值的旧村，可视为保护性改造，以海珠区黄埔古村、荔湾区裕安围村为代表，它们将被改造为既保留传统岭南水乡文化又有现代工业化进程印记的"新城中村"。

## 六 秀山楼：外国人集聚区

20 世纪 90 年代中期以来，在广州市经济飞速发展背景下，以及广州作为"世界工厂"的商品集散地和包容、热情、务实的城市品格，来穗从事经商活动、旅游和在穗长期居留和定居的外国人呈快速上升趋势。据统计，2009 年，在穗长期居留或定居的境外人员数为 15312 人，比 1995 年增长 2 倍多；近几年，外国人数量增加更是突飞猛进，2006 年底在穗外国人达到 18686 人，比 2004 年增加 46%。此外，来穗短期经商、旅游等未办理居留手续的在穗人员数量远远高于长期居留和定居的外国人数量，每年在广州临时住宿登记的外国人约 50 万人，人数之众在全国省会城市中首屈一指。从国籍分布看，在穗外国人涉及亚洲、非洲、南美洲、北美洲、欧洲、大洋洲等共 153 个国家，尤以日韩、欧美等地区的发达国家为主。从职业分布看，在穗外国人主要为领事馆人员（领事和参赞）、外派公司高级职员、餐饮酒店业高管、创业者、外教、留学生等。空间分布方面，超过一半的在穗外国人（57.61%）居住在天河和越秀两区，其中，居住在天河区的外国人数量最多，占总数的 35.27%，其次为越秀区，占总数的 22.34%。此外，广州新区也逐渐成为外国人定居地点的新选择，统计发现，13.55% 的长期居留或定居的外国人居住在番禺，这一比例仅次于天河、越秀两区。萝岗、花都、增城等远郊市区外国人数量较少。从在穗外籍人口的空间分布看，目前广州各区均有分布，但也存在一些地段分布相对集中的"扎堆"现象，整体上在城市建成区和郊区相对集中，在天河、白云和番禺区外籍人口尤多，在老城区越秀区的边缘地段也集聚了大量外籍人士。总体上看，基本形成了"4 个主片区"和"1 个副片区"的空间格局。其中，4 个主片区分别是：环市东片区、天河北片区、三元里片区、番禺片区。环市东片区以广州市环市东路为中心，包括秀山楼、淘金路、花园酒店、建设六马路、建设大马路等地段，是广州外籍居民最早集聚的地段，人口密度最大，总人口逾千人。这一带外籍人口以从事贸易的非洲人和欧洲国家使领馆、日本使领馆工作为主，本片区的秀山楼、天秀大厦、登峰宾馆、登月酒店、恒生大厦等商用写字楼都有外籍人士入住。天河北片区以天河北路为中心，包括体育东路、天河路、龙口西路、林和中路等地段，作为城市的 CBD，此片区吸引了大量外籍高级商务白领，其中的中信大厦内有包括数十家世界 500 强企业在内的大量外国公司办事处，附近的酒店式公寓入住了大量从事贸易的日本人、美洲人和欧洲人。三元里片区以三元里为中心，包括白云区金桂村、机场路小区等地段，这里的外籍人士以经营鞋类、服装生意的非洲人居多，高度集中于遍布广州越秀区的秀山楼。近年来，不少从事中韩贸易的韩国人也聚集于此，白云区远景路一带因短短 500 米路段就聚集了 40 多家韩国餐厅、发廊、酒吧、夜总会和商店，被誉为"广州的韩人街"。第四个是番禺片区。随着广州城市发展方向的南拓，近些年番禺区房地产得到迅猛发展，一些大型配套设施较好的楼盘如祈福新村、丽江花园等在该区出现，吸引了大量来自日本、泰国、马来西亚等的东亚、东南亚外籍人士居住。1 个副片区是位于越秀区南面和海珠区北面的二沙岛、新港西片区。二沙岛面临珠江，风景秀丽，配有广州音乐厅、星海音乐学院等高雅艺术场所，近些年逐步开发的高级别墅区吸引了很多外企高级职员、外派人员的入住，出现的新情况是一些外籍高级白领正逐步向珠江新城拓展。对于新港西片区，由于中山大学布匹市场和中山大学的存在，这里集聚了大量在中山大学布匹市场和国际轻纺城做生意的韩国商人及留学生，短短 2 年新港西路一带就出现了 13 家韩国餐馆。

总之，广州学是专门从事广州历史、经济、社会和文化发展与变迁研究的重要学科。除了研究广州学科构建、概念体系、研究内容等外，还应该系统深入梳理过往紧扣广州经济、社会和文化发展等诸面向的一系列具有重大深远意义和能直接折射广州转型要义的关键词，不断总结不同时期广州城市发展的经验和教训，这是广州学研究的重要范畴。

**参考文献**

［1］姚华松：《流动人口的空间透视》，中央编译出版社，2012。

［2］曾雅：《城市空间重构优化　广州战略规划获"国际杰出范例奖"》，《广州日报》2010 年 9 月 2 日。

［3］叶书宏：《美国要走"再工业化"之路》，《海南日报》2010 年 8 月 13 日。

［4］佘慧萍、叶华：《广州总部经济规划出炉　提出打造新世纪 CBD》，《南方都市报》2009 年 6 月 4 日。

［5］辛均庆：《广州绿道建设不搞大拆大建》，《南方日报》2011 年 1 月 7 日。

［6］朱四倍：《富人数量全球第四的多元审视》，《扬州晚报》2010 年 6 月 26 日。

［7］卢轶、常仙鹤、祝桂峰：《有效保障转型升级用地需求》，《南方日报》2011 年 6 月 24 日。

# 地方学：走向真正学科的可能性与前提条件

梁柠欣*

**摘要：** 目前国内地方学是区域文化研究热与地方实用性格的产物，在国家的学科发展体系中缺乏应有的地位。本文认为，地方学要成为真正的学科，不仅应有学科的独特性（包括研究对象的独特性、研究方法的综合性），而且应该有独特的研究价值，既可以提供地方性知识，又为人文社会科学的发展贡献独特的知识。本文以广州研究为例，探讨广州研究走向广州学的可能性前提条件与努力方向。

**关键词：** 地方学　学科建设　广州学

## 一　问题的提出：学院派导向与实践导向的地方学分野及其问题

在我国，研究地方、地域的学问历史悠久。记载某一时期某一地域的自然、经济、社会、政治、文化等各方面情况的地方志、地理志已有两千多年历史。自宋代以后，地名学现象逐渐增多，但是这些以地名称呼的学说或学派，往往是以学术代表人物的籍贯或讲学地点代称的（如"闽学"），而到了清末民初才开始出现以地域划分的经学流派（如鲁学、齐学、晋学等），并且在20世纪20年代至50年代，先后出现了地方研究的"三大显学"——敦煌学、徽学、藏学。

有学者认为，目前我国地方学尤其是城市地方学的兴起，是20世纪80年代的文化热、地域文化研究热以及城市化热潮催生的，是社会转型、学

---

\* 梁柠欣，广州大学广州发展研究院副研究员，博士，主要从事城市社会学、城市保障研究。

术转型与全球化背景下本土文化焦虑的共同产物①。20 世纪 80 年代，伴随着文化研究热，全国各地兴起了区域文化研究热潮，吴文化、越文化、齐文化、鲁文化、楚文化、粤文化、中原文化、燕赵文化、巴蜀文化等历史文化，都成为当时的研究热门话题。在国外，随着地区学（regional science）概念的提出，伦敦、巴黎等世界名城研究的兴起，对本地历史、文化及自然、人文要素进行综合研究的地方学学科尤其是个体城市学，如伦敦学、巴黎学、东京学、名古屋学、汉城学（首尔学）不断影响中国。国内不少地方，在一些有识之士的倡议下，超越地方文化而对整体城市进行综合研究的概念，如北京学、上海学、泉州学、温州学、香港学、澳门学、台北学等如雨后春笋般兴起，成立机构、配备研究人员、开展研究交流、出版论著，成为 90 年代以来地方学研究（区域研究）的新亮点②。

必须看到，作为 20 世纪 80 年代文化热、经济热与城市化的综合产物，地方学基本呈现两种建构方式。这两种地方学建构体系各有优劣。

一种是学院派（含研究单位）的建构方式。基于研究的兴趣，或者说基于现代化、全球化进程对当地的文化冲击，产生文化焦虑，地方学者（准确地说是当地学者）尤其是历史、文化学者对所在地方产生浓厚的研究兴趣，而有意识地对当地的文化、历史进行研究。这在大陆表现尤其突出，事实上相当部分历史文化城市的地方学最初的倡议者就是历史、文化等人文学者，如陈平原首先对建立北京学的倡议③。而在港澳台，学院派则以学术团体、社区大学等形式，集合各类学者对所在地进行区域研究、地方志研究、小区研究。其中，历史学、地理学擅长地方志，人类学与社会学则以小区研究见长，区域研究则是历史学、地理学和社会科学共同的领域，学者们研究所在地的目的在于通过当地鲜活的事例，对某些学术问题进行探讨，在不经意间积累了当地的知识。例如，在台湾，以具有政治和文化

① 陈海忠：《地方学兴起的历史背景》，《人文岭南》2014 年 5 月 5 日；林发钦：《澳门学的新生：走出文化焦虑》，《中国社会科学报》2014 年 3 月 21 日。

② 张宝秀等：《我国地方学发展概况及对北京学的再认识》，《北京联合大学学报》（社会科学版）2013 年第 3 期；严昌洪、汤蕾：《国内外城市地方学研究综述》，《江汉大学学报》（社会科学版）2006 年第 2 期。

③ 陈平原曾经为北京学的建立撰写了五篇随笔，包括《北京记忆与记忆北京》《作为文学想象的北京》《作为历史记忆的北京》《作为乡邦文献的北京》《作为研究方法的北京》等，散见于《北京社会科学》2005 年第 1 期。

意义的市县地方社会作为研究的基本单位，深入寻找"地方社会"（local society）的特有性格与型塑过程，已经成为台湾社会学的主要研究方向之一。台湾屏东学的创建者李国铭建立"屏东学"的初衷，在于透过一系列课程，引导选修课程的学员有组织地系统认识屏东，并寻求建构屏东在地知识体系与在地论述的可能性，即侧重"屏东在地知识体系与在地论述"的建构①。综合而言，学院派取向的地方学带有浓厚的研究取向，其目的在于建构地方知识系统，挖掘地方的历史文化底蕴，从而更加深刻地理解地方问题。只不过，相对而言，大陆学院派倡议的地方学更多注重历史学、文学等方面的研究与传承，投入研究的多局限于人文学者，人文取向浓厚，从发展阶段看尚处于资料整理挖掘阶段。而港澳台尤其是台湾的学院派地方学则注重地方知识体系的建设，不同学科希望以此为契机，以本地鲜活事例推演出来的理论，与本学科的理论进行对话，目的在于发展学科理论。

另外一种则是以台湾的社区大学、大陆的有关研究会、社会科学院系统以及地方大学系统为代表的实践导向的地方学。这些机构鼓吹地方学，建立地方学的目的，在于满足地方社会经济文化发展的需要，致力于推动地方与社区社会经济文化建设。以台湾为例，其社区大学、公益团体倡导建立地方学的目的或旨趣在于：为"社区总体"培育人才、建立所需的公民社会，换言之，台湾社区大学、公益团体倡导的地方学，其实"像是一种行动的学问"，是一种实践导向的地方学，目的在于认识地方、发展地方，发展地方的知识体系并不是其主要目的。而大陆以地方大学、社科院系统、研究会为代表的实践导向的地方学，则具有较明确的介入当地社会经济发展的目的。这在许多地方学成立的倡议书上都得到体现。依据各地成立地方学的倡议书划分，其目的通常集中在两个方面：一是认识地方，在于通过区域文化研究，宣传和普及区域文化知识，培养互助友爱精神和地域文化认同感，增强当地人民的凝聚力；二是为地方政府科学决策提供依据和参考，这是实践导向的地方学成立的主要目的。例如，温州学建立的初衷是研究温州经济、温州人、温州精神，回答的是地方政府比较关心

---

① 转引自李锦旭《地方学的形塑：南方经验的反思》，2009 年南台湾社会发展学术研讨会论文集。

的现当代温州经济社会发展问题。而港澳地方学的建立初衷，也有类似的问题导向、实践导向。换言之，无论是大陆还是港澳台，地方学的设立初衷，更多的是实践导向的，是一种实践导向的地方学，主要议题是回答当下的社会经济等现实问题，而不只是地方知识系统的建构。

虽然学术界期望通过建构"地方学"研究特定区域，发展地方知识体系，解决地方社会经济问题，但地方学在事实存在的两种取向影响下，大陆以及港澳台的地方学实际上出现了实用派与学院派（仅限于人文领域）的分野，这种分野造成了各自对所谓的地方学内涵和目标的理解，参差不齐。主要表现在，有关"地方学"的概念和相关问题，从论述到实践，至今仍未取得明显突破。地方学的边界模糊，对于地方学到底是什么东西，还是众说纷纭。而研究方法论不彰，地方学理论尚在尝试中，地方学出现了"界而无边"（学科边界）、"法而无方"（研究方法论缺乏逻辑性）、"论而无理"（无地方学理论）现象①。地方学的参与者不足，地方学研究者多限于历史、文化学者，其他学者参与不多。地方学在系统性、科学性、理论性方面存在很大的不足，尚不足以称之为"学"，至今在现有的学科体系中尚未出现公认的"地方学"，导致地方学难登大雅之堂。有鉴于此，早就有学者提出，区域研究（如上海学）应当"深研究，缓称学"②。

应当说，各地名目繁多的地方学的命名与提出，尽管一开始在学术上并不严谨，但是都反映了研究者的努力与远大志向。如何打造地方学的学科性，成为当前地方学学科建设与发展的重要问题。本文将结合学科发展的实际与广州研究的实例，探讨地方学从地方研究提升到地方学的可能性与前提条件，进而探讨地方学成为系统学科的内在学术规定性与前提条件。

## 二 从"区域研究"上升为"地方学"：区域研究的理论价值与学术贡献视角

在学术界，有学者提出，判断一个研究领域是否具备成为一个独立学科的资格，主要看它是否具有相对独立的研究对象，是否取得相当的理论

---

① 林发钦：《澳门学的新生：走出文化焦虑》，《中国社会科学报》2014 年 3 月 21 日。
② 唐振常：《关于上海学（Shanghaiology）》，载《上海学研究笔谈》，见《史林》2004 年第 5 期。

成果，是否有较完善的研究方法以及是否有成熟的学科建构①。然而，我们认为，从特定的区域研究，上升到一个具有内在规定性的学科的地方学，不仅需要有相对独立的研究对象，而且需要有明确、科学而稳定的知识系统，包含鲜明、准确而独立的学术特性，更须包含潜在但可以预知的学术影响力和整体辐射力。具体而言，包括以下方面。

第一，独特的研究对象。这是无疑义的。然而，仅有独特的研究对象并不是成为学科的必然规定性。依据美国学者马纳斯·查特杰的定义，地方学（地区学）是从政治、社会和经济的角度来研究地区的结构、职能和活动，并从中找出变化的规律，研究人与物质环境的相互作用过程和形态以及人适应物质环境的方式和能力的学科。它探讨的核心问题是空间或地区②。美国文化地理学家段义孚认为，空间被赋予文化意义的过程就是空间变为地方的过程。地方学的宗旨，就是要研究某一空间变为某一地方的过程，深入挖掘其地方性及这种地方性的形成过程、发展规律、地域特点和动力机制等，在彰显地域文化特色的基础上对地方的"未来"作出判断，从而为地方的文化、社会、经济、政治、生态发展等提供理论支持③。换言之，地方学是研究特定地方的时间—空间—结构，研究地方性的形成、发展与动力机制等的综合性学科，回答的是地方经济、社会、文化发展的综合性问题。因此，任何仅仅从特定学科角度，从不同的兴趣出发，对地方的经济、社会、文化等方面某个对象进行某个侧面的研究，实际上都仍然未触及地方学的基本底线。因为，地方学绝不应该是地方经济、社会、文化、宗教等各个领域研究的总称，绝不是有关特定区域研究所有内容的叠加与整合，应建构并提供独特而有内在逻辑体系的有关该区域的学理认知系统。以社会学领域的电视传播研究为例，通过电视这一媒介，研究电视对社会、组织、群体与个体的行为、意识的影响，难以成为独立的电视社会学学科，只能是社会学的研究领域。因此，仅有独特的研究对象，并不必然具备独立学科成立的规定性。明确了这一点，就能够有效地避免关于地方学应该侧重于研究哪一个领域的争辩，因为任何一个地方研究领域，

① 刘邦凡、蒲雪峰：《"重庆学"研究管见》，《重庆工学院学报》（社会科学版）2009年第1期。
② 转引自仝建平、张有智《关于地方学研究的几点思考》，《社会科学评论》2008年第2期。
③ 转引自张宝秀《地方学的设立标准和学科内涵》，《中国社会科学报》2014年4月25日。

无论是历史研究还是文献研究抑或是文化研究，都仅仅是有关地方的研究领域而已，而不足以构成具有特定学术属性的地方学。

第二，独特的学科概念、命题、假设与理论构成的学科理论体系。一个独立的学科之所以区别于其他学科，在于其研究一个独特对象时，拥有一整套与其他学科不同的概念体系、命题、假设与理论构成的学科理论体系。例如，同样是对一个地区经济发展成效的解释性研究，经济学使用比较优势、成本、效益研究等概念构成的命题、假设与理论进行说明，而社会学则以社会的结构、运行为研究对象，回答社会的发展规律，其对一个地区经济社会发展的解释更多是使用诸如个体、群体、组织、结构、功能、互动等概念体系构成的命题、假设与理论。然而，对初创的地方学而言，目前并没有公认的概念体系，更没有公认的研究范式而难以登上学科的殿堂，导致目前地方学参与的学者不多、学科不多，甚至沦为部分人文学者自娱自乐的工具，或者是部分政策研究者忽悠政府的工具。

对一个学科而言，如果没有共同的概念、命题、假设构成的理论体系，就难以使不同的研究者相互之间进行学术对话，相互借鉴，比较研究，共同推动学科的理论化发展。因此，借鉴其他学科的发展经验，尽快建立地方学的概念体系，应当成为地方学发展的当务之急。

第三，独特的研究价值与学术贡献。一个学科之所以成为独立的学科，在于其具备独特的研究价值，对知识体系具有增量价值。以区域经济增长的解释为例，为什么一个地区的经济增长好于另外一个区域？经济学以资源禀赋、市场竞争力等经济学概念、理论加以解释，而社会学可以从组织效能、社会资本等概念与理论加以解释，法学从制度、法治等概念加以解释，从而对问题的认识增加有效的增量。具体到区域研究，任何一个文化区域都可能拥有属于它的较为完备的知识系统，了解地方知识系统的生产过程无疑有助于动员地方力量，推动地方民众参与地方事务，改善地方福祉。然而，必须看到，如果仅仅停留在有关地方知识体系的特征概括，而缺乏以科学的方法、深刻的理论研究、系统的理论总结进行普遍化概括，这样的"地方研究"也许具有地方知识的积累意义，但是不具备在国内城市学科的理论价值，难以显现其学术辐射力，于是难以成为一个独立的真正意义的学科，或者说这种地方性知识系统难以超越地方，获得广泛的学术意义的认同，无法超越地域在学术界获得应有的地位，就难以成为一个独立的真正意义的学科。

以广州区域研究为例，我们需要追问的问题是：对广州这个地方/区域的研究对整体中国城市学的学术研究有理论价值吗？对广州某个方面的具体研究，仅具有个案意义或者仅仅增加广州的地方性知识，还是通过广州的研究对中国乃至世界城市科学理论的发展具备影响力和辐射力？从广州研究中整理出来的结论，是否具有独特的理论价值，而这种理论价值对认识城市社会经济的发展规律与变迁动力是否具有普遍意义？我们认为，具有独特的研究价值与学术贡献，是作为一个学科的广州学的价值体现，也是广州学区别于一般的广州区域研究的一个标志。

## 三　区域研究如何上升为地方学：以广州研究为例

区域研究（regional study）如何上升为具有学科意义的区域学（regional science）或者地方学（localogy）？下文我们以广州研究为例，探讨"广州研究"上升为"广州学"的前提条件，从而整理出区域研究成为地方学的前提与学术规定性。

"广州学"能否成立？其成立除了应当具有学科建设的规定性外，我们认为，首先需要回答的问题是：广州有独特的理论研究价值吗？其次，我们需要探讨广州研究如何成为广州学，或者说成为广州学这门独特的学科需要的努力。

### （一）广州研究的标本价值与可能的学术贡献

广州研究具有独特的标本价值，以及有可能对全球的学术贡献，是广州研究得以上升为广州学得天独厚的前提条件。

广州是一个拥有2200多年历史的古老城市。在地理上被五岭相对隔绝，广州成为一个相对对内封闭的地理区域，得以保留独特的岭南文化和习俗，有岭南特色的骑楼等建筑、独特的风俗和文化。同时，广州自古以来又一直是中国最为开放的城市之一。得益于良好的地理位置，自秦汉至明清，广州一直是中国对外贸易的最重要港口城市之一，是中国海上丝绸之路的重要支点，是中国开放的城市。这种既封闭又开放的城市特点，构成了广州研究的独特价值。

这主要反映在广州对不同文明的回应与适应方面。事实上，作为对外贸易发达、对外交往发达的古老城市，广州市历来是中国迎接外部文化冲击的第一站。在 2200 多年的城市变迁中，数量庞大的不同宗教信仰的外国商人、侨民定居在广州，与当地居民和平相处，各类本土与外来宗教自由发展，这构成了广州相比其他国内城市的独特之处。

进入当今时代，在工业化、城市化、国际化过程中，在全球化浪潮下，广州又吸纳了与其户籍人口总数大致相当、数以百万计的外来人口，包括数以十万计的国际人口，大量的外来人口客居广州，成为新客家人，广州也成为全国接纳外来人口最多，外来人口适应程度、容纳程度最高的城市之一。因此，广州见证了中外、东西不同文化相遇、冲击、适应、容纳的过程，在完整保留既有的岭南文化的同时，又吸纳了不同的异域文化，各类宗教、各国侨民在广州和平共处，形成了自由开放、中西交融、敢为天下先、含蓄包容的城市性格与文化形态。这种相对对内封闭（中原文化）、对外开放的城市格局，造就了广州与南岭以北地区不同的独特的政治、经济、文化形态，体现出广州在中国城市中的独特性与魅力。这种地理位置的相对隔绝与文化区域的独特性，对广州地区的经济社会文化产生极大影响，从而具有独特的研究价值。而这种独特性，既有中国性，同时也具有世界意义。

经济发展可以解释外来人口的流入，但是无法解释不同地域、不同文化人口之间的和谐相处。为什么广州能够容纳异质性如此巨大的人口，为什么没有构成当今其他国家尤其是欧洲国家不同文明的冲突？广州（广义上说应当是广府地区）事实上成为国际移民研究、宗教融合研究等绝好的研究场所，其具有典型的个案意义。而如果能回答这些问题，则同时具有世界意义，这种意义不仅是现实导向，而且具有学术导向的意义。这种学术意义在于，对广州的研究，有可能为人类的文明知识体系贡献一种独特的范式。

一项特定对象的研究如果要上升为一门独立的学问，还须看它是否能够为人类的文明知识体系贡献一种独特的范式。学术范式揭示研究者对研究对象和相关理论持有的共同的信念理解和价值取向。它不仅包含由于所关心的共同问题而松散地联系在一起的特定群体，还包括共同认定的研究对象，针对该研究对象应该抽象演绎出何种问题，如何提出这些问题，解析和解决这些问题及其各种方法，如何解释研究出来的结果，以及如何概括由此产生的普遍性学术意义，每一个范式都有自己的逻辑和独有的理性①。在一定程度上，学术范式是一种宏观的研究方法，但它又不同于具体的研究方法，属于认识论的范畴。

广州研究之所以可能成为广州学，在于通过对广州的研究，可能为学术界贡献新的学术方式。以历史和现实为研究主体的广州学，在塑造城市的独特性、地方性过程中，在中西文化碰撞和交流的意义上，成为人类文明发展史上一个独特而有意义的标本。广州千年以来形成的中西文化相互交流、相互包容、和平共处的和谐格局，难以使用既有的研究范式（如冲击—回应、文化帝国主义等）加以回答。而通过研究广州各类本土文化与外来文化和谐状态的成因，我们有可能从理论上总结广州文化和谐的社会、经济、文化、政治乃至特定的文化地理之间的某种联系，从而从文明互动、多元共存的社会历史运作范式上建立自己的文化观和学术模型。广州学有可能也应该通过这样的研究和理论探寻，为人类文明和谐发展的巨大可能性及其内在规律的揭示作出贡献。广州的人口多样性，也为国际移民研究作出了应有的贡献。这些基于广州本土的地方性知识的探究与建构，本质上是地方性的知识，然而又可能总结出普遍性的认识，回答当今世界文明和谐相处的重大问题，这正是广州研究可能对全球的学术贡献。

（二）广州研究成为广州学的现实基础

作为一座拥有2200多年历史的城市，广州既保留了独特的中外风格各异的建筑式样，也拥有与其知识系统匹配的数百年积累的文献资料、各种非物质文化遗产、文物考古资料等实物形态，更有散佚在民间生活中的风俗人情乃至语言习惯等精神文化形态。而广州丰富的文献典籍，借助现代化手段不断保存的音像资料、口述史资料、档案资料，也使得广州研究成为广州学的物质基础条件进一步成熟。

2015年，收录4064种文献典籍，完整而系统地反映了广州这一海上丝绸之路重要发祥地的变迁和发展的《广州大典》出版发行，它通过大量篇

---

① 郝雨凡、汤开建、朱寿桐、林广志：《全球文明史互动发展的澳门范式：论澳门学的学术可能性》，《学术研究》2011年第3期。

幅翔实记载海上丝绸之路的历史原貌，为我国海上丝绸之路研究、广州学的研究提供了重要文献支撑。而广州市国家档案馆则收录了自民国以来的各类档案 123 余万卷（册），这些丰富的文化构成要素不仅可以形成不同的地方知识系统，而且也为广州学研究的可持续发展提供了现实基础。

### （三）从广州研究上升为广州学：未来的努力方向

在回答广州研究可能成为广州学的独特价值与现实基础后，我们必须反思，如何建立具有学科意义的广州学问题。

首先，借鉴与发展并举，逐渐打造广州学、地方学的概念体系。不同学科都有其特有的分析概念，而一个学科之所以区别于另外一个学科，其根本原因在于同一学科使用的是本学科的概念体系。作为一门新生的综合性学科，目前地方学尚未建立自己独特的概念体系与理论体系，这影响了学科认同与学科共同体的建立。因此，必须走借鉴与发展并举之路，打造广州学、地方学的概念体系。

所谓的借鉴，就是借鉴其他学科的概念。这些学科是与城市研究、地方研究结合密切的学科，如历史学、民俗学、社会学、地理学等，这些学科在研究地方时都有自己的一套概念体系，形成独特的理论。地方学在研究时，借鉴往往可以达到事半功倍的效应。例如，在进行区域比较研究、解释地域或区域的社会经济发展差异时，诸如空间、时空配置、地方性、地方人格、社区、社会资本、地域认同等来自地理学、社会学的概念可能是较好的解释概念。只是需要注意的是，这些概念往往来自国外、来自不同学科，因此在应用到特定地方研究时，必须重新加以思考，才不会发生歧义、水土不服现象。而所谓的创新，则是如何从所处土地上归纳出特有的分析概念，这是建立地方学特色的关键。唯有在借鉴的基础上，才有可能实现概念与理论的创新。

其次，质性研究与定量研究结合，逐渐打造广州学、地方学的方法体系。区域研究实际上已经具有一定的传统，学院（含研究单位）进行区域研究/地方志/小区研究的传统由来已久，历史学、地理学擅长地方志，人类学、社会学则以小区研究见长，区域研究则是历史学、地理学和社会科学共同的领域。各个学科在进行区域研究时，都有具体的研究方法。这些研究方法综合起来，即为质性研究与定量研究两种研究方法。

从某种意义上说，地方学研究的重点应该是发现并找出地方的特殊性及其形成的原因和规律，即地方性是如何建构的。在这个方面，定量研究与定性研究方法各有所长。例如，关于广州人的特性及其形成过程研究，目前只是一些感性认识，许多文章都认为广州居民属于经济人，对经济热心，对政治漠然。但是他们究竟对政治漠然到什么程度，大多数的说法是举一两个例子。这只是定性的分析，如果能用充足的调查数据来说明就更好，因为学术研究更需要定量分析，严格地说，定性分析是建立在定量分析的基础之上的。在此，在地方学研究方法上，人文学者与社会科学学者，应当积极使用定性与定量方法，多学科结合，联合攻关，从多种视角、不同层面进行综合研究。坚持尽可能广泛地占有资料，不管是文献资料、考古资料还是口头资料，遵循凭材料说话的原则，通过考证文献、逻辑推理、分析研究得出令人信服的结论。

**参考文献**

［1］张宝秀：《地方学的设立标准和学科内涵》，《中国社会科学报》2014 年 4 月 25 日。

［2］张宝秀：《我国地方学发展概况及对北京学的再认识》，《北京联合大学学报》（人文社会科学版）2013 年第 3 期。

［3］严昌洪、汤蕾：《国内外城市地方学研究综述》，《江汉大学学报》（社会科学版）2006 年第 2 期。

［4］陈海忠：《地方学兴起的历史背景》，《人文岭南》2014 年 5 月 5 日。

［5］林发钦：《澳门学的新生：走出文化焦虑》，《中国社会科学报》2014 年 3 月 21 日。

［6］郝雨凡、汤开建、朱寿桐、林广志：《全球文明史互动发展的澳门范式：论澳门学的学术可能性》，《学术研究》2011 年第 3 期。

［8］李锦旭：《地方学的形塑：南方经验的反思》，2009 年南台湾社会发展学术研讨会论文集。

# 方法论研究

# 论广州学研究的现实关怀

李江涛*

**摘要：** 广州学研究，不可能回避对广州现实问题的关切。本文首先论述了广州学论题的源头，主要是广州在发展过程中的各种隐忧；其次，重点分析了广州学研究的几大核心内容；最后，提出持续有序高效开展广州学研究的若干保障措施。

**关键词：** 广州学 现实关怀

广州学涉及的现实问题研究，是一个常做常新的课题。研究的目的，一是丰富广州学体系的内容，二是回应和面对实践中的挑战。当然，研究的对象无疑是广州市发生的现象。首先，原则上，研究广州现实问题不能从概念出发，即便是已有定论的结果，也可依据实际情况予以质疑。其次，研究过程不能跟着形势走，要有基本的逻辑和原则。当然，以事实判断为前提，而后的价值判断，可以展开讨论。方法上，当然是从事实出发，关注实践，因而调查研究是基本功。应该指出，对现实问题的研究并不仅仅是为决策者服务，更重要的是发现事物发展中规律性的东西，回答社会的困惑和疑虑。故而广州学现实问题的研究，有着双层启蒙的使命。决策者和社会大众都需要理论指引。

## 一 广州学论题之源头：现实隐忧

中国自改革开放以来，已正式步入了现代化进程。广州处于前沿位置，

---

* 李江涛，广州市社会科学院原党组书记，研究员，广州大学特聘教授，广东省社会学会副会长，广东省公共关系学会副秘书长，广州市社会学会会长，广东省政府决策咨询专家，广州市政府决策咨询顾问，主要从事区域发展、决策咨询等方面的研究工作。

许多改革开放的试验都出自这里。因此，广州学的现实问题研究，当以现代化进程中面对的挑战为主要研究对象。

## （一）经济发展问题

人类的生产活动是根本活动，但农业社会的生产与现代化社会的生产存在很大不同。经济发展在现代社会日益表现出它的创新特点和复杂关系。广州的经济发展，特点是商业气氛浓烈，中小企业活跃。垄断性大企业不可能通吃。同时，本地劳动力不足，需要大量外地劳工，这带来了移民问题。由于对外贸易的拓展，外国小商贾不断涌入广州，使移民或实际长住的外国人数量增长，这带来了管理上的挑战。广州进入现代化的工业成熟期，短缺经济不再，面对的是转型升级和劳动力成本上升的压力。而转型属于思路问题，升级则与整个社会的教育水平相关。没有创新能力和创新意识，经济上档次只能是主观愿望。当然，政府对经济活动的管制程度也很值得研究。哪些应该管或者不该管，须定出原则，这就要给政府权力的边界作出清楚的厘定。此外，还涉及农村的产权问题，经济成果的分配问题、过剩产能的出路问题，以及税收政策的地方实施问题，金融创新及其规制改变的问题等，都是当前一段时间内亟须研究的重要内容。又如，海上丝绸之路、自贸区设立，广州学在这方面的研究要走在前面。

## （二）社会问题

现阶段的社会问题比较多，广州学对此要特别关注。除了流动人口的服务与管理外，还有公民素质的提升问题。现在市民关注公共事业、公益事业的越来越多，志愿者活跃程度在全国也处于领先地位，但就全市角度讲，还需要更广泛地动员，组织工作也要跟上。这些事谁去做，怎么做，都需要研究。由于处于转型期，社会心理也出现了不少问题。代际关系有了新的特点，父母与子女的关系发生了变化，无论是权威性、管教能力，还是对子女的理解，都面临困难。西方现代化进程中的"teenager"问题，也无例外地出现在中国，出现在广州。新增犯罪中，青少年人数持续处于比例高位，需要有研究对策。与之对应的是老龄化的压力。城市老人比例不断升高，农村的空心化现象凸显了现代化进程中社会的发展与家庭生活的失衡，回过头来检视我们的社会保障制度，从生活开支的保障，到情感的关怀和生命质量的提升，都为广州学的研究提出了新的课题。

## （三）文化问题

广州学不仅要研究广州文化，而且要研究它在新时期的变化形态及原因后果。广州文化无疑是岭南文化的典型代表，但在新时期，研究的重点在于如何形成新岭南文化中心。与此相联系的是，在世俗化时代，随着技术的进步，互联网从根本上改变了文化信息传播的方式，阅读习惯，以及由此形成的人与人之间的关系。在这个时代，神圣被消解，流行文化受到追捧，名气成为文化的硬通货。这种文化现象与商品经济相结合，对民众的影响巨大。此外，广州近代以来不乏进步思想家和领风气之先的观念。总结改革开放以来这些思想的产生条件和对时局的影响，也是广州学文化研究的一个重要内容。

## （四）心理和风气问题

近年对于社会思想浮躁、心理失衡现象多有议论，但它表现在广州又是什么样的？广州最早提出"认钱不认人"，这是否成为拜金现象的理论依据？一般来说，广州人的心理当然是多元复杂的，但历史形成的宽容他人、和气生财，与争勇斗狠、锱铢必较相比，似乎对社会风气有更重大的影响。是重商主义塑造了"非攻"心理吗？还是斗争哲学破坏了商业的发展？这是广州学研究中很有意思的课题。比如说，嫉妒心在广州表现得不太典型，为什么？爱心、同情心的广州表达方式，也与其他地方不尽相同。求真务实的品格形成需要什么条件，海纳百川的胸怀怎样延续，广州的社会风气有什么特点，都是很好的题目。

## （五）社会制度结构

制度用以确定行为的边界和违规的成本。所谓改革，实际上就是变更游戏规则，着眼于制度的变迁。在改革进程中，广州制度变革占据主要内容，如生活资料价格的放开、分配制度的改革、人事制度的改革等等，在许多领域取得了进步。但是，近年来广州的改革势头似乎不再，敢为天下先的精神有些乏力，这个现象很值得研究。是浅尝辄止、小富即安，失去了改革动力，还是改革的压力下降，不要变革？应该说，经济体制、社会体制、文化体制等都存在不合理的地方，都需要不断改革。例如，国有企业的改革，从转让股权、资产重组，到现在搞混合所有制，实现现代治理，广州应摸索出一条路子。又比如农村治理，怎样管理集体财产，如何实现在法治条件下的村民自治，都需要研究。我们反思贪腐现象，发现选人用人制度有问题。有人说制度是好的，执行出了问题。这话似是而非。制度之所以得不到执行，是因为没有相关制度去约束执行行为。也就是说，没有设计违规的成本。又比如税收制度和行政收费制度，也需要检讨、研究。国家税制统一，但地方政府有一定自主权。涉及广州的税收，地方税和行政收费各有 11 种之多，其中哪些是合理的，哪些是需要调整的，不研究是讲不清的。

当然，广州学的现实问题很多，仅就此举例而已。之所以要研究广州的现实问题，是因为在广州学这个体系内，广州的实践，特别是改革开放的实践，在全国具有典型意义，某些方面甚至具有独特性。应该说，现实问题是广州学中的重要组成部分。随着社会的发展，实践会不断提供思想资源，提出挑战，要想使广州学能够在科学殿堂中占有一席之地，关注现实，关注实践，关注社会各个领域的变化，是题中应有之义。

## 二 广州学研究之肯綮：核心关切

研究广州学的现实问题，一定要具备相关的知识储备和研究问题的视角。

### （一）注重历史积淀

广州学研究，首先需要了解广州发展的基本脉络，尤其是改革开放 30 多年来广州走过的路程。这一点很重要，它让我们明白今天之所以有这样的成绩和不足，是从什么样的背景走过来的，中间发生过什么。特别是政策选择方面，是哪些因素导致了当时的决定，从而深刻理解马克思所说的"人类社会的发展是一个自然历史过程"的论断。

### （二）关照现实情境

其次要把握广州市的基本情况，包括人口、土地、行政架构、经济情况、社会环境、社会意识、文化基础、基础设施，如此等等。要想研究广州学，就要把握广州的主要情况，熟悉广州的市情、民情、商情、政情。光靠书本上的东西还不行，读年鉴可以掌握大致的基本情况，但还需要深入实际调查。不仅因为情况每时每刻都在变化，还因为只有从实践中得到的信息才是鲜活的。现实问题的研究不是简单地回答"是什么"和"为什么"，而是要提出"怎么办"。就像马克思所说，不仅要解释世界，更重要的是改造世界。

### （三）重视全球化与信息化视角

此外，广州学研究对世界形势的变化也要关注。广州已步入国际大家庭中，全球化浪潮不可阻挡。无论是经济、环境，还是文化，甚至制度，都会持续地产生互相影响。我们不能关起门来研究广州，要随时将广州放在国家中心城市中，放在地球村的格局中作研究，才能看得清广州的未来。为此，广州学研究必须重视信息的采集、整理，并逐步建库，为后来者延续这一工作提供条件。在信息社会，信息具有双重属性：缺少不可，过多会带来选择上的困惑。如何识别广州学研究中的有用信息，而且提供给研究者方便有用的信息，是广州学现实问题研究的一项重要工作。谈到这里，笔者认为广州学作为一门地方性的特色学科，应该长期持续地研究下去，积累若干年后，必有收获。相应地，广州学数据库必须建起来，或在类似的信息库基础上略加改造，为广州学研究所用。

### （四）开展扎实的田野调研

由于实践的发展，广州市各个方面也处于不断变化之中，这就需要不断地调查研究。调查研究有许多方法，采取何种方式要依研究内容而定。一般来说，开座谈会、当面访谈是比较简便的方法，可以就某一问题进行深入了解，缺点是对象不可能数量庞大，难免会挂一漏万。问卷调查具有数量优势，缺点是问题不可能太多，被访者的回应也可能不认真，问卷设计的内容有可能发生歧义和误解，等等。文献调查虽较客观，但有不少现象是无法纳入文献的。必须明白这些调查方法的局限，不要以为只要做了调查，得出的结论就一定是正确的。要注意各种方法的综合运用，并对结论进行逻辑上的检查。

## （五）倡导比较研究

广州学的现实问题研究不是关门自我循环，而要持开放的态度，要进行比较研究。这样做的意义在于，通过比较研究来吸取外地经验，找出短板。现在国内不少城市建立了自己城市的研究学科，人家怎么搞，我们不是很清楚，建议项目单位与外地城市建立信息交流机制，定期沟通，或者必要时开交流会议。与广州研究适合比较的城市包括北京、上海、天津、重庆、深圳、苏州，这些城市近年来发展较好，各具特色，并且创造了不少新鲜经验。与此相对应的是，广州学研究，特别是现实问题的研究，也要与国外的地方学研究交流、比较。这方面只是有想法，实际开展如何进行，需要视研究进程而定。

## 三　广州学研究的保障：协同作战

作为协同创新的项目，广州学的现实问题研究必须要有保障措施。

### （一）研究经费的保障

现实问题的研究费时费力也费钱，一个上千样本的问卷调查需要十几万元。经费投入受限制，研究深度、广度就受限制。如果这个项目持续下去，就需要持续投入。参与协同创新的相关单位，都要有科研经费的投入。广州大学项目组可以设立"种子钱"，借以引导研究方向，各单位应有预算安排。笔者认为，广州学的研究应该不是一次性的课题，而是长期的科研项目，必须有长期的计划、持续的经费投入。同时，广州市社科规划办要争取立项，项目组应主动联系规划办，并把设想向其报告，争取经费支持。总之，广州学研究要长期坚持，经费保障是不可或缺的，是摆在第一位的事情。

### （二）人才队伍的吸纳和培养

光有钱还不行，人才要跟上。除了项目组自身的人才，还要动员参与协同创新单位的高水平人才加入。这个工作不是让大家客串一下，也不能勉强，必须是对广州问题有兴趣的人，能够长期坚持研究广州问题。中央关于繁荣哲学社会科学的意见指出，地方社会科学研究机构的主要任务，就是研究地方的历史与现实问题，以及有地方特色的基础理论问题。广州的学者应该成为广州学的专家，而不是由别的地方的学者来当广州学权威。当然，除了使命意识，还要有相关政策吸引人才参与广州学研究，甚至推出相关政策吸引在校研究生参加。对优秀成果应有推荐、奖励等政策。项目组可以开展各种活动，以引起参加者的兴趣。当前，各单位课题较多，人才紧张，如何网络人才投身于广州学研究，确实需费一番心思。

### （三）制度建设的完善

要顺利推进广州学的现实问题研究，制度是非常重要的。这里包括立项制度，协同单位的权责规定，成果评审和发布制度，有关知识产权的相关规定，经费报销制度，奖励制度，成果最终安排和处理制度，等等。这些制度原来各单位都有，但不尽统一，参与协同创新后，有必要再重新明确，避免不必要的矛盾和扯皮。既然是长期持续的项目，制度创建、改革、调整就应成为常态。

### （四）政府和社会单位的支持

现实问题研究离不开调查和数据采集，如果相关部门和单位不配合，工作就很难推进。因此，要通过政府相关部门，或者逐步与相关部门建立合作关系，争取它们的理解与支持。市里的两个研究室对项目组比较认同，应把这个项目通报给它们，如涉及某个职能部门，也可以由研究室协调。笔者认为，协同创新机构的单位中，可以邀请两个研究室参加。

**参考文献**

［1］邱昶、黄昕：《广州学引论》，广州出版社，2014。

［2］张宝秀：《北京学理论研究的历程与展望》，《北京联合大学学报》（人文社会科学版）2009年第2期。

［3］张宝秀、成志芬、马慧娟：《我国地方学发展概况及对北京学的再认识》，《北京联合大学学报》（人文社会科学版）2013年第7期。

［4］张妙弟：《北京学研究十年回顾与思考》，《北京联合大学学报》（人文社会科学版）2009年第2期。

# 广州学研究的一般方法与具体方法

王枫云<sup>*</sup>

**摘要:** 广州学研究的一般方法是研究中所采用的最一般思维原理, 主要由两个层面构成: 马克思主义哲学方法论与广义系统理论方法。广州学研究的具体方法是一般方法的进一步深化和具体运用, 主要包括逻辑方法和数理分析方法。一般方法和具体方法存在"相互交融、彼此贯通"的关系, 共同推进广州学研究的发展进步。

**关键词:** 广州学 研究方法 一般方法 具体方法

广州学作为中国地方学和城市学的一个重要组成部分, 近年来经历了从孕育、产生到起步的发展历程。对于这样一门新兴的学科, 明确其研究中普遍采用的一般方法与具体方法, 是当前广州学发展面临的迫切任务。事实上, "学科的研究方法并不是外在的形式, 而是内容的灵魂"。从这个意义上讲, 广州学的研究方法比研究结论更为重要, 因为, 各种研究方法能够为人们提供种独立探索的途径和解决问题的视角, 它们不仅贯穿于广州学理论研究的始终, 而且还可以直接指导、丰富和发展广州学的理论体系。

## 一 广州学研究的一般方法与具体方法概述

广州学的研究方法是研究主体认识广州这一研究对象内在本质和发展规律时所采用的思路与程序, 是研究主体把握广州这一研究对象的途径、方法、手段和工具的总和, 所要解决的是"怎样才能正确认识广州"这个

---

* 王枫云, 湖北襄阳人, 广州大学公共管理学院教授、管理学博士。

问题。而作为广州学研究的对象——广州的极其复杂性，使得研究主体不可能仅仅采用某种单一的方法就能达到研究的目的。因此，广州学的研究就必须在一般方法的指导下，灵活运用各种具体方法来有效实施。

广州学研究的一般方法是研究主体对广州这一具体对象展开研究的基本思维原理；广州学研究的具体方法，是由广州学这一学科自身的特点和研究对象所决定的，是在广州学研究中普遍采用的分析方法。

## 二 广州学研究的一般方法

广州学研究的一般方法是广州学研究的哲学基础，是最抽象、最具有普遍指导意义的根本方法。因而，它对于广州学研究的具体方法具有指引与导向的功能。也就是说，在广州学研究方法的运用中，一般方法运用正确与否，直接影响着广州学研究的方向问题，一旦有了正确的指导方向，广州学的研究才会有事半功倍的效果。

广州学研究的一般方法由两个层面构成：一是马克思主义哲学方法论；二是马克思主义哲学方法论在低一层次上进一步的具体化，即亚哲学方法论——广义系统理论方法。

马克思主义哲学方法论包括唯物辩证法、历史唯物观、马克思主义认识论三个组成部分。其在广州学研究中的作用有二：一方面，从方法论本身看，唯物辩证法、历史唯物观、马克思主义认识论三者互为条件、互相依存、互相转化，共同形成把马克思主义哲学转化为方法论的"合力"，使得每一个从事广州学研究的研究主体总是在有意无意中接受其指导；另一方面，也是更重要的一点，马克思主义哲学方法论为每一个从事广州学研究的研究主体提供了一种认识广州学本质与规律的方法模式，且这种方法模式会逐渐潜移默化地内化为广州学研究主体的基本的方法意识，并最终成为其研究的固有思维习惯，从而自觉地接受马克思主义哲学方法论的导引。

作为马克思主义哲学方法论的亚哲学方法论——广义系统理论方法，它是以现代科学的最新发展为基础所提出的新概念、新原理和新方法，是对马克思主义哲学方法论的进一步深化和丰富，从而使得广州学的研究主体在认识广州学的本质与规律上，能够更好地把握马克思主义哲学方法论的基本精神。广义的系统理论包括老三论、新三论和狭义的系统理论方法。

老三论即系统论、信息论、控制论，它是以系统论为核心，将每一个研究对象视为一个由若干个要素组成的相互作用、相互关联的有机整体和不断进行物质、能量、信息交换的开放系统与控制系统。它要求在广州学的研究中，从整体系统观点出发，将广州学视为一个开放、交换的良性循环的学科系统。一方面，与相关相近的学科不断进行信息的沟通、交流、融合，在这个过程中逐渐丰富、发展、完善广州学的学科内涵，使其始终保持学科发展的旺盛生命力；另一方面，通过广州学学科体系自身的控制与循环，实现学科信息的有效反馈，从而不断与时俱进，使广州学始终具有不断向前发展的内在动力。

新三论即耗散结构理论、协同论和突变论。耗散结构理论研究的是一个系统由无序向有序转化的机理、条件和规律，它进一步发展了马克思主义哲学的运动观和质量互变规律；协同论研究的是不同领域中多元系统元素间合作效用的理论，协同论促使人们从横向上研究不同事物的共同规律，并运用已知领域的成果来探求未知领域的奥秘；突变论通过描述系统在外界点的状态来研究自然界各种形态、结构和社会经济活动的非连续性突然变化现象，从而向人们提供了事物在外部条件作用下发生突变时，如何促使事物向良好预期方向转化的思考方法。突变论是对马克思主义哲学突变观点的进一步解释。它要求在广州学的研究中，要不断注意学科研究的条件、背景与环境的变化与发展，在学科动态环境中，坚持权变的观点、协同的观点、横向普遍联系的观点，建构广州学中内在的、关联的学科体系、学科理念、学科思想。

狭义的系统理论方法是指在老三论、新三论的指导下，以系统理论为基础，依据客观事物的系统性，将所要考察的研究对象放在系统环境下，综合精确地考察研究对象，以达到系统整体功能最优或问题得到最佳处理的科学方法。主要包括功能模拟法、信息方法、反馈方法、模型方法、最优化方法等一系列方法。

## 三　广州学研究的具体方法

所谓广州学研究的具体方法是指，与广州学的学科特点和研究对象紧密相连的研究方法，主要包括逻辑方法和数理分析方法。

## （一）逻辑方法

逻辑方法是以逻辑规律为指导，以广州学相关理论成果为参照，根据事实材料，形成概念，作出判断，进行推理，构成理论体系的方法。逻辑方法有广义和狭义之分。某一逻辑理论体系的应用就是广义的逻辑方法。而狭义的逻辑方法主要包括演绎与归纳相统一的方法、分析与综合相统一的方法、从抽象上升到具体的方法、逻辑与历史相统一的方法等。本文主要从狭义的角度使用逻辑方法这一概念。

**1. 归纳和演绎相统一的方法**

归纳是指对广州发展实践中的具体对象及其现象进行分析，从许多个别的事物中概括出一般性概念、原则或结论的思维方法。归纳方法在广州学研究中的重要作用主要体现在：提供学科假说、证明学科假说和理论、确定学科假说的支持度、理论择优、对事件未来情况进行预测等。归纳法只是对现存有限的广州发展进程中的经验材料进行概括，因而不仅不能保证归纳结论的普适性，而且难以区分事物的本质属性与非本质属性，这就使得归纳推理结论的可靠性有待进一步考察。

演绎是以广州学的一般概念、原则为前提推导出个别结论的思维方法，即依据广州发展实践中某类事物都具有的一般属性、关系来推断该类事物中个别事物所具有的属性、关系的推理方法。演绎方法不受客观事物的影响，强调的是"应该是什么"。它从广州发展进程中的一般原则出发思考问题，但它无法保证自己的前提即一般原则本身是否正确无误。

在研究广州的思维运动中，归纳法和演绎法虽然都有重要作用，但各自也都存在一定的局限性。因此，广州学研究中应采用归纳和演绎相统一的方法，即在归纳之后，需要通过演绎将归纳所得的一般结论推广到未知的事物上，并用这些事物来检验一般结论正确与否；演绎之后，又要将演绎所得的个别结论与事实相比较，并通过新的归纳来检验、修正、充实原有的演绎前提。广州学研究中的归纳和演绎只有在如此周而复始的相互转化过程中，才能弥补各自的缺陷，充分发挥其在广州学研究过程中的作用。

**2. 分析与综合相统一的方法**

分析方法是指在广州学研究中，把认识对象分解为不同的组成部分、方面、特点等，对它们分别加以研究的辩证思维方法。分析的任务是从事物或现象的总体中，分出构成该事物或现象的部分、要素和属性。广州是由多种要素构成的复杂有机体，为了从总体上把握其本质，必须首先将它的各个部分和要素暂时分离开来，然后对它们分别进行考察和研究。由于分析方法得到的是关于事物的各个部分的知识，而不是从整体上认识事物，使人们着眼于局部的研究，有可能将人们的思维局限于狭小的领域内，容易导致"只见树木、不见森林"的形而上学的片面性。

综合方法是指在广州学研究中，把分解出来的不同部分、方面按其客观的次序、结构组成一个整体加以研究的思维方法。综合方法可以把认识对象的各个部分、方面按其内在联系，有机地结合成一个统一的整体加以把握，并在思维中再现出来，从而全面、正确地把握研究对象。

分析与综合相统一的方法包括两层含义，首先是指分析和综合应互相依赖、相辅相成。一方面，综合方法的运用应以分析方法为基础，没有分析就没有综合；另一方面，分析方法的运用应以综合方法为前导，这是因为任何分析都是在一定整体观念指导下进行的。其次是指分析和综合应互相转化。一方面是分析向综合转化，有助于形成对特定研究对象的整体认识；另一方面是综合向分析转化，是后一阶段分析方法运用的起点。在广州学研究中，主体的认识就是在分析、综合、再分析、再综合的循环往复过程中不断深化和提高，逐步从广州这一研究对象的多种属性和各个方面中抽象出那些必然的本质的东西，从而形成广州学的科学概念和判断。

### 3. 从抽象上升到具体的方法

抽象是指广州这一研究对象某一方面的本质特征在研究主体思维中的反映。具体是指研究主体的思维对广州各方面本质特征的完整反映。从抽象上升到具体是研究主体对广州的研究中，通过把握广州这一研究对象各个方面的本质特征及其相互间的内在联系，从理论上完整地再现广州这一研究对象多样性的方法。换言之，从抽象上升到具体就是以理论的形式从反映广州这一研究对象的最简单、最抽象的概念、范畴出发，一步一步地找出愈来愈复杂、愈来愈具体的概念、范畴，直到把广州这一研究对象的丰富多样性从总体上再现。这种再现的过程要依据对广州的本质及其内在联系的正确反映，在安排广州学理论体系各个概念、范畴之间的关系时，要使之符合客观事物从简单到复杂、从低级到高级的发展顺序。

**4. 历史与逻辑相统一的方法**

历史是指广州客观现实的历史发展过程以及人类认识广州客观现实的历史，逻辑是指广州历史发展过程在研究主体思维中概括的反映。逻辑与历史的统一是指，研究主体的思维逻辑应当概括地反映广州历史发展过程的内在必然性。逻辑与历史的统一方法要求人们在广州研究中，要揭示广州发展过程与认识发展过程的历史规律性，在安排广州学理论体系各个概念、范畴的逻辑顺序时，必须符合被考察对象历史发展的顺序。也即逻辑的分析要以历史发展为基础，历史的描述要以逻辑联系为依据。

## （二）数理分析方法

广州学研究的数理分析方法包括四组分析方法，即定性分析法与定量分析法、个案分析法与总体分析法、静态分析法与动态分析法、统计分析法和比较分析法。

**1. 定性分析法与定量分析法**

定性分析方法是主要依据分析者的直觉、经验，依据广州这一研究对象的过去和现在的延续状况及最新的信息资料，对广州的性质、特点、发展变化规律等质的规定性进行分析研究，以判断研究对象具有何种属性，以便与其他事物区别开来的一种方法。定量分析方法则是通过对广州这一研究对象某一方面或整体方面的观测和测量，考察其规模状况、运动速度和发展程度，并用数量显示的一种分析方法。

定性分析和定量分析是辩证统一的关系。没有定性分析，定量分析就难有准确的研究方向定位；如果只重视定性分析，而忽视定量分析，就无法全面而准确地把握数量变化。故而，在广州学的研究中，一定要贯彻定性方法与定量方法有机结合的原则。过分强调定性方法运用的研究，将会导致广州学研究缺乏数据说服力；过分强调定量方法运用的研究，将会导致广州学的研究陷入机械教条的形而上学。

**2. 个案分析法和总体分析法**

个案分析方法，是指对广州这一研究对象中的单个团体、组织、人员以及事件进行具体深入研究的方法。个案分析的目的有两个：一是对个案做一个广泛深入的探究；二是发展一般性理论，以解释说明广州这一研究对象的某种现象和行为。个案分析的一般步骤是：①立案，即确定研究个案；②规划，即制订研究计划；③实施，包括收集资料、交谈、观察、测量等；④诊断，不仅包括资料或证据的核实、修订、整理分类和分析，而且包括通过分析研究后，针对存在问题提出解决的建设方案。

总体分析方法，是在假定制度不变和广州城市系统构成不变的情况下，研究广州的总体运行状况及其各个构成部分之间相互关系的一种分析方法。总体分析方法能够把握广州城市运行的总体态势，但往往忽视个体对总体的影响。

在广州学的研究中，要明确个案分析法和总体分析法各自的适用范围。对于广州这一研究对象的总体结构、总体规划、总体目标的研究可采用总体分析方法，而对于广州的某一机构、个体、事件运作的研究可采用个案分析方法。

### 3. 静态分析法与动态分析法

静态分析方法是一种完全抽象掉了时间因素和具体变化过程，静止地、孤立地考察某种广州现象的方法。

动态分析方法是对广州的实际过程所进行的分析，其中包括分析有关要素在一定时间过程中的变动，以及它们在变动过程中的相互影响和彼此制约的关系，等等。动态分析法的一个重要特点是考虑时间因素的影响，并把广州现象的变化当作一个连续的过程来看待。

广州学研究中的动态分析法与静态分析法应该是相互融合、交叉并用的。静态分析方法为动态分析方法的展开提供了前提和基础，动态分析方法使静态分析的成果得到进一步的验证和完善。

### 4. 统计分析法与比较分析法

统计分析方法是指，对收集到的有关广州的数据资料进行整理归类，对其作出分析解释，并进行验证的一种研究方法。

比较分析方法就是将广州这一研究对象中的同类现象或事物按照特定的目的，依据同一标准进行对比研究，分析其差异之处与共同点，然后根据研究结论来推测广州这一研究对象中另一类比事物的性质、特点与发展趋势的一种分析方法。

## 四 简短的结论

总体而言，在广州学的研究中，一方面，一般方法对具体方法具有指导作用，具体方法以一般方法的规律、原则、概念、结论为指导；另一方面，一般方法又以具体方法为发展动力，具体方法的发展进步推动着一般方法的不断完善，离开了具体研究方法，一般方法就失去了发展的根基。此外，一般方法和具体方法构成一个有机整体，存在"相互交融、彼此贯通"的关系，共同推进广州学研究的发展进步。因此，不能孤立、片面、僵化地理解和运用广州学研究的一般方法与具体方法，而要全面、科学、灵活地理解与运用。

**参考文献**

［1］［德］黑格尔：《小逻辑》，商务印书馆，1980。

［2］李帆、傅劲松：《论资源产业经济学的研究方法体系》，《资源与产业》2006年第6期。

［3］陈昌曙：《自然辩证法研究》，东北大学出版社，2001。

# 广州学的现实价值和研究方法刍议

杨宇斌[*]

**摘要：** 广州学在学科建设和发展的过程中，应该凸显其现实价值取向，广泛吸收包括田野调查法在内的现代社会科学研究方法，在关注城市的同时亦要关注广州的农村、农民、农业。

**关键词：** 广州学　现实价值　田野调查　"三农"问题

2010 年，广州市人民政府文史研究馆馆员邱昶和副馆长李翔，首次提出创立"广州学"的建议，得到了市领导的重视和批示。由于广州市的特殊性和重要性，广州学的存在有合理性，亦有进一步发展的必要性。与此同时，作为一门新近出现的学科，广州学在基本概念、性质特征等方方面面，仍然有待研究者进行探讨、设计和建构。广州学在学科建设和发展的过程中，应该凸显其现实价值取向，广泛吸收包括田野调查法在内的现代社会科学研究方法，在关注城市的同时亦要关注广州的农村、农民、农业。

## 一　凸显广州学研究的现实价值取向

广州学研究不仅要具备学术价值，更要凸显自身的现实价值，以服务于广州建设国家中心城市的需要，协助解决阻碍广州整体发展和全面发展的突出问题。

广州学既然以广州作为主要的研究对象，更应该在具备学术价值的基础上凸显自身的现实价值。从早于广州学提出的北京学、上海学、武汉学、

---

\* 杨宇斌，男，广东珠海人，中山大学哲学系博士研究生。现为广州大学广州发展研究院助理研究员，主要从事中国"三农"问题研究。

澳门学等学科的发展历程可以看出，为现实服务是城市地方学的生命源泉之一，广州学自然也不能例外。要培育广州学的生命力，一是需要现实化，拉近研究与广州当前迫切需要解决的重大问题的距离；二是需要大众化，拉近研究与广州人民群众生产生活现状的距离；三是需要在地化，拉近研究工作与广州特点的距离。

人民大众的需要是最大的现实需要，广州学研究如果能够在解决广州市人民群众所共同关心的问题上有所贡献，自然能够促进广州学研究顺利开展，这是广州学最主要的现实价值。在针对不同主题的研究中，需要有意识地探索、凸显广州的城市和地域特色。广州作为千年商都、岭南文化中心，拥有得天独厚的珠江三角洲区域背景，在全国乃至全世界必定具有相当的特殊性。广州的现实问题必须放在这种特殊性中来考察、研究，并做出具有广州特色的研究成果。

由此出发，作为一门新兴学科，广州学现阶段的研究着力点不在于全面研究与广州有关的问题，应该把有限的科研力量集中使用，尤其需要加强对广州现状及现实问题的调查研究，以真实地记录和反映急速变迁中的广州社会百态，并对此进行科学分析，进而为问题的解决提供理论依据或思路。

## 二　重视以实地调研获取第一手资料的田野调查法

### （一）广州学研究的双轮驱动发展途径

为了凸显广州学的现实价值取向，协助解决阻碍广州整体发展和全面发展的突出问题，广州学应该广泛吸收现代社会科学的一系列研究方法，其中实地考察的田野调查法尤其重要。

20 世纪 50 年代以来，国际形势相对稳定，各国经济高速增长，尤其是科学技术取得了突破性的进展，这些因素为社会科学的迅速发展提供了基础条件。另外，与发展相伴随的人口膨胀、环境污染、族群纷争、文化侵略等全球性重大社会问题日益严峻，这对相关的学科提出了许多迫切需要研究的课题。以上合力促成了现代社会科学在全球范围内迅速发展，主要表现有：崭新的研究领域不断拓展，边缘学科、交叉学科层出不穷，已经形成一个拥有数以千计分支学科的庞大学科群；研究机构和人员队伍持续壮大；研究手段和方法日益进步，水平持续提高；学术交流日益频繁、规模不断扩大等等。

广州学是一项综合多门学科的庞大工程，是学科交叉、渗透以及广州市社会科学研究水平不断提升、研究领域不断拓展的产物。从学科的构成看，广州学几乎包括了人文社会科学的所有学科：文化、历史、经济、教育、文学、艺术、民俗、工艺、曲艺、考古、社会学、方志学、文献学、谱牒等等①，以及部分自然科学。因此，广泛采用现代社会科学研究方法，是广州学的题中应有之义。

在广州学的开山之作《广州学引论》中，作者认为："一种学科研究的展开，首要的也即第一步的工作是文献资料的收集与整理。这对广州学研究同样是很关键的一步，它关系到广州学研究能否顺利展开、进行并取得丰硕的成果。"② 笔者认为，广州学研究应该采取双轮驱动的发展途径：①进行文献资料的收集与研究，主要使用的是文献分析法；②对当前社会现实问题的调查与分析，主要采用近现代社会科学所采用的研究方法，如田野调查、问卷调查、数量分析、个案研究、逻辑分析等。概括而言，应当采取文献研究与实地调查并重的发展途径。

根据 2009 年中华人民共和国国家标准"文献著录总则"的定义，文献是指"记录有知识的一切载体"③。因此，除书籍、期刊等出版物外，凡载有文字的甲骨、金石、简帛、拓本、图谱，乃至缩微胶片、视盘、声像资料等等，皆属文献的范畴。文献分析法主要指搜集、鉴别、整理文献，并通过对文献的研究，对某个事物形成认识的方法。文献分析法是一项经济且有效的信息收集方法，广泛适用于人文社会科学的各个领域。

然而，文献毕竟是前人记录、研究成果的固化，属于对研究对象过往状态的反映。另外，文献仅仅提供了对具体事物的间接认识，对文献利用者而言，文献本身成为直接的研究对象，而非研究具体事物本身。然而，广州作为中国五大国家中心城市之一，生活着 1600 万以上的常住人口，面

---

① 邱昶、黄昕：《广州学引论》，广州出版社，2014，第 13 页。
② 邱昶、黄昕：《广州学引论》，广州出版社，2014，第 23 页。
③ 中华人民共和国国家质量监督检验检疫总局、中国国家标准化管理委员会：《中华人民共和国国家标准——文献著录 第 1 部分：总则》，2009，第 5 页。

临着各种纷繁的问题和严峻挑战，其社会、文化、经济等方方面面亦处于快速的变迁之中。如果说与广州有关的文献资源迫切需要补遗、抢救、整合，那么对广州的现实状况进行记录、分析、研究，为后人留下尽量全面、清晰的当代广州发展变迁图景，为解决广州当前面临的重大问题提供资源，自然也是广州学研究刻不容缓的重要任务。

### （二）田野调查法的概念及特点

对社会现实问题进行调研的诸种方法之中，强调以较长时间的实地调查来获取第一手资料的田野调查方法尤其值得重视。fieldwork，在国内大多翻译为"田野调查"或"田野工作"，是人类学最具特色也是最重要的研究方法。它要求研究者在一个有严格定义的空间与时间范围内，亲身体验人们的日常生活与思想境界，通过记录当地人生活的方方面面，以展示不同文化如何满足人的基本需求、社会如何构成等等。调查期间，研究者最重要的工作就是深入浸淫在对象群体的生活中，学习当地的语言、参与当地的活动，尽可能地完全将自己融入当地人的日常生活中[①]。

研究者从事田野调查的步骤通常是：①根据自己的知识背景和研究兴趣确定研究主题；②尽可能详细地阅读一切相关的文献资料；③进入工作地点开始实际的资料收集工作；④分析、整理收集得来的第一手资料，与自己先前提出的假设相印证[②]。"参与观察"（participant-observation）与"深度访谈"（depth-interview），是田野调查法用来收集资料的核心技术。

所谓参与观察，是指研究者在一个社区中做调查研究时，不仅作为旁观者观察所研究对象的一切，同时也相当程度地参与到对象群体的活动之中，以求更真切地了解当地人的所思所想。参与观察法常常是在"没有先入之见"的情况下进行探讨的，因此与其他研究方法和技术相比，研究者能够尽量少地把自身的看法和观点强加于试图理解的群体之上。因此，参与观察法为获得社会的真实图像提供了一个有效方法。特别值得一提的是：参与观察时由于身临其境，调查者可以获得较多的内部信息和第一手资料。

---

① 李亦园：《李亦园自选集》，上海教育出版社，2002，第 16 页。
② 周大鸣、乔晓勤：《现代人类学》，重庆出版社，1990，第 12 - 13 页。

深度访谈，又称为无结构访谈或自由访谈，是指研究者与研究对象之间进行无拘束、较深入的访问谈话。即事先不设定访谈问题，更不限定回答的方式和内容，而是就某一范围的问题作广泛的交谈，或对某一特定问题作详细的说明。深度访谈通常采取一对一的形式，应用范围主要包括：详细了解复杂行为、敏感话题等。其主要作用在于通过深入细致的访谈，获得丰富生动的定性资料，并通过研究者主观的、洞察性的分析，从中归纳和概括出某种结论，尤其是用以揭示研究对象对某一问题的潜在动机、态度和情感。

### （三）田野调查法在广州的发展及运用状况

事实上，田野调查的重要性早已受到了广州学术界的重视。2004 年 6 月 28 日，中国第一个"田野调查基金"在中山大学诞生。该基金由中山大学人类学系创办，用于资助全国在校大学生运用人类学田野调查方法对现实的社会问题展开调查，尤其鼓励学生对社区或弱势群体（如流动人口、打工者、卖花女、吸毒人群等）进行深入的调查研究。"中国田野调查基金"成立后，每年提供 8 万元经费，资助 15 名在校大学生进行田野调查，具体调查资助金额根据项目的大小而定，最高可达 1 万元，最低金额 2000 元。基金委员会由多所高等教育院校的专家、学者担任委员，他们选定每年度的调查主题框架。基金受助者必须在年度内完成田野调查并提交报告。

2007 年中山大学人类学系又设立"马丁堂奖学金"，该奖学金注重以思考—行动—分享的模式培养学生的学习兴趣，并对学生进行田野调查训练，支持学生的社会调查活动。"马丁堂奖学金"不仅支持个人进行田野调查，最具特色之处是同时开展"马丁堂田野训练营"，对学生进行田野调查培训，并由指导老师带队进行团队调查。成立至今，"田野调查基金"和"马丁堂奖学金"取得了令人瞩目的成果，在广大师生和人类学界形成了一定的影响力。2014 年中山大学人类学系综合两个基金的优势，设立"中山大学人类学田野调查基金"，以培养人类学后备力量为己任，通过资助青年学子开展独立调研、撰写调查报告和学术论文，提升其学术科研能力、拓展学术视野，从而达到为中国人类学学科发展培养优秀人才之目的。

与此同时，田野调查在广州市的开展也取得了显著的成果。比如，储冬爱在《城中村的民俗记忆——广州珠村调查》一书中，对广州市水乡村落的民俗、信仰等乡土文化的生成与发展进行了细致的描述与分析①。马强在《伊斯兰"乌玛"精神与都市穆斯林社区——广州穆斯林哲玛提现状田野调查》《回族特色人才的迁移就业及城市适应——广州市宁夏籍阿拉伯语从业者田野调查》等论文中，通过对广州市穆斯林群体的细致调查，揭示了在现代化和市场化的浪潮中，城市穆斯林社区和群体的适应策略和面临的突出问题②。王路等在《医患关系的认知人类学解读——基于广州市儿童医院的调查事例》一文中，对广州市儿童医院的诊疗实践进行描述和分析，从一个新的角度把握和理解现代医患关系的内涵③。李琴、黄黎若莲在《为什么中国城市低保存在目标瞄准问题？——基于广州市的田野调查》一文中，从低保政策执行过程及执行者决策过程的角度，解释了广州市低保政策实施中存在的目标瞄准失效现象④。程瑜、陈瑞文在《农民工社会保障的现状与对策——以广州市黄埔区为例》一文中，对广州市外来流动农民工的生存现状和面临的生活困境进行了调查，对农民工的社会保障问题进行了思考并提出了对策⑤。

总体而言，田野调查在广州市的社会科学界仍然属于一个相对小众的研究方法，以田野调查为基础的研究成果并不多见。但从已经公开发表的相关文献中可以看出，它在获取第一手资料方面具有独到的优势，在分析、研究现实问题方面也展示了其他方法所无法比拟的深刻性。因而值得把田野调查作为一种重要的研究方法，引入广州学的学科体系之中。

---

① 储冬爱：《城中村的民俗记忆——广州珠村调查》，广东人民出版社，2012。
② 马强：《伊斯兰"乌玛"精神与都市穆斯林社区——广州穆斯林哲玛提现状田野调查》，《世界宗教研究》2006 年第 1 期；马强：《回族特色人才的迁移就业及城市适应——广州市宁夏籍阿拉伯语从业者田野调查》，《西北第二民族学院学报》（哲学社会科学版）2007 年第 3 期。
③ 王路等：《医患关系的认知人类学解读——基于广州市儿童医院的调查事例》，《开放时代》2011 年第 10 期。
④ 李琴、黄黎若莲：《为什么中国城市低保存在目标瞄准问题？——基于广州市的田野调查》，《中国民政》2014 年第 1 期。
⑤ 程瑜、陈瑞文：《农民工社会保障的现状与对策——以广州市黄埔区为例》，《广西民族大学学报》（哲学社会科学版）2008 年第 4 期。

### 三 关注广州农村、农民、农业问题

为了凸显广州学的现实价值取向，在研究主题方面，应该加强对广州市"三农"问题的关注。广州学作为"一门以广州为研究对象的城市地方学"①，仅仅以广州市区作为研究对象是远远不够的，至少还应该包括广州市行政区域内的城乡结合部及农村地区。

就空间范围而言，完整的广州学应该是"广州城市研究"与"广州农村研究"的相加。广州虽然是我国城市化速度最快的地区之一，但至今全市仍有 1142 个行政村。根据广州市城市规划自动化中心统计，截至 2013 年底，广州共有城市建成区 1023.63 平方公里，占全市土地总面积（7246.61 平方公里）的 14%，农村土地在全市总面积中仍然占有较大的比例。因此，对广州农村展开研究，是广州学的题中应有之义。

就文化传统而言，农村地区是广府文化和岭南文化的重要载体。广州市拥有番禺区石楼镇大岭村和花都区炭步镇塱头村两个"中国历史文化名村"。除此之外，还有荔湾区冲口街道聚龙村、海珠区琶洲街道黄埔村、海珠区华洲街道小洲村、番禺区沙湾镇沙湾北村、萝岗区九龙镇莲塘村、增城区正果镇新围村、从化区太平镇钟楼村等历史悠久、保存完整的古村落。广州的农村地区虽然在生活便利程度和经济繁荣程度等方面都不如城市建成区，但它们却保留了更多的广府文化传统和习俗，能够体现出珠江三角洲地区的水乡特色，为后人研究广州的特色文化和历史传统提供了宝贵的田野场所。

就广州城乡的经济社会一体化战略而言，关注"三农"问题是在新的历史起点上推动广州科学发展的必然要求。尽管广州工业化、城市化水平较高，但城乡二元结构仍然是制约广州全面、协调、可持续发展的最大障碍之一。城市和农村是广州建设"首善之区"不可或缺的两大板块，没有农业的现代化和农民收入的大幅增加，建立现代产业体系就缺乏牢固的基础；没有农村人居和生态环境的明显改善，建设宜居城市就缺少有效的支撑。当前制约广州农业农村发展的深层次矛盾和问题仍然突出，农业基础

---

① 邱昶、黄昕：《广州学引论》，广州出版社，2014，第 15 页。

依然薄弱，农业发展方式依然粗放，农村经济社会发展相对滞后，城乡居民收入差距继续扩大，农村社会事业和公共服务水平不高，农村体制改革和社会管理任务繁重。从全局和战略高度看，继续深化改革、促进发展，必须在农村改革发展上取得新突破。既然为现实服务是广州学的生命源泉之一，广州的农村、农民、农业问题，自然应该成为广州学研究领域的一个重要组成部分。

就广州市整体的和谐稳定而言，农村和城乡结合部是重要的影响因素。农村尤其是城乡结合部地区，由于地理位置相对偏僻，很多犯罪人员利用其地域广阔、布局分散、治理难度大的特征，纷纷在此驻扎，其中的出租屋更是不少犯罪分子的窝藏之所。近年来，公安部门在广州市中心城区加大违法犯罪打击力度后，治安案件发生范围逐步向城乡结合部和农村转移，其发案率占全市发案率的50%以上。由于社会矛盾多，并且容易激化，农村地区还是广州群体性事件的主要发生地。主要表现在：①征地拆迁的矛盾不断激化，土地纠纷大量增加；②由于城乡在社会保障、公共服务、经济收入、乡俗文化等方面的明显差异，引发城乡居民之间、政府与群众之间、本地人与外地人之间的多元矛盾。无论任何时候，和谐稳定都是人民群众最大的现实需要。广州学应该通过田野调查，深入研究广州农村地区的主要社会矛盾，进而发挥社会风险"警报员"和"调解员"的作用。

总体而言，运用田野调查法，对广州的农村、农民、农业进行研究，是凸显广州学现实价值的有效途径，对于广州学的学科构建与发展，亦有相当的促进作用。

**参考文献**

［1］邱昶、黄昕：《广州学引论》，广州出版社，2014。

［2］中华人民共和国国家质量监督检验检疫总局、中国国家标准化管理委员会：《中华人民共和国国家标准——文献著录 第1部分：总则》，2009。

［3］李亦园：《李亦园自选集》，上海教育出版社，2002。

［4］周大鸣、乔晓勤：《现代人类学》，重庆出版社，1990。

［5］储冬爱：《城中村的民俗记忆——广州珠村调查》，广东人民出版社，2012。

［6］马强：《伊斯兰"乌玛"精神与都市穆斯林社区——广州穆斯林哲玛提现状田野调查》，《世界宗教研究》2006 年第 1 期。

［7］马强：《回族特色人才的迁移就业及城市适应——广州市宁夏籍阿拉伯语从业者田野调查》，《西北第二民族学院学报》（哲学社会科学版）2007 年第 3 期。

［8］王路等：《医患关系的认知人类学解读——基于广州市儿童医院的调查事例》，《开放时代》2011 年第 10 期。

［9］李琴、黄黎若莲：《为什么中国城市低保存在目标瞄准问题？——基于广州市的田野调查》，《中国民政》2014 年第 1 期。

［10］程瑜、陈瑞文：《农民工社会保障的现状与对策——以广州市黄埔区为例》，《广西民族大学学报》（哲学社会科学版）2008 年第 4 期。

# 城市学的发展及其对广州学研究的启示

周凌霄[*]

**摘要：** 本文分析了国内外城市学研究的起源、主要研究领域及城市学在我国的研究现状，认为广州学的研究符合城市学研究的基本趋势，具有很强的现实意义，并从学科建设、协同创新等角度展望了广州学未来的发展。

**关键词：** 城市　城市学　广州学

广州学的研究对象，从其时空特征来看，主要指向广州这一特定的城市区域范围内，过去、现在与未来所产生、发展的一切事物。从这一点来说，广州学的研究，可以归结为城市学或地方学的研究序列。因此，有必要对国内外城市学的发展趋势与指向作一考量，以便能够为广州学的研究与学科发展提供有意义的借鉴。

## 一　城市学研究的起源

自从人类社会的生产力发展到一个较高的水平，城市这样一种人类生产和生活的聚集场所出现，但对城市的现代研究，则开端于20世纪初期，不过当时的研究对象，主要集中在城市的规划与设计领域。随着西方的城市化水平在第二次世界大战之后迅速提高，人们日益意识到，城市是社会财富和人类文化的容器，集中了人力资源、人力资本和创新思维，城市成了社会发展的主动力。因此，对城市本身及其衍生问题的研究，也就具有非常重要的理论与实践意义。从20世纪60年代开始，以希腊学者多克西

---

* 周凌霄，男，1974年生，广州大学广州发展研究院副院长，副教授。

迪斯为代表，包括同时代的美国学者如莫伊尼汉、迈亚逊、格莱齐尔等人纷纷主张应该创立一门新兴的学科城市学，他们自称为城市学家。在亚洲，以日本城市学会会长矶村英一教授为代表的一批研究人员对城市学的创立与发展作出了比较大的贡献，他们用日文汉字"都市学"并用英文的"urbanology"一词与之对应，在 1966 年日本城市科学研究会第 13 次大会上以"城市学成立的理论和课题"为中心讨论了城市学的学科创建问题。矶村英一认为，建立城市学的前提，必须具备以下三个条件：城市学能否作为一门独立学科，城市学作为综合科学建立的可能性以及比较城市学的发展和意义[①]。此后，在日本城市科学研究会第 14 次大会上又讨论了"城市学的发展与地区理论"问题。1968 年，日本城市科学研究会正式更名为"日本城市学学会"，矶村英一教授担任会长，1972 年，矶村英一在修订《城市问题事典》时增补了"城市学"条目，提出了城市学与城市科学的区别、城市学的研究内容和理论框架等内容，1976年 9 月，他又出版了专著《都市学》。至此，日本"城市学"已经初步形成了一个比较完善的学科体系，并在世界城市科学研究领域产生了较大的影响。

与日本相比，城市学在欧洲的创立与发展则相对缓慢。英语和法语中很少使用"城市学"（urbanology）一词。许多权威的辞典和百科全书中都没有收录这一词目，有一些辞典即使收录了，但在解释上存在概念不清的问题，甚至是对其持否定态度。例如，在法国学术界，一般不承认"城市学"的概念，只是在 1988 年 3 月出版、法兰西城市规划学院（IFU）名誉院长皮埃尔·麦尔兰主编的《城市规划与整治词典》中才收入了城市学词条。词典对该词的解释是：来源于"城市科学，用于代替'城市规划'"（urbanise），但没有被广泛采用。原因是它有两点不足：其一，如同 urbanise，含义模糊；其二，还只是一种假说，因为城市科学并不存在，而城市整治需要使用许多知识和技术[②]。我们认为，之所以欧洲学术界对于城市学作为一门学科能否存在有这样的疑问，有其客观原因，毕竟，一个独立的学科要想成立，必须具有独特的研究对象、特有的研究方法、严谨的有着

---

① 矶村英一：《城市学讨论的课题和展望》，《都市问题》1983 年第 6 期。
② 陈光庭：《泛谈城市学》，《规划师》1998 年第 2 期。

内在逻辑联系的内容和体系结构。从这个意义上讲，作为研究城市中的各种问题，使用交叉研究方法，其学科体系结构还存在多种说法的城市学，确实还需要更多的学者投入更多的精力开展研究，以取得学术界的一致认同。

## 二　有关城市学的研究领域

尽管城市学是否能够成为一门独立的学科还存在一定的争论，但随着城市化的发展和一系列城市问题的产生，对于城市的研究仍然像雨后春笋般迅速增多。目前，从国内外的发展来看，对城市学的研究主要集中在以下领域。

### 1. 城市和人

城市现象虽然从外在表现来说，可以看作是各种建筑物的集合体，但从其内在规律和社会现象方面来说，实际上是人的有组织集合体，是人的生活和组织方式的体现与延续。所以，如何发现城市中人们的生活方式和其他地区的差异、原因、影响，以及其和外在自然、社会环境条件的因果联系，也就成了城市学研究中一个非常重要的命题。

### 2. 城市和地区

城市和地区的关系十分密切。因为地区不仅仅指土地、地形、地盘等，它同时还规定着人们居住、生活与工作的范围与空间，从这一意义上来看，一切城市学问题的研究几乎都是以行政区划中的市为对象展开和延伸的。

### 3. 城市的生活

城市生活以居住为出发点，但城市生活的机能正在逐渐"分化"。从"职住"混合到"职住"分离的趋向正成为人们规划城市社区的理论根据。但随着新兴技术的出现和发展，大众社会结构可能会从"职住"分离重新回到"职住"混合的状况，特别是现在智慧城市的建设，随着互联网和自动化技术的发展，在实践中正在变成可能，传统城市的生活空间正处于快速的重构与变革之中。

### 4. 城市的管理

城市学就其内容而言，很难回避城市的管理问题。如何高效完成城市管理的任务与使命，促进城市的有机与有序运行，一直是城市研究的基本命题。

**5. 城市学的支持学科与理论基础**

城市学不涉及或拘泥于各学科的专业化细节，而是借鉴各分支学科研究成果中与城市整体关系密切的部分，但对于各分支学科的相互关系及在城市学科体系中的位置和作用，则是城市学的重点研究对象。

## 三 城市学在我国的发展

在中国，虽然"城市学"一词出现较晚，但已经成为广为流传的用语，一直受到社会科学和软科学研究人员的高度重视。其中有两位人物对中国城市学创立和研究起了重要的推动作用。一位是李铁映。1983 年，他在《城市问题》杂志第二辑发表了《城市与城市学》一文，在中国比较早地提出创立"城市学"。他认为城市是一个大系统，关于这个大系统的理论就是城市学。城市作为大系统、作为整体应以城市学来代表。另一位则是著名的科学家钱学森先生。他 1985 年在《城市规划》杂志第 4 期上发表了《关于建立城市学的设想》一文。指出："城市学是研究城市本身的，它不是什么乡村社会学、城市社会学等等，而是城市的科学，是城市的科学理论。""有了城市学，城市的发展规划就可以有根据。所以从这样一种关系来说，城市规划是直接改造客观世界的。直接改造客观世界的学问我们叫工程技术，这类学问，如土木工程、水利工程、电机工程等等。那么城市学是城市规划的一个理论基础，所以它是属于技术科学与应用科学类型的学问。它比城市规划就更理论一些，但与许多社会科学及自然科学的基础科学如政治经济学、地理学等等比较起来，它又是应用的，所以它是中间层次。"在他们的倡导下，我国的城市学研究蓬勃发展，开始出现了一批专著和论文。

进入 20 世纪 90 年代后，伴随着我国城市化的进程，一方面，我国的城市社会问题开始激增，主要表现为社会冲突加剧、群体上访、环境质量恶化、社会道德滑坡等。而城市发展决策、建设、规划、设计和管理则跟不上这种变化的节奏，显得不得要领，出现了千城一面、发展失控、人口爆炸、景观丑陋、交通阻塞、资源短缺等等现象。另一方面，经济的发展和城市的成熟，促使了人们对于城市文化和城市历史资源的回溯和重视，我国很多地方开始出现以深入研究城市现实问题和历史脉络为目标，以城市名字为符号来聚合研究资源的趋势，国内开始出现北京学、上海学、杭州学、温州学、西安学、泉州学等以城市命名的地方学专业学术研究。以上因素共同作用，把我国的城市学研究推向一个全新的高度。

## 四　地方政府对城市学研究的推动：以杭州为例

地方政府的重视，是促使我国城市学研究快速发展的另一股重要力量。这里必须要提的一个城市就是杭州。杭州市对于杭州师范大学杭州研究院开展杭州学研究，给予了非常大的支持力度，把杭州学研究上升为杭州打造与世界名城相媲美的生活品质之城、推进城市科学发展提供理论指导的高度。从杭州学提出开始，杭州市政府主要从这几个方面推动。

一是支持主题研究。杭州市政府支持杭州研究院开展的系列研究"城市论——以杭州为例"，从城市面临的挑战、城市地位、城市规划、城市建设、城市管理、城市经营、城市环境、城市产业、城市文化、城市法治、城市定位、城市的水、城市交通、城市土地、城市住房、城市教育、城市发展模式、城市人才、城市农民工、城市社区、城市发展战略、城市群、城市"三农"、城市公共治理等24个方面对杭州这座城市进行了全面、系统、深入的梳理和研究。在此基础上，杭州市委市政府明确提出，要用世界眼光、全球视野来研究城市学，梳理世界城市几千年的发展脉络，总结世界各类城市的兴衰演变，系统研究城市有机体整体，得出更具普适性、前瞻性的结论，为杭州乃至中国城市发展提供理论指导。

二是注重杭州学研究的人才培养。杭州市委市政府支持杭州师范大学选拔了一批城市学研究员，赴纽约、伦敦、巴黎、莫斯科、东京、中国香港等城市，开展城市学研究资料收集工作。

三是开展钱学森城市学金奖、西湖城市学金奖优秀成果征集评选。杭州市政府每年确定主题，面向海内外公开征集优秀论文，且每年举办高规格的评选颁奖活动。

由于杭州市政府的高度重视和推动，杭州学的研究在国内独树一帜，富有特色和显示度，极大地促进了杭州城市资本和文化价值的提升。

## 五　对广州学研究的启示

纵观城市学发展的历史，特别是在我国的飞速发展，笔者认为，对于开展广州学的研究有以下几点启示。

### 1. 广州学的研究顺应了城市研究的发展趋势与城市发展的现实需求

当前，广州正在建设"国家中心城市"和培育"世界文化名城"，亟须对城市发展中的现实和历史问题进行梳理以夯实发展基础，进一步提升广州的文化软实力和综合竞争力。所以，开展广州学的研究，既符合地方学术研究服务地方经济、社会、文化发展和突出鲜明地方特色的要求，又适应了当今城市研究的趋势。同时，作为广东的省会城市和广府文化的中心，以广州学来统辖当下广州现实、历史和文化问题的研究，也能够有效引领和带动广东人文社会科学研究的发展，为广东深化改革和建设"文化强省"提供有力的支撑。

### 2. 对广州学的研究，不能拘泥于某一学科的框架限制

当把某一研究冠以"学"时，不能回避的必然是其学科的架构、理论的支撑、内在的规律等。我们应该看到，即使是城市学这样一门新兴的"学科"，其学科身份在世界学术界仍然存在的争论。对广州学而言，在研究的起始阶段，对其学科地位存有怀疑不足为奇。作为中国第三大城市，作为海上丝绸之路的重要源头，作为国外"canton study"的主要指向地，广州的学者们有义务也有责任开展广州学的研究。在广州学研究的初始阶段，主要任务应是克服学科框架体系尚不健全的制约，立足于广州的现实和未来，努力打造广州研究的系列成果，使广州学能够真正在国内外产生影响力，并在这一过程中不断完善和发展广州学的学科建构。我们现阶段开展的广州学研究，更多地应该是以经济学、社会学、历史学、文化学、管理学等为基础，既研究广州发展的现实问题，又涵盖广州的历史问题。把广州学首先定位于一门综合的、带有很强应用与具体问题指向性的交叉学科，亦即钱学森先生所讲的介于理论与应用学科之间的中间学科。

### 3. 应以协同创新促进广州学的研究

国家教育部"2011计划"提出了"需求导向、全面开放、深度融合、创新引领"的原则，指出设立协同创新项目要紧紧围绕国家经济社会发展重大需求，适应社会主义先进文化建设的新要求，立足社会实践，结合学科特点，着眼于服务地方经济社会文化发展，要有鲜明的地方特色。我们认为，广州学的研究，同样应该紧紧围绕协同创新来开展。其原因如下。

一是可以有效地整合广州地区的研究力量。目前，广州地区的高校、科研机构和政府的决策咨询机构都有学术力量从事对广州现实和历史问题的研究，但基本上处于各自为战、彼此分割的状态，研究团队相互独立，在研究领域和研究项目上缺乏制度化的交流平台和协同创新，使得有关广州研究的成果既不系统，也没有形成应有的学术影响力。

二是有利于达成更高的研究目标。通过人才资源的聚合，创新协同研究的平台和机制，建构具有浓郁地方特色的广州学学科，能够打造为地方经济社会发展服务、具有较强话语权和影响力的服务平台；能够加强广州学研究的国内外交流，实现与国际学术界"canton study"的有效对接，培育具有国内外影响力的我国城市研究示范模式；能够形成广东与广州现实与历史研究的综合性数据信息与文献资料中心。

### 4. 地方政府应大力支持

广州学的研究，直接服务于广州的城市发展，直接服务于广州城市文化资本的提升，直接服务于广州世界文化名城和国家中心城市的建设，其学科的纵向深入和横向展开，还可以为广州地方政府的决策提供咨询建议。从国内其他城市的经验来看，政府大力支持以城市命名的学科研究亦有成功先例与范式可以遵循。所以，从进一步提升广州的文化软实力，进一步提升广州在国外的影响力等多方面考量，广州的地方政府完全有必要加大对广州学研究的支持力度，以国家协同创新计划为抓手，从人才的培育、研究人员身份壁垒的打破、科研评价与考核体系的建设等方面入手，进一步推动广州学的整体研究水平，以提升广州的城市文化品位和综合实力，提升广州的国际形象和文化影响力。

**参考文献**

［1］钱学森：《关于建立城市学的设想》，《城市规划》1985 年第 8 期。

［2］宋俊岭：《现代化、城镇化和城市学研究》，《北京社会科学》1992 年第 9 期。

［3］顾孟潮：《关于城市学研究起步的设想》，《城市》1992 年第 12 期。

［4］陈光庭：《泛谈"城市学"》，《规划师》1998 年第 5 期。

［5］宋俊岭：《城市学的讲授与普及：一项刻不容缓的学科建设任务》，《北京城市学院学报》2009 年第 12 期。

［6］张继刚、赵万民：《重视地域城市学研究》，《转型与重构——2011 中国城市规划年会论文集》，2011。

# 世界文化名城培育视野下
# 广州学研究的意义和任务*

黄　旭**

**摘要：**培育世界文化名城是广州文化建设的重要目标，广州学研究为世界文化名城培育提供了理论支撑和基础：广州学研究为世界文化名城培育提供传统与现代的融合纽带、广州学研究为世界文化名城培育提供理论与实践的交互互动、广州学研究为世界文化名城培育提供地方性与全球性的对话可能。基于此，广州学应建立起以广府文化研究为理论基础，以实践经验为重要落脚点、以借鉴比较为重要方法的学科研究兴趣点。

**关键词：**广州学　世界文化名城　比较研究

"广州学研究"提出已近五年①，同时提出的还有广州培育"世界文化名城"的政府决策远景规划。作为研究目标和培育目标，这两者有无关系？如何认识两者之间的关系以及两者如何相互促进发展是本文要解决的问题。

## 一　广州世界文化名城培育目标的提出及困境

### （一）广州培育世界文化名城的提出

广州世界文化名城培育目标的提出和实践过程可以分为三个阶段。

---

　*　广州市哲学社会科学项目（14Q07）、广州市属高校项目社科项目（1201421015）。

　**　黄旭（1974～　），女，湖南长沙人，副教授，博士，主要从事政府文化职能、网络政治等相关领域的研究。

　①　据邱昶、黄昕所著《广州学引论》前言所述，"广州学"于2010年5月提出。见邱昶、黄昕《广州学引论》，广州出版社，2014。

一是初步设想阶段。广州世界文化名城于 2010 年 7 月提出。当时的广州市委书记在广东省委十届七次全会发言中指出，要认真贯彻省委十届七次全会精神，切实抓好《广东省建设文化强省规划纲要》的落实，围绕建设国家中心城市和全省宜居城乡"首善之区"，以深化文化体制改革为动力，推动文化事业和文化产业大发展大繁荣，大力打造世界文化名城，努力为广东文化强省建设作出新的更大贡献①。同月举行的广州市委九届九次全会又提出了这一目标：广州提升城市综合竞争力，要着力建设国际商贸中心和世界文化名城，加快国家中心城市建设。

二是描绘蓝图阶段。2011 年是"十二五"开局之年，广州明确提出要建设国际商贸中心和世界文化名城，并将此作为广州建设国家中心城市的"驱动双轮"。广州制定了建设文化强市、培育世界文化名城的纲领性文件——《广州建设文化强市　培育世界文化名城规划纲要（2011－2020年）》，正式提出"培育世界文化名城"的文化发展目标。此阶段，随着对世界文化名城认识的深入，学界与政界对文化生长规律和养成特性的用词有了变化。在初步设想阶段，政界和学者都用"建设""打造"等动词修饰世界文化名城，但在描绘蓝图阶段，用词从"建设""打造"改为"培育"，这充分反映了政府在不断论证和广泛听取意见，已认识到世界文化名城绝非靠政府自上而下、运用行政手段能构建的，而是养成和生成的，是自然生长的过程。政府在此过程中，唯有提供适合其生长的土壤和氛围，才有利于世界文化名城的建设。这一认识表明，政界对世界文化名城的认识更深入、了解更全面。

三是逐步实施阶段。2012 年 9 月，广州市委十届三次全会通过了《关于培育世界文化名城的实施意见》。这一文件将培育世界文化名城放在广州城市发展的高度，成为全面部署广州城市发展各项工作中重要的一环，同时，它也是落实关于培育世界文化名城规划纲要的重要一步。该文件以培育世界文化名城为目标，规定了广州市培育世界文化名城的重点任务和思路举措。

---

① 《以深化文化体制改革为动力推动文化事业文化产业大发展大繁荣》，《广州日报》2010 年 7 月 18 日，第 1 版。

### （二）广州培育世界文化名城的困境

广州市提出世界文化名城这一目标已近四年，虽然培育工作取得了一些进展，但广州的文化建设与世界文化名城仍然差距显著，培育工作成效不明显，存在形象不彰和目标不明等问题。

首先，广州的城市文化形象彰显不够。世界文化名城一般都有较为突出的城市文化形象，如巴黎是时尚之都，希腊雅典是西方文明的发源地，等等。城市文化形象，是指从构成一座城市整体形象的物质实体和城市主体的人表现和折射出来的文化环境、文化品位、文化倾向、文化水准和审美情趣等方面在该城市内外公众心目中所产生的宏观综合印象①。广州的文化形象是什么？《广州建设文化强市　培育世界文化名城规划纲要（2011－2020年）》提出，广州是我国岭南文化的中心地、古代海上丝绸之路的发祥地、中国近现代革命的策源地和改革开放的前沿地②，后来有学者简称为广州的"四地"文化。但这四个方面的形象目前都不突出，且无法聚焦。

其次，其培育的具体目标杂而无当。2012年《关于培育世界文化名城的实施意见》中提出了广州市文化建设的四个主攻方向：彰显"千年商都"，建设"文化创意之都""国际重大活动举办地"和"世界旅游目的地"。强调要以人为主体，以城市为舞台，以文化为引领，以生活为依归，全面推动文化繁荣发展。实施意见还提出了通过打造"海上丝绸之路""十三行""广交会""北京路""广州花城""食在广州"等六张城市文化名片来彰显城市文化形象。近几年来，城市主政者还在不同场合提出过要建立"图书馆之城""音乐之都""创意之都"等等不同的目标。这些目标显得多而无当，如天女散花，无重点，对于城市建设并非好事，不能实现成本收益的最大化。况且，口号过多，目标杂乱，让外地人无的放矢，对广州文化形象重塑造成混乱。

总之，这些问题的存在，使世界文化名城的培育面临困境。而解决这

---

① 解安、郭英香、郭建强：《城市文化形象成因与定位之解读》，《山西高等学校社会科学学报》2005年第10期。

② 广州的"四地"提法最早见于《广州建设文化强市　培育世界文化名城规划纲要（2011－2020年）》。

些问题的关键在于"认识广州"，即对"广州是谁"这一本原问题进行科学系统的诠释。加强对广州系统性、整体性和理论性的研究，是广州世界文化名城培育工作的理论基础和支撑。

## 二 广州学研究：世界文化名城培育的理论基础和支撑

广州学是研究广州地方的科学，是地方学的分支学科。在国外，地方学英文表述为"regional science"，是 20 世纪 60 年代兴起的一门新兴学科。其学科奠基人是美国学者马纳斯·查特杰，他于 1963 年出版了《经济发展的管理与地区学》一书，该书是地方学的开山之作。在该书中，地方学被认为是"研究人与物质环境的相互作用的过程和形态以及人适应物质环境的方式和能力的学科。它探讨的核心问题是空间或地区，即从政治、社会和经济的角度来研究地区的结构、职能和活动，并从中找出变化的规律，以不断推动一个地区社会和经济的发展"。其研究内容包括经济学、地理学、社会学、政治学和人类学等多种学科的相关领域，但又有所区别①。

世纪之交，伴随着我国经济实力的不断增强，地域性发展问题凸显，地域研究越来越受到关注。"地方学"及其研究机构如雨后春笋，纷纷涌现，人们熟知的有敦煌学、藏学、徽学、西夏学、北京学、上海学、武汉学、南京学、杭州学、西安学、广州学、兰州学、青岛学、开封学、温州学、扬州学、泉州学、洛阳学、安阳学、三峡学、鄂尔多斯学、河西学、关东学、泰山学、故宫学、潮学、齐学、鲁学、浙学、楚学、吴学、晋学、关学、巴蜀学等等②。

对于地方学的研究范畴，学者们有不同的意见。有学者认为"地方学"研究，实际是一种综合性的研究，研究领域无所不包，统领了政治、经济、社会、文化等领域。也有学者认为地方学主要应该研究城市的历史文化③。笔者同意后者的主张，地方学研究应关注城市的历史文化特色。综合起来，

---

① 张广昶、吴其同：《当代西方新兴学科词典》，吉林人民出版社，2000，第 57 - 58 页。

② 仝建平、张有智：《关于地方学研究的几点思考》，《社会科学评论》2008 年第 2 期。

③ 可见邱昶、黄昕所著的《广州学引论》（广州出版社，2014，第 17 页），以及赫雨凡、吴志良、林广志主编的《澳门学引论》（社会科学文献出版社，2012，第 2 页）等。

笔者认为，广州学应是研究广州城市的科学，应从历史演变、风俗习惯、文化传统、物质生产、宗教信仰等各个方面，研究广州城市的形成、变迁和发展的过程，通过跨学科的综合比较研究，发现广州特有的精神气质和城市形象。广州学的研究，不仅在学科建设上有其必要性，也是广州培育世界文化名城的必备条件，广州学研究的文化意义与世界文化名城的培育存在高度自洽性。

（一）广州学研究为世界文化名城培育提供传统与现代的融合纽带

从纵向历史发展来看，世界文化名城培育包括两个方面，一是对传统的继承，二是对现代文化的发展。两者必不可少，相互联系，统一为城市的文化精粹。没有传统文化为底蕴，城市文化失去活水源头，将成无根之城，而无现代文化的滋养，城市的文化将失去新鲜血液的滋补，两者不可偏废。

目前广州世界文化名城培育存在传统文化与现代文化两张皮的现象。广州提出的"四地"文化建设，如果将"四地"割裂开来，会造成传统的归传统，现代的归现代，脱序现象严重，致使广州城市文化建设承接历史不够，着力点不显著，迫切需要打通传统与现代的融合通道。广州学研究通过对历史文化传统的梳理，可以为世界文化名城培育提供传统的营养，同时，通过对现代文化的提炼和归纳，力求找到两者的融合点，使城市文化形象更聚焦。而且应通过传统与现代的研究，找到一脉相承的传统和理路，打通传统与现代的融合通道，既为世界文化名城找到历史根基，也为现代文化找到发展重点。

（二）广州学研究为世界文化名城培育提供理论与实践的交互互动

从横向建构来看，世界文化名城不仅是文化积累的过程，同时也是文化实践的过程。理论与实践是培育的两个重要部分。培育既要注重理论的指导，同时要运用到实践中。只要将世界文化名城的理论运用到实践，并在实践中检验，世界文化名城培育的理论才能得以升华。

广州学研究应注重对广州市历史的梳理，构建根植于广州历史、具有广州文化特色的广州文化理论，形成科学系统的理论体系和方法，为世界文化名城培育提供理论基础。同时广州学研究不应局限于理论的建树，而应走出历史分析、文化分析的研究框架，注重对现实问题的回应与解读。世界文化名城培育既是回到过去找根源，更是面向未来求发展。过去的历史文化是培育的基础，但培育本身是实践——文化的实践。因此，广州学研究通过理论研究为世界文化名城培育提供了理论指导，同时广州学研究的现实关怀，也会为世界文化名城培育提供对策建议。

当然，广州学研究不能割裂理论与实践，理论是为实践准备的理论，而实践是理论运用的实践，两者相互结合，达到互通互促。将理论与实践相结合，更有利于世界文化名城培育理论与实践的相融贯通。

（三）广州学研究为世界文化名城培育提供地方性与全球性的对话可能

现代社会是一个全球化与地方化共存的社会。曼纽尔·卡斯特在分析网络时代对政治的影响时认为，全球将有两个相反的力量并存：一是民族国家认同越来越受到挑战，政治组织对民族国家空间的控制越来越弱，世界正在全球化；二是地域性（locality）却越来越明显①，地方政治将越来越强化。他认为，在网络时代，人们越来越反抗市场、国家的同时，作为人本身的意义与认同，则是通过地方参与来获得的，因此，地域性越来越明显。全球化与地域性看似是相互矛盾的，却是世界发展的趋势，并将长期共存。世界文化名城也是这一矛盾的统一体。从比较范围来看，它是世界性的，是全球公认的名城，全球视野是世界文化名城培育的要素。而从地域来看，它又是地方性的。世界文化名城必须是地方的城市，是当地人生活滋养的地方。它要体现城市的地方特色，具有地方性的特征。一个城市仅仅向内而生，走封闭锁城的道路，缺乏全球的知名度和认知度，不可能成为世界文化名城。如果仅仅具有全球知名度，而无自身的特色文化和特征，也不可能成为世界文化名城。因此，世界文化名城要达成地方性和全球性的高度认同。

---

① 曼纽尔·卡斯特：《认同的力量》，社会科学文献出版社，2003，第 70 页。

广州学研究通过汇集中外世界文化名城案例，分析探究本地特色，总结全球经验，可以达成全球性和地方性对话的可能。广州学研究通过学科资源的共享，可以达成地方性与全球性的对话可能。同时，世界文化名城的培育过程将为广州学研究提供更鲜活的案例和实践，进一步丰富世界文化名城理论。

### 三　世界文化名城培育视野下广州学研究的任务

围绕世界文化名城培育这一重要任务，广州学研究应建立自己的学科结构和理论兴趣点。笔者认为，广州学研究应以广府文化研究为理论核心，以实践经验为重要落脚点，以借鉴比较为重要方法的学科结构和理论兴趣点。

#### （一）广州学研究应聚焦于广府文化，梳理广州历史文化的基因和特质

广州广府文化代表了广州的文化形象，广州学研究应聚焦于广府文化的研究，梳理广州文化的发展脉络、文化本质和核心，总结文化特征，确定文化建设的重点内容。要建设成为文化名城，必然要有自身的文化特色。一般而言，世界文化名城大致可以分为三个不同的层次。第一是所在城市对于世界文明，尤其是近现代世界文明的发展具有本源性意义，如雅典和罗马等。第二是近现代发生过具有世界性重大影响的历史文化事件，并产生和汇集了较多具有世界影响的历史文化名人，如伦敦、巴黎等。第三是有较为深厚的历史积淀，拥有丰富的历史文化资源，文化性格与特征鲜明，成为世界文化大观园里显示度较高、独具一格的文化样态。显然，从严格意义上说，广州不是也不可能是第一、第二层次意义上的世界文化名城。然而，从广州的历史底蕴、历史文化资源状况和文化特征与个性等方面看，广州完全有可能成为第三层次意义上的世界文化名城①。按此说法，广州世界文化名城的培育应走彰显文化特色之路，广州应加强对广府文化的研究

---

① 徐俊忠：《建设世界文化名城与广州大学的担当》，2013 年 3 月 24 日，http：// news. gzhu. edu. cn/xueshudongtai/2014 － 05 － 08/20388. html，2015 年 5 月 20 日访问。

和建设。其一，广州是广府文化的中心，是广府文化的聚集点。广府文化是汉族广府民系的文化，在各个领域中常被作为粤文化的代称，如粤语、粤剧、粤曲。它是发源于古代中原地区，以广州、香港为核心，以珠江三角洲为通行范围，以广东、广西、海南为流行区域的粤语文化。广府文化从属于岭南文化，在岭南文化中个性最鲜明、影响最大。由于广府文化在广东民系文化中的突出地位，广府文化在各个领域中常被作为粤文化的代称。作为广府文化核心的广州，理应将广府文化视为广州市历史传统文化的核心内容。其二，世界文化名城必须培育自身文化的内生力量，作为文化发展的源头和活水。本地文化经过较长一段时间的历史沉淀、积累和固化而形成，与当地环境、人文和历史发展相关。城市的文化发展一定要根植于已有的文化生态，才能得以滋养和壮大。广州文化名城培育不能脱离本土文化的根基，否则文化就成无源之木，广府文化是广州的本土文化，因此应该加以保护和弘扬。其三，广府文化影响辐射大，有利于广州扩大其文化影响力。由于粤语区有庞大的海外移民，故广府文化在北美洲、北欧、澳洲、新西兰、东南亚等区域广泛流行，粤语粤剧等成为这些地区华侨华人的共同爱好和生活习惯，广州发展广府文化，有利于扩大城市影响力。

为保护开发和利用广府文化传统，广州学研究应以研究广府文化为核心，对广府文化进行系统性和综合性研究，对广府文化的历史渊源、发展脉络、现代转型、遗迹文献进行梳理和总结，用于指导广府文化保护和利用的实践。

以广府文化为核心内容的研究，并不是排斥其他方面的研究，而是在进行其他方面的研究时要围绕广府文化展开。例如，研究近现代革命策源地，可开展革命策源地与广府文化精神关系的研究等等。以广府文化为主线，展开外源性研究，以探寻广府文化的古代意义和现代转换，形成立体的广府文化研究。

（二）广州学研究应落脚于广州的文化实践，提供广州世界文化名城培育的决策咨询

广州学研究要将理论研究与实践研究相结合。从理论研究来看，广州学研究应探讨城市文化研究的基础理论，积极开展国际与国内、纵向与横

向等多角度的比较研究，深入研究广州文化的内涵、时空范畴、时空转换和时空意义，注重进行宏观性、总体性和规律性的研究，从物质文化、制度文化、精神文化不同层面研究广州文化的本质和内涵。这些理论研究是对广州文化形而上的规律性总结和探索，以挖掘和开发广州文化资源的内涵。它是当下广州文化事业和文化产业发展的"源"，是基础，为当下文化事业和文化产业发展提供了物质基础、思想内涵和精神内核。当下文化发展实践必须以广州学研究的理论成果为基础和依据，否则发展就是无源之水、无根之花，迟早要枯竭和凋零。但广州学研究不能局限于旧纸堆中的资料整理和开发，而要着重进行广州文化的现代性转换，为广州当下的文化建设提供对策建议。理论研究和决策咨询研究应成为广州学研究的两条腿，缺一不可，且最终落脚于实践研究。广州学研究应通过对广州文化建设的实践分析，呈现广州文化建设的重要内核，为广州世界文化名城培育提供对策建议。因此，为当下文化发展提供对策建议应成为广州学研究的重要内容。

（三）广州学研究应对各地方学进行比较研究，为学科发展和世界文化名城培育提供借鉴

广州学应加强学科比较研究，主要是出于三方面理由。一是比较研究方法是目前学科研究中运用最广泛和普遍的研究方法。在广州学研究中，理应贯彻这一研究方法，自觉运用纵向与横向比较、古今比较、中外比较、城市间比较，为广州学研究的科学性和学科性构建提供说服力。二是比较研究是学科交流的基础和方法。地方学研究不同于其他学科研究，它由许多具体地方的子地方学研究组成。如前所述，目前国内外各地方成立了大量的地方学分支学科。各地方学分支学科立足于本地文化，构建各具特色的而又有共同学科规范的地方学学科体系。作为地方学的分支——广州学，理应运用此方法，加强与其他地方学的沟通和互动。各地方学所遵守的共同学科规范是比较的基础和前提，而地方学研究的不同方法、结构及理论体系是比较的重要内容。通过比较研究，广州学可以更科学地构建自身的学科体系。三是比较研究是促进地方城市文化发展的重要内容。广州学研究要围绕服务世界文化名城的培育而展开。世界许多文化名城都建立了自己的城市地方学研究体系，如巴黎有巴黎学，伦敦建立了伦敦学。这些学

科体系在挖掘本地文化资源、整理本地文化遗产、发展当下城市文化等方面有较丰富的理论基础和实践经验，通过取长补短、比较研究，为世界文化名城培育提供更科学的理论指导和经验借鉴。

广州学学科结构见图1。

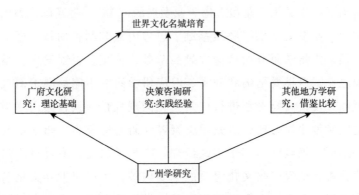

**图1 广州学研究的学科结构**

# 广府文化研究

# 广州学视角下广府文化现代化研究

顾涧清　李　钧[*]

**摘要：** 广州学作为一门地方学，虽然尚处在初创阶段，但有极大的应用研究价值。广府文化现代化研究就是其中的一个重要课题，需要深入探讨。广府文化是广府民系尤其是珠江三角洲区域历史、现实的反映与积淀，在当代的发展演变中，其特点和规律反映出区域文化现代化的内涵和基本走向。本文分析了广府文化现代化的目标、战略路径和政策导向，并提出了广府文化现代化的对策建议，以期为现代化进程中区域文化的发展创新提供经验和启示。

**关键词：** 广州学　广府文化　文化现代化　对策建议

地方学是一门新兴科学。从内涵上看，地方学是研究地方的综合性学科，把某个具有典型性、代表性的区域甚至国家作为专门的研究对象，对其人文、自然要素共同构成的地域综合体进行综合性研究。从外延上看，具体研究对象理论上包括该地区的自然、历史、文化、社会等。广州学正是在地方学研究背景下和研究广州的热潮中产生的，为地方学的一个分支，与地方学关系紧密。研究广州可以推进广州学的发展，广州学的发展又可带动对广州的研究，两者相辅相成、相互促进。具体来看，广州学关注广州历史、地理、城市规划建设、人口、经济、文化、教育、科技、交通、社会、环境保护、灾害、安全等方面的研究，并在这些研究的基础上升华形成能够揭示广州各方面更深层次内容的科学理论体系。因此，广州学的研究，重要的不在于泛泛描述广州客观存在的各种现象或事实，而在于深刻揭示这些现象和事实形成的原

＊　顾涧清，广州日报社社长；李钧，城市观察杂志社助理研究员。

因、发展变化的机制、相互之间的关系、所反映的问题实质，以及对广州的过去、现在和未来所产生的影响等。其中，广府文化现代化研究就是广州学中的一个重要课题。

广府文化是广府民系尤其是珠江三角洲区域历史、现实的反映与积淀，是珠江三角洲区域现代化的基本内容。珠江三角洲的改革开放为广府文化发展构建了新的实践基础，从物质层面、制度层面以及观念与行为层面给广府文化带来了全面深刻的变化，使广府文化焕发出崭新的面貌。广府文化的历史演进与时代变迁，使得包括广府文化本身在内的整个社会改革发展，更为理性与科学，更具有可持续的活力。在受到现实影响和反作用于现实的双向互动关系中，伴随着现实的发展而演进，不断构建自己的内涵，形成一定的特色，这就是广府文化现代化的一种演进形态。通过区域文化现代化的比较研究，广府文化在当代的发展演变中，其特点和规律反映出区域文化现代化的内涵和基本走向。广府文化与珠江三角洲区域发展的积极互动关系，揭示了广府文化现代化的目标、战略路径和政策导向。广府文化现代化的对策建议，也为现代化进程中区域文化的发展创新提供了经验和启示。

## 一 区域文化及其现代化的内涵

区域文化主要是用来说明人类文化的空间分布，研究人类文化与空间地域之间的互动关系及其规律，用文化哲学理论来表述区域文化，是指在一定的地域范围内（通常指一个城市）长期形成的历史遗存、文化形态、社会习俗、生产生活方式等。区域文化的形成一般由综合的文化因素来确定，是一定区域内长期形成的特色文化，最终形成区域文化品牌。区域文化品牌就是一个地区具有鲜明特色和个性的地域文化品牌，是一个地区文化产品品牌化的结果。区域文化品牌不仅是城市历史文化和特色资源的产物，而且也是城市的无形资产和更宝贵的财富。它不仅可以提高城市的知名度、美誉度，增强城市的影响力和竞争力，而且还可以提高市民对城市的归属感、自豪感，增强这座城市的凝聚力和向心力。区域文化品牌就是向社会公众提供持续的、值得信赖的、有关联的特别印记，以提高社会公众对这座城市的认知程度和反应效用，以增强城市的聚积效益、规模效益和辐射效益。区域文化品牌还凝聚和体现着这座城市的功能、理念、愿景和整体价值取向，并由此催生这座城市的辐射力和吸引力。

文化现代化，指的是在现代化过程中文化领域的现代化，是现代文化的形成、发展、转型和国际互动的复合过程，是文化要素的创新、选择、传播和退出交互进行的复合过程。文化现代化研究，包括整体研究、分领域研究（纯粹文化、文化设施、文化产业和其他文化）和层次研究（文化现代化的过程、结构、制度和观念）。文化现代化既有共性，也有个性；既有快速变化部分，也有相对稳定部分；既有文化创新，也有文化遗产的合理保护和持续存在。创新是文化现代化的根本来源。如果没有创新，文化现代化就成为无源之水。在人类文化前沿，文化现代化更多是一种自然演化，但自然演化不是天体自转，而是由创新和扩散等推动的。事实上，文化现代化的每一次革命性进步，都是重大创新和扩散的结果。研究文化现代化的目的，从学术角度看，主要是研究揭示文化现代化的基本事实、基本原理和历史经验，完善和丰富现代化理论的内涵；从政策角度看，就是为国家和区域的文化现代化和文化竞争力提供理论基础、历史借鉴和政策选择。

区域文化现代化需要通过发展和创新区域文化品牌来支撑，区域文化品牌的发展和创新是区域主体对本区域文化品牌进行有计划、有目的的积极变革与现代更新，是在研究区域文化特征的基础上，经过挖掘、提炼、开发（宣传、包装）等过程去粗取精，使特定的区域文化形成一定的影响力。区域文化品牌的发展与创新过程实质是文化现代化的过程，是提升区域文化品位，提高区域文化知名度的过程。区域文化品牌的发展和创新对于丰富区域文化的内涵，带动经济发展，推动社会全面进步具有双重价值。一方面，通过区域文化品牌创新，有意识地进行过滤和开发，深刻揭示传统文化和民主精神、集中展现并丰富先进文化的多样性、继承和弘扬民族优秀文化，进而弘扬、培育民族精神。另一方面，区域文化品牌通过与地域经济社会的相互融合，产生巨大的经济效益和社会效益，直接推动社会生产力的发展。发展与创新区域文化品牌最直接的意义，就是把历史文化资源转化为经济社会发展的动力，推进区域的文化现代化。

## 二 区域文化现代化的基本走向

### （一） 法制化

面对文化产业的国际化竞争，区域文化在现代化进程中要注重加快文化的立法进程，以保障区域文化的健康发展。有关政府部门应充分认识文化立法的重要性，把文化产业发展纳入当地国民经济和社会发展的总体规划，加快地方文化事业和文化产业的法规建设，及时出台一些有利于文化事业快速发展的文化经济政策。同时，为避免低水平开发和重复建设，造成文化资源的浪费、文化生态和环境的破坏，各级政府还应把文化资源的保护和合理利用提到重要位置，将文物博景区、文物古迹、重要文化设施等文化、文物资源的保护纳入法制管理轨道，在有效保护文化资源的前提下，加以合理开发和利用，并在合理开发利用中进一步有效地加强保护，使不可再生的宝贵文化资源得以永续利用，充分发挥巨大的经济和社会效益。

### （二） 产业化

产业化将构成区域文化现代化的重要标志。发展发达的文化产业，要求进一步扩大文化产业规模，显著提高文化生产和服务能力，文化产业增加值在 GDP 中的比重有较大增长，逐步成为国民经济新的增长点和支柱产业。为此，区域文化现代化要努力创新文化产业管理体制和发展机制，加快形成以文化重点产业为主导、相关产业联动发展的文化产业发展体系，以文化企业集团为龙头、文化中介服务机构为联结的文化产业组织结构，以现代文化科技为支撑的文化产业技术基础，以丰富的自然人文资源为依托的文化产业可持续发展机制。

### （三） 民族化

在区域文化逐步走向世界之时，要保护区域文化的优秀传统，弘扬区域文化的精华。通过制定和落实有关文化政策，扶持民间优秀的传统文化艺术，实施精品战略，为城乡居民提供更多、更好、更有感召力的文化艺术作品。区域文化的特色和个性是一个地区的"名片",是无形资产,会带来可观的效益。在历史演进过程中,广东形成了特色鲜明的岭南文化,其中又包括广府文化、客家文化和潮汕文化;江苏形成了吴文化、金陵文化等历史文化;等等。区域文化现代化要在继承、保护的基础上加强对特色文化资源的开发和利用,积极实施"特色文化工程",加强文化名城、名镇、名馆、名园的建设,创建特色文化之乡,推进建设区域特色文化的新格局,使区域特色文化焕发出新的光彩和活力。

（四）现代化

区域文化现代化在继承传统优秀文化的基础上,更要创新,紧跟时代发展的步伐。文化的现代化首先要求发展手段和方式的现代化,要大力发展文化科技事业,增加文化科技投入,加快文化科技成果的转换,提高文化中的科技含量,增强文化艺术事业在当今高科技时代的适应性与发展能力。文化的现代化还必须体现为活动载体、文化设施的现代化,加快建设先进的文化馆、图书馆、博物馆、影剧院、体育场馆、文化广场、青少年宫等文化设施。文化的现代化还要求文化建设要顺应数字化时代潮流,实现文化运作过程、模式的信息化、网络化,以商业服务方式实现文化信息资源共享。

## 三　广府文化现代化的目标

当今世界,城市的核心竞争力已经不仅体现在经济和技术上,更体现在文化和品牌上,城市不仅以文化论输赢,还要以文化定未来,城市之间的竞争日趋演变为经济和文化的综合实力竞争,以及在这个基础上的相互文化竞争。城市文化的现代化,如果没有鲜明的城市形象,如果没有文化和品牌来支撑,那么这座城市就会失去灵魂和色彩,其经济和社会等方面的发展也是难以持续的。城市形象,不仅是历史、文物、风景、建筑、文化等各种要素的结合,是这座城市在"体形、面孔和气质"等个性特征方面的综合表现,而且也是人们对这座城市的深刻印象和整体感知。城市形象定位,就是对这座城市最具有生机的个性特征的强化和提升,一座富有魅力的城市就一定要有鲜明的城市形象。自古以来,广州就是岭南文化的中心地，但岭南文化的发展也面临着更大挑战。胡春华书记在广州调研时曾指出："广州作为岭南文化中心应该说没有问题，但问题在于现在讲的岭南文化中心，主要是过去的那些东西，这也只能说明过去辉煌，现在的岭南文化或者叫新岭南文化，得到广东乃至全国认可的，恐怕还没有形成。究竟如何打造新时期的岭南文化中心，希望你们认真研究。"这一论述正是对岭南文化的创新发展和现代化提出了更高要求。打造新岭南文化中心，就是岭南文化现代化的目标，也是岭南文化典型代表之一——广府文化现代化的目标。

以广府文化为依托，广州要打造新岭南文化中心，培育世界文化名城，就要站在建设国家中心城市的高度，以世界眼光、战略思维谋划发展，树立高度的文化自信和文化自觉，把文化作为城市发展的核心要素，实施文化发展优先战略，充分发挥文化在经济、政治、社会等各个领域的引领作用，就要坚持保护传承与创新发展相结合，立足本土与对接国际相结合，政府引导与社会参与相结合，重点突破与整体推进相结合的原则，以人为主体，以城市为舞台，以文化为引领，以生活为依归，彰显"千年商都"，建设"文化创意之都""国际重大活动举办地"和"世界旅游目的地"。

## 四　实现广府文化现代化的战略路径

### （一）依托广府文化深厚的商贸底蕴打造新岭南文化中心

广州要打造新岭南文化中心和培育世界文化名城，首先要做的就是主推世界商贸文化名城，也就是说，广州要在商贸文化名城的基础上培育世界文化名城。纵观世界文化名城，其文化功能都具备丰富多样的文化形态、开放外向的文化市场、整体密集的文化消费、持续不断的文化辐射性等特点。文化和商贸的深度融合，源于体现人们创造力的文化创意活动，也是城市综合竞争力的精髓所在，正是通过商贸文化的产业化，城市才能成为一个巨大的点金石和聚宝盆。因此，我们要想方设法增强广州商贸文化的实力，聚集丰富的智力资源，吸引更多的人才，为提升广州文化综合竞争力作贡献。

在广州实施城市文化名片工程中贯穿着一根商贸文化红线，即广州在推进新型城市化、发展"1＋15"政策文件中提出的，要精心打造"海上丝绸之路""十三行""广交会""北京路""迎春花市"和"食在广州"六大城市文化名片，而这六大城市文化名片都与商贸文化密切相关。因此，广州要依托广府文化深厚的商贸底蕴来打造新岭南文化中心。展开来说，有以下重点项目。

（1）在"海上丝绸之路"名片方面：加快对海上丝绸之路文化遗产的发掘、研究和整合，加快推进申报世界文化遗产，这也可能实现广州世界文化遗产零的突破；保护利用沙面西式建筑群、粤海关、古代造船工场遗址等文化遗址景观，以南海神庙、黄埔古港古村为依托构建大型主题文化区域；选址建设广州海上丝绸之路纪念广场，规划建设广州海事博物馆；拍摄大型历史文献纪录片《海上丝绸之路》；等等。

（2）在"十三行"名片方面：规划建设"十三行"历史博物馆，复建"十三行"会馆，建设"新十三行"商埠文化街区；加强与"十三行"贸易相关国家和城市之间的文化经贸交流，举办"十三行"商贸文化节；与北京唐德国际影视集团联合拍摄电视剧《广州十三行》，再现"十三行"的历史盛况；等等。

（3）在"广交会"名片方面：搭建广州文化产品和知识产权展示交易平台，建设国际知名的文化产品交易集散地；利用"广交会"展会和展馆，打造富有文化内涵的世界商贸会；研究和创作有关"广交会"的题材作品；等等。

（4）在"北京路"名片方面：挖掘千年古道、宫署、造船、水关、药洲及大佛寺遗址，把北京路街区建成开放式历史文化博物馆；推进南越王宫博物馆、大小马站书院群等重点文化项目建设，推动北京路至天字码头城市传统中轴线全线贯通和整体风貌建设；举办广府庙会活动，打造广府文化博览区，编辑出版《广府文化年鉴》，擦亮广府文化品牌；等等。

（5）在"迎春花市"名片方面：建设花市牌楼和花市博物馆，推进广州"迎春花市"申报国家级非物质文化遗产工作；延长"迎春花市"的花期，办成融赏花买花、品尝美食、观摩表演和新春祈福为一体的市民嘉年华；依托海珠生态城建设具有花城特色的标志性主题花园，建设一批具有岭南特色的城市花园和主题名园；等等。

（6）在"食在广州"名片方面：连片建设兼具风情美食、文化旅游功能的美食风情街，以番禺大道为依托规划建设具有广州风情的地标式美食街区；开发以美食街区为背景或主题的文化产品，选址建设广州美食博物馆；举办"广州国际美食节"等大型节庆活动，吸引世界知名菜系、风味食品集聚广州，擦亮"食在广州·美食之都"品牌；等等。

### （二）广府文化现代化不仅是传承遗产，更要推陈出新

打造新岭南文化中心，实现广府文化现代化，不仅要深入挖掘和全面整合广州"四地"的历史文化资源，传承利用历史文化遗产，更要在推陈出新上下大功夫，加快广府文化与经济、科技、商贸、旅游的深度融合，要让文化开放性、自由性、民权性、创新性等元素融入生产生活的方方面面。

（1）在培育独特的文化开放性、自由性、民权性和创新性上下大功夫。由于香港、澳门的因素，近现代的广府文化已经表现出一种与现代化进程相辅相成的文化形态，即相对怀旧的色彩淡一些，而在淡定包容中着眼未来的氛围浓一些，具有更强的务实性、开放性、兼容性、创新性和现代性，并逐渐培养出更独特的文化开放性、自由性、民权性和创新性。这种文化表现在相对独立、充满自信、敢于担当，无论是对上级、成见、不确定的未来还是失败都无所畏惧，更强调每个个体都能"全面而自由的发展"，享受人类文明带来的最大福祉。

面向未来，广东的经济总量虽然难以一直保持全国第一，但受香港、澳门的影响，广府文化表现出开放性、自由性、民权性和创新性的精神，有可能会在全国独树一帜，并进而得到全国、全世界的认同。开放性、自由性不是一味顺从，不是不顾他人，而是以能衡人、以做成事为硬道理手段，管理部门不仅要做到问需于民、问计于民、问政于民，还要问效于民，要充分保障公民的知情权、参与权、表达权和监督权，这就是新的民权性，这样才能释放出广府文化创新的巨大正能量。

（2）在挖掘、弘扬、整合、重塑广府文化的"世袭"特色资源上下大功夫。当今世界文化名城，无不极力通过独特的历史文化资源来凸显其文化特征和底蕴，借鉴世界文化名城的经验，广州仍然要继续深入挖掘、传承弘扬、全面整合、增创重塑广府历史文化中的"世袭"特色资源。我国古代海上丝绸之路发祥地、近现代民主革命策源地、当代改革开放前沿地和自古以来岭南文化中心地这"四地"文化，就是广府历史文化中的"世

袭"特色资源。

在重点挖掘和传承"世袭"遗产"千年商都"的推陈出新方面,可以十三行、南海神庙和黄埔古港等为核心,配合广州建设国际商贸中心,全面提升改造广州的特色商业街区;在擦亮近现代民主革命策源地方面,可统筹整合、全面挖掘广州南沙虎门炮台、黄埔军校等重点革命史遗迹的文化内涵,重点改造三元里人民抗英斗争纪念馆、孙中山大元帅府纪念馆等;在传承弘扬地方特色民俗文化方面,可重点办好乞巧节、波罗诞、广府庙会等民俗节庆活动,以及飘色、醒狮、银龙舟、咸水歌等民俗表演;同时,还要继续加大对粤剧粤曲、广东音乐、岭南画派等传统艺术以及"三雕"和广彩广绣等传统工艺美术推陈出新的力度。

(3)在加快广府文化与经济、科技、商贸、旅游等深度融合上下大功夫。打造新岭南文化中心,就是要遵循文化产业发展规律,加快文化产业的转型升级,促进文化产业的集聚发展,着力构建现代文化产业体系,迅速提升文化市场的规模和占有率。因此,广州不仅要做优、做大、做强会展服务业、传媒出版业、广告业等传统业态,还要大力推动广府文化与经济、科技、商贸、旅游等领域的深度融合,重点培育数字出版、数字电视、手机电视、网游动漫、创意设计、网络音乐、电子商务、文化旅游等新兴业态。

广州要加快文化与经济、科技、商贸、旅游的深度融合,通过优化文化产业的发展布局,推动重大文化功能区建设,如引进战略投资者建设国家级的文化科技产业示范区、广州国际文化旅游城;还可以加大文化创意产业集聚区的建设力度,重点打造若干文化产业集群,构建文化创意产业孵化器和保育平台,如建设国家(广州)网游动漫产业发展基地,打造国际性"网游动漫之都"等;还可以挖掘利用各种特色文化资源,培育扶持以水文化、花文化、商贸文化、饮食文化、休闲文化、体育文化、节庆文化等为主题的特色文化产业。通过推动实现"广州制造"向"广州创造"转变,将广州打造成为文化创新和文化财富不断涌现的全球"创新之都"。

(4)在重点提升城市形象、规划建设、公共服务等文化品质上下大功夫。打造新岭南文化中心,提升城市的文化品质、文化形象、文化品位也格外重要。就像雅典的理性深沉,罗马的英勇伟大,巴黎的博爱优雅，纽约的自由包容，敢想会干应该成为感受广州的城市精神和文化品质。因此，广州要深入挖掘城市文化的核心元素，建立完善城市品牌的识别系统，确立体现城市精神的品牌定位，通过打造城市文化的景观体系，如重点建设好沿"传统中轴线""新中轴线"和珠江两岸"黄金海岸线"的文化景观体系，努力使广州培育世界文化名城的精神品格逐渐鲜明起来，即从"广州是说不清的城市"到不信广州说不清、不信东风唤不回。

提升城市的文化品质，还要强化城市规划建设管理的文化意识，把彰显广府文化的个性作为城市发展的核心理念。不仅要营造兼具广府文化特色与国际城市风貌、传统历史文化与现代城市文明交相辉映的城市文化形象，城市重要景观地段建筑物的设计和建设应融入广府文化元素，以体现新岭南文化的风格和特色，更重要的是，要打造具有世界级水平、体现广府文化的标志性文化设施，即在"城市新中轴线"南端海珠湖北侧，按照高起点、高标准和适度超前的要求，建设广州新博物馆、美术馆、科学馆、现代艺术馆等一批世界一流的标志性大型文化设施。特别是在科学馆，要设立哲学馆和人文社会科学馆，以凸显广州开放创新的城市特质，这样才能真正为强化广州新岭南文化中心的国际影响力打下国内外都认同的设施基础。

（5）在完善现代文化市场体系、培养高层次创新型文化人才上下大功夫。要加快文化要素市场的培育，不仅要构筑版权交易平台，组建版权保护中心，创建全国版权示范城市，还可通过加强对文化产品的中介服务，推动建设文化产权交易中心；打造全国重要的出版物、影视音像、动漫游戏等产品集散地和交易市场，促进优秀舞台艺术产品交易机制化，发展文化产品的电子商务体系，鼓励网络游戏、网上书店、网络视频、网络购物等消费新模式，把广州建设成为具有国际影响力的文化产品交易中心。

与此同时，广州要打造新岭南文化中心，就必须加快引进培养高层次创新型的文化人才，通过大力实施"新岭南文化中心创新型人才系统工程"，把原来的各项人才工程纳入其中，注重培养一批创新型、复合型、外向型、科技型的新岭南文化领军人物。不仅要拓宽"不求所有，但求所用"的引才思路，实行更为开放灵活的柔性引才战略，更要建立健全有利于各种各样文化人才健康成长和脱颖而出的体制机制，让广州真正成为大师级和各种各样文化人才的荟萃之地。

**参考文献**

［1］中国社会科学院：《中国现代化报告——文化现代化》，2009。

［2］叶南客：《区域文化现代化的目标与主题内涵——促进江苏文化率先现代化的战略设计》，《学海》2004 年第 2 期。

［3］《打造新岭南文化中心　构筑城市核心竞争力》，http：//gzdaily.dayoo.com/html/2013 - 07/30/content_ 2336079.htm。

# 广府风情的文学书写及其价值探绎

纪德君[*]

**摘要：** 明清以来，广府文学对广府地区的文化风情作了生动、形象的书写，表现出明显的本土化创作倾向。从审美的角度来说，广府文学涉笔地域风情，可以营造一种真实可感的环境氛围，更好地启动故事情节，增强文学叙事的现场感与新奇性，有效地映衬人物的情感心理或个性风采，凸显作品的历史色彩、个性魅力乃至民族风格。就认识价值而言，广府文学对广府风情的摹绘，无疑也有助于今人更具体地了解广府地区的风俗民情，为当今的广府文化研究与传承等提供鲜活可感的文献资料。

**关键词：** 广府文学　风俗民情　审美功能　认识价值

明清以来，不同时期、各种体裁的文学文本从不同角度描绘了千姿百态的广府生活图景，颇为形象地反映了广府地区的社会生活和文化精神风貌。以往人们还很少从文学文本入手，系统地探索其中以各种形态存在的广府图景及其文化意蕴。近两年来，笔者因研究广府文学，遂对广府文学所反映的广府风情（包括商业风情、饮食文化、礼仪习俗、岁时节庆、民间信仰、娱乐习尚、园林建筑等）进行了具体而微的发掘、梳理与初步研究，目的在于追寻广府文学的"广味"，揭示其所蕴含的审美认识价值。

## 一　广府文学的本土化创作倾向

俗话说："一方水土养一方人，一方山水有一方风情。"一个人在一个

---

* 纪德君，1966 年生，博士，广州大学教授，现为广东省特色文化研究基地"广府文化研究基地"主任。

地方生活久了，耳濡目染，自然会对该地的风土人情熟稔于心，不知不觉地浸染上该地的生活气息与文化风习，并在心理上产生一种文化认同感与亲和力。这时，如果拿起笔来从事文学创作，并从其熟悉的生活环境中取材，那么作品就自然会带有该地方的文化色彩。这一点，就连作者本人也往往直言不讳。例如，梁启超在其小说《新中国未来记·绪言》中就明确地说："此编于广东特详者，非有所私于广东也。……吾本粤人，知粤事较悉，言其条理，可以讹谬较少，故凡语及地方自治等事，悉偏趋此点。因此之故，故书中人物，亦不免多派以粤籍，相因之势使然也。"①

不独梁启超如此，其他的广府文学作者也多怀有这种自觉的乡土文化意识。例如，吴趼人可谓近代最著名的小说家之一，他是广东佛山人，虽说年纪轻轻就离家赴上海谋生，但却始终怀有深厚的乡土文化情结，故而其所著小说多署名"我佛山人"，以示不忘故土之意。他还与居沪粤人组建"两广同乡会"，集资创办"广志小学"，方便同乡子弟入学。他的小说代表作如《九命奇冤》《恨海》《劫余灰》《发财秘诀》等，多以广府地区的人物故事与风土民情为描写对象；《二十年目睹之怪现状》则是以他亲身经历与见闻为主要的素材来源，书中频繁涉笔广府地区的风俗民情。

又如黄世仲，他本来是广州番禺人，很熟悉粤港地区的生活与风俗，加上他又是粤港地区著名的政治活动家与宣传家，其小说又都连载于粤港的报刊上，因而其小说创作便有意取材于本地的要事、新闻，主要叙写本地人、本地事和本地的风俗民情，从而使其小说流溢出浓厚的乡土文化气息。例如，《大马扁》讥斥广东南海人康有为借改良立宪招摇撞骗，《宦海潮》写清末外交官南海人张荫桓的宦海浮沉，《廿载繁华梦》写广州富商周栋生廿载繁华恍若一梦，《洪秀全演义》写广东花县人洪秀全领导的太平天国运动，《陈开演义》写佛山人陈开领导的天地会起义，《五日风声》写广州黄花岗起义等，其所叙都是粤籍名人与大事要闻，旨在配合粤港地区兴起的资产阶级民主革命，为之鸣锣开道。至于这些小说对粤港地区风俗民情（诸如经商风气、节庆娱乐、婚丧嫁娶、饮食起居等）的描写，则展现了一幅幅用文字描绘的市井风俗画，这自然会让粤港受众读来备感亲切。

再如梁纪佩，他是广府南海县人。其小说创作的一大特点是善于就地

---

① 梁启超：《饮冰室文集》第六集，云南人民出版社，2001，第3868页。

取材，着重演绎粤地人物、时事、掌故、奇闻等，"凡粤中时事，与及诸前人，或有大造功于社会，或有蠹害夫人群，或时事，或侦探，皆著成一卷，刊诸坊间"①。他晚年所著的《粤东新聊斋》初集与二集，更集中体现了他对本土文化的喜爱以及向受众传播家乡文化的创作用意。他在《粤东新聊斋》初集《例言》中即明说该集内的故事，一是来自"故老相传"，二是"搜自时怪"，而地域则限于粤东，故冠以"粤东新聊斋"之名。该小说集所写均为粤东奇闻怪异之说，内容多为仁孝节烈义侠之事，亦涉恋爱情事、名迹掌故等，因而具有鲜明的地域文化特点。正如罗界仙在《粤东新聊斋二集·序》中所说："其言虽志异而事必求真，且所叙皆粤东轶闻，并无夹杂杜撰，其有功掌故，阅者不仅作小说观，直作广东乡土史读可也。"

至于现当代广府文学的代表作家如欧阳山，他的祖籍原是湖北荆州，可是其 76 年的文学生涯中有 61 年是在广州度过的，他对广州有着极其深厚的感情。他的代表作《三家巷》，"就是他生活的那个时代的真实记录，是他看到的、体验的、感悟的、了解到的那个时代的广州人民生活的历史画卷"。他一生为中国的现当代文学画廊所创造出来的那些最为成功的典型形象和风俗画卷，也大部分来源于广州市或广东地区的生活原型。

总之，大凡生长在广府地区的文学家，由于多有一种较深厚的本土文化情怀，故而其创作能自觉地接地气，表现出较突出的本土化创作倾向，这就使不少广府文学作品能在不同程度上形象、逼真地展现广府地区的风俗民情，具有较丰富的文化内涵与较高的审美认识价值。

## 二　广府文学描绘广府风情的审美功能

从审美的角度来说，文学作品涉笔地域风情，无疑可以营造一种真实可感的环境氛围，凸显作品的历史色彩、个性魅力乃至民族风格。对此，中外文学大师都曾发表过精辟的见解。例如，巴尔扎克指出，文学家应成为当代社会的"风俗史家"。他说："在我们这个时代，大家潜心钻研，主要是改造艺术形式，就在同时，找到了一种猎取读者注意的新方法，多给读者一种证据，证明故事的真实性：这就是所谓历史色彩。一个时代复活

---

① 曾少谷：《革党赵声历史序》，参见梁纪佩《革党赵声历史》，岭南小说社，辛亥年刊本。

了，跟着复活的还有当时那些重要名胜、风俗、建筑、法律以及事件，我们必须承认，实际就带来了一种类似威信的东西；大家看见虚构的人物在大家熟悉的那些历史人物的氛围之中走动，就是不相信真有这个人，也不大可能。"① 鲁迅在给友人的信中也指出："现在的世界，环境不同，艺术上也必须有地方色彩，庶不至于千篇一律。"② "有地方色彩的，倒容易成为世界的，即为别国所注意。"③

广府文学对广府风情的书写，就使其或多或少地带有与众不同的"广味"，有效地增强了文学描写的真实性、时代感与吸引力。比如清代小说《蜃楼志》，题"庾岭劳人说，禺山老人编"，卷首序称："劳人生长粤东，熟悉琐事，所撰《蜃楼志》一书，不过本地风光，绝非空中楼阁也。"④ 该小说以广州十三行洋商苏万魁及其子苏吉士的兴衰际遇为主线，描写当时的广州"海关贸易，内商涌集，外舶纷来"，十三行洋商富可敌国、生活奢靡，时兴使用舶来品，粤海关对十三行洋商"任意勒索""病商累民"，粤东地区"洋匪"横行、窃盗蜂生、赌兴娼盛，诸如此类，具有浓郁的时代气息和鲜明的地方色彩，生动地展示了一幅清中叶广东沿海地区的社会风俗画，使读者可以真切地感受广府文学的地域特色及其个性魅力。郑振铎就曾这样评介《蜃楼志》："因所叙多实事，多粤东官场与洋商的故事，所以写来极为真切。"⑤ 这种取材及其表现的地域风情在明清小说中是极为罕见的。

广府文学对广府风情的书写，也是为了营造一种特定的环境氛围，增强叙事的新奇性与感染力。例如，梁纪佩的《粤东新聊斋·素馨田》，就将广州花田风情的描绘与浪漫伤感的爱情故事有机地交融在一起，营造了一种感人至深的艺术情境。该小说首先讲述了素馨的来历及素馨田的历史变迁："素馨，乃南汉王刘鋹之妃。花田在城西十里。宋方孚若《南海百咏》，谓刘氏美人葬此平田。弥望皆种素馨花，实则今之河南庄头也。按鹅潭之

---

① 巴尔扎克：《评〈流氓团伙〉》，《巴尔扎克论文选》，新文艺出版社，1958，第199页。
② 鲁迅：《致何白涛》，《鲁迅全集》第十三卷，人民文学出版社，2005，第5页。
③ 鲁迅：《致陈烟桥》，《鲁迅全集》第十三卷，第81页。
④ 庾岭劳人：《蜃楼志》，山西人民出版社，1993，第1页。
⑤ 郑振铎：《巴黎图书馆中之中国小说与戏曲》，《郑振铎全集》第五卷，花山文艺出版社，1998，第434页。

侧，有素馨田，阡连黄木湾，居民以种树为生，家世以贩花为业。环顾汀渚，为广州产名茶地。"接着，便叙述了一段有关素馨花的凄美故事。闽县王生，随父宦至粤。爱慕素馨之美而购置之，遍种署内。后来其父去官归里，王生将数千盆素馨一同运回闽县。里中之人未睹此花者，皆惊羡其美。后经霜雪，素馨枝叶黄落，待至明春，萎处虽复萌发，但花儿已是秀而不华。王生甚为懊恼。后闻知乃易地栽植，土非原土之故。王生于是返粤购泥。怎奈购运泥土为当时官吏所禁，王生无计，便居留粤省，以种植素馨为业。某日偶于田间闻采茶之歌，不禁心摇神荡。次日复闻之，恋慕不已。后得知该歌女已为人妇，心甚怅惘，未几病卒，葬于花田。来年，坟头忽生素馨一株，高大异常。每逢王生病卒之期，花则盛开，形大如盏，璀璨若银。远近之人争先观赏，前歌女张氏亦往观之，闻王生因听其采茶之歌而后病卒，心为之恻，乃购楮帛奠之。今人读此篇小说，可知清末广州城外河南庄头村一带，遍种素馨花，鹅潭之侧还有素馨田与产茶地，当地百姓多以贩花采茶为业。时人所作竹枝词即云："古墓为田长素馨，素馨斜外草青青。采茶人唱花田曲，舟外桥边隔岸听。"试想在素馨花的阵阵香风中，聆听那宛转悠扬的采茶歌，是何等的销魂荡魄！难怪痴爱素馨花的王生会迷失在香花甜歌之中，为采茶女子的歌声勾去了三魂七魄，殉情于花田之中了。

广府文学作者书写广府风情，也是为了更好地启动故事情节，增强文学叙事的现场感与趣味性。例如，吴趼人的小说《劫余灰》，写陈耕伯考中了秀才，父母欢天喜地，便安排卤酒祝贺。书中写道：

这里李氏便忙着叫人买酒，预备后天行聘，顺便卤酒，索性热闹在一起。原来广东风气，凡遇了进学中举等事，得报之后，在大门外安置一口缸，开几坛酒，卤在缸里，任凭乡邻及过往人取吃，谓之卤酒。那富贵人家，或卤至百余坛，就是寒酸士子，侥幸了，也要卤一两坛的。所以李氏兴头里，先要张罗这个。又叫预备一口新缸，不要拿了酱缸去盛酒，把酒弄咸了，那时候，我家小相公不是酸秀才，倒变成咸秀才了。说的众人一笑。……那些乡邻亲族及过往之人，都来争取，也有当堂吃了的，也有取回去给读书小孩子吃，说是吉利的。跋来报往，好不热闹。乱过一阵，三四十坛酒都卤完了，人也散了。

（第二回）①

这种"舀酒"风俗，就令人耳目一新，既渲染了一种喜庆氛围，又增强了叙事的趣味性。可谁知乐极生悲，陈耕伯竟被其表叔朱仲晦乘机卖了猪仔。可见，这一段舀酒风俗的描写也是为此后情节的开展做铺垫的。又如，黄世仲的小说《廿载繁华梦》第十六、十七回，描写周庸佑府中在除夕之夜隆重祀神，焚化纸帛，不慎失火，结果将整座大宅烧得罄尽，由此生发了周庸佑夫人马氏移居香港、周庸佑另觅新宅寻欢作乐等重要情节。

至于用风俗描写来映衬人物的情感心理或个性风采等，在广府小说中更是司空见惯。例如，欧阳山的《三家巷》为了刻画区桃心灵手巧、聪慧过人的美好形象，就惟妙惟肖地再现了西关小姐过乞巧节的全过程。书中写道：

> 这七月初七是女儿的节日，所有的女孩子家都要独出心裁，做出一些奇妙精致的巧活儿，在七月初六晚上拿出来乞巧。大家只看见这几盘禾苗，又看见区桃全神贯注地走出走进，都不知道她要搞些什么名堂。……到天黑掌灯的时候，八仙桌上的禾苗盘子也点上了小油盏，掩映通明。区桃把她的细巧供物一件一件摆出来。有丁方不到一寸的钉金绣花裙褂，有一粒谷子般大小的各种绣花软缎高底鞋、平底鞋、木底鞋、拖鞋、凉鞋和五颜六色的袜子，有玲珑轻飘的罗帐、被单、窗帘、桌围，有指甲般大小的各种扇子、手帕，还有式样齐全的梳妆用具，胭脂水粉，真是看得大家眼花缭乱，赞不绝口。此外又有四盆香花，更加珍贵。那四盆花都只有酒杯大小，一盆莲花，一盆茉莉，一盆玫瑰，一盆夜合，每盆有花两朵，清香四溢。区桃告诉大家，每盆之中，都有一朵真的，一朵假的。可是任凭大家尽看尽猜，也分不出哪朵是真的，哪朵是假的。只见区桃穿了雪白布衫，衬着那窄窄的眼眉，乌黑的头发，在这些供物中间飘来飘去，好像她本人就是下凡的织女②。

---

① 吴趼人：《吴趼人全集》第五卷，北方文艺出版社，1998，第90－91页。
② 欧阳山：《三家巷》，人民文学出版社，1960，第40页。

这样的描写就将人物形象的刻画与民俗风情的呈现巧妙地结合起来了，使两者可以相得益彰，相映成趣，给人留下了美好难忘的印象。

总之，广府风俗民情的文学书写，对于文学作品本身来说具有多方面的审美艺术价值，它能赋予小说文本以较为鲜明的地域特色乃至民族风格，使其更有新奇动人的个性魅力。唐弢曾说："民族风格的第一个特点是风俗画——作品所反映的具有中国特色的社会生活、风土人情、世态习俗，也就是历来强调的采风的内涵。文学作品要表现社会生活，也要表现社会情绪，离不开富有民族色彩的风土人情、世态习俗。"① 沈从文也说，文学作品如果能写好民俗风情，那么作品"必然会充满了传奇性而又富于现实性，充满了地方色彩也有个人生命的流注"②。可以说，广府的一些文学名著如《廿载繁华梦》《九命奇冤》《三家巷》等，之所以出名，也与它们善于描写本地故事与本地风土人情有着非常密切的关系。

## 三　广府风情文学书写的认识价值

就认识价值而言，文艺作品对一方一隅风土人情的形象描绘，无疑能开阔读者的眼界，增长见识。鲁迅在《致罗清桢》中说："地方色彩，也能增画的美和力，自己生长其地，看惯了，或者不觉得什么，但在别地方人，看起来是觉得非常开拓眼界，增加知识的。"③ 这虽然是就绘画来说的，但是借用来评价文学创作也同样是合适的。

广府文学对广府风情的摹绘，无疑有助于今人了解广府地区的风俗民情，为当今的广府文化研究与传承等提供鲜活可感的文献资料。例如，关于饮食文化，广府文学作品所描写的"无鸡不成宴"与广式烧腊、茶楼风情与精美点心、"粤菜三绝"与河鲜海味、坊间小食与特产瓜果，以及广府饮食融入的外国元素等等，就可以使我们对"食在广府"有一种活色生香的感性体验，从而有效地弥补了历史文献记载的不足。

又如清末民初粤港地区频繁出现的"卖猪仔"，也即西方侵略者在我国

① 唐弢：《西方影响与民族风格——中国现代文学发展的一个轮廓》，《文艺研究》1982 年第 6 期。
② 沈从文：《新废邮存底》，《沈从文文集》第 12 卷，花城出版社，1984。
③ 鲁迅：《致罗清桢》，《鲁迅全集》第 12 卷，人民文学出版社，2005，第 532 页。

东南沿海地区大肆拐、掳华工赴南洋、美洲等地转卖，虽然相关文献也有
记载，但很少从受害者的角度对"卖猪仔"的整个过程作真切详尽的描述。
而吴趼人则在《二十年目睹之怪现状》《发财秘诀》《劫余灰》等小说中多
次暴露了"卖猪仔"的黑幕。这些小说告诉人们，被卖猪仔的人大多是因
生活所迫，或被人拐骗，或遭人利诱，在西方殖民者眼中他们就像"猪仔"
一样卑贱，过着"被驱不异犬与鸡"的屈辱生活。《劫余灰》第十六回所写
的陈耕伯，劫后余生，痛苦地回忆其被卖猪仔的经过：

> 入得门时，却是一所黑暗房子，里面有个人出来招呼，带了我到
> 后面一间去。见有许多囚首垢面的人，柴、游两个也在那里。我便约
> 他们出去，他两个哭道："我们出去不得的了！这里是猪仔馆，进来
> 了，便要贩到外洋去卖的。"我听了吃了一惊，连忙要出去时，那门早
> 反锁了。在这黑房里住了两天，吃的都是冷饭，又没有茶水。到第三
> 天，一个人拿了一叠纸来，叫我们签字在上面，说是签了字，就放出
> 去的。大家不知所以，便签了给他。忽然又有人送了一大壶茶进来，
> 大家渴了两天了，便尽情痛饮。谁知喝了那茶之后，舌头都麻了，说
> 不出话来，人也迷惘了①。

这是说自己被骗误入"猪仔馆"，接着是说他被装载入船，卖到国外：

> 在船上受的苦，比在黑房时还胜十倍……昏昏沉沉，也不知走了
> 多少天，到了一处，把一众人赶上岸。到了一处房屋，把我们一个个
> 用麻布袋装起来，便有人来讲论价钱，逐个磅过，又在袋外用脚乱踢
> 一会儿，便又把我放了出来。还有几十个同放的，却不见了柴、游两
> 个……此时便有两个外国人，把我们当猪羊般驱赶出去。又到了一个
> 轮船上，行驶了三天，才到了一个地方。重复驱赶上岸，到了一所烟
> 园里，叫我们给他种烟。……据说卖到这烟园里，还是好的，若是卖
> 到别处地方，还要受罪。然而这一个园子里，总共五百人做工，每日
> 受他那拳脚交下，鞭挞横施，捱饥受渴的苦，一个月里面，少说点，

---

① 吴趼人：《吴趼人全集》第五卷，北方文艺出版社，1998，第195页。

也要磨折死二三十个人①。

这就是"卖猪仔"的全过程，参照相关文献记载，可知其所写相当真实，不过由于作者是借受害人之口诉说的，所以读起来又感人至深，激起了人们对那些骗卖同胞的汉奸与西方殖民者的无限痛恨。

当然，文学作品对风俗民情的描写也难免有艺术想象与虚构的成分，鉴别其虚实真假也非易事。对此，我们可以采用文史互证的方法，将文学文本对广府风情的描写与一些史书、方志、笔记的有关记载，相互参证，以辨其虚实，甚至还可由此发现新的历史事实。比如，按一些文献记载，过去称疍民之女为"咸水妹"，这是因其在海上活动，以船为家。可是清代的徐珂在《清稗类钞》中却说"咸水妹"是粤东蜑妇"为洋人所娱乐者也。西人呼之为咸飞司妹，华人效之，简称之曰咸水妹，亦以其初栖宿海中，以船为家也。又有称之咸酸梅者，则谓其别有风味，能领略于酸咸之外也"②。吴趼人在《二十年目睹之怪现状》第五十七回中也说："香港是一个海岛，海水是咸的，他们都在海面做生意，所以叫他做'咸水妹'。以后便成了接洋人的妓女之通称。"③ 这样的记述，就提供了可资研究的新材料。

另外，广府文学有关民俗风情的描绘是否有地道的"广味"呢？这也需要辨析。对此，不妨参照广府之外其他地区相关民俗风情的文献记载来加以鉴别。比如上文提到的"乞巧"习俗，各地皆有，但又各异其趣。《三家巷》写乞巧节到来前，西关小姐区桃将三盘用稻谷发芽长到二寸长的禾苗摆在八仙桌上，每盘禾苗都用红纸剪的通花彩带围着，预备"拜仙禾"；然后又编制各种奇巧的小玩意，"摆设停当，那看乞巧的人就来了。依照广州的风俗，这天晚上姑娘们摆出巧物来，就得任人观赏，任人品评。哪家看的人多，哪家的姑娘就体面"。之后，便是焚香点烛，对星空跪拜"七姐"，自三更至五更，要连拜七次。拜仙后，姑娘们手执彩线对着灯影将线穿过针孔，如一口气能穿七枚针孔者叫"得巧"，穿不到七个针孔的叫"输巧"。这些习俗，外地乞巧节比较少见，小说写得绘声绘色，别具风味。

---

① 吴趼人：《吴趼人全集》第五卷，北方文艺出版社，1998，第 196 页。
② 徐珂：《清稗类钞》，中华书局，1984，第 2577 页。
③ 吴趼人：《吴趼人全集》第二卷，北方文艺出版社，1998，第 464 页。

最后，追寻广府文学中的"广味"，不仅可以感受其独特的审美文化意蕴，对于今天的广府文学创作也不无借鉴与启发价值。目前，我们正处在一个经济全球化、文化也不可避免地趋同化的时代。重温过去广府文学的"广味"，反观今天的广府文学创作，我们吃惊地发现，广府文学的地域文化色彩几乎流失殆尽。在此背景下，强调广府文学创作要接地气，抵御趋同化，写出有广府风味的社会生活、风土人情、世态习俗，以诗意的方式参与当代的广府文化建设，其重要意义是不言而喻的。

# 广府与广府建筑文化

王 河[*]

**摘要：** 广府建筑随着广府文化的发展，历经数代演变。近代广府建筑在继承传统个性的同时又受到国际化的影响，形成洋洋大观的近代广府文化。

**关键词：** 广府 广府建筑 岭南建筑文化

在中国的版图上，南岭山脉宛如有力的臂膀拥抱着面向海洋的广东和广西两地，神奇、富饶的岭南地区紧紧地依偎在南部中国的怀抱中。自新石器时代以降，充满激情的珠江纵横千里，上下万年，孕育出灿烂的岭南广府文化，在中华民族文明的进程中写下了光辉的篇章。描述了岭南广府作为一个异质地域及其文化发展的独特轨迹。南岭——五岭山脉以南的地区统称岭南，今天主要是指广东、广西、海南地区，其中广东被认为是岭南的核心区，而广州更是"广府"的中心地。

## 一 广府人从哪里来

我们从辞海里找到的"广府人"的释义为广府民系，即广东人，广东人中狭义的广府民系是指口语中的"广府人"，即以广州为中心分布于广东、广西、香港、澳门及从该地区迁徙到东南亚、欧美、澳洲等地区的华人，以粤语（广州话、白话或称广府话，俗称广东话）为母语，以珠玑巷同迁的汉人为民系认同，有着自己独特的文化（岭南文化）——广府文化、粤式饮食、语言、风俗和建筑风格的汉族民系。广义的广府民系则包括全

* 王河，广州大学建筑设计研究院副院长，建筑总工程师，硕士生导师，澳门城市大学博士生导师。

广东及世界所有地区世代以粤语为母语的汉语民系。此外，广东潮州人和广东客家人甚少称呼粤语族群为广东人，而称呼标准粤语族群为广府人较多。

带着广府人从哪里来的疑虑，笔者走访了佛山河宕贝丘遗址、东莞村头贝丘遗址、珠海宝镜湾洲丘遗址，探究珠三角史前岭南人的分布（见图1）。

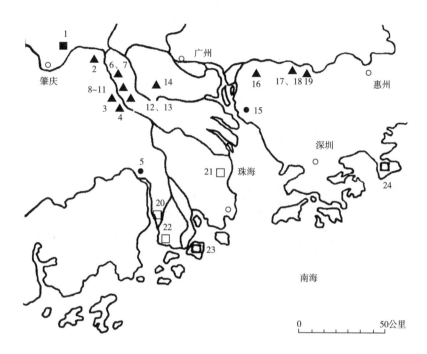

**图1 珠江三角洲地区史前地理环境及遗址分布**

1. 肇庆蚬壳洲遗址；2. 高要茅岗遗址；3. 高明覆船岗遗址；4. 高明鲤鱼岗遗址；
5. 新会罗山嘴遗址；6. 三水银洲遗址；7. 三水把门岗遗址；8. 南海通心岗遗址；
9. 南海船埋岗遗址；10. 南海蚬岗遗址；11. 南海鱿鱼岗遗址；12. 南海邓岗遗址；
13. 南海镇头遗址；14. 佛山河宕遗址；15. 东莞村头遗址；16. 东莞蚬岗遗址；
17. 东莞圆洲遗址；18. 东莞龙眼岗遗址；19. 东莞万福庵遗址；20. 新会梅阁遗址；
21. 中山龙穴遗址；22. 珠海草堂湾遗址；23. 珠海棠下环遗址；24. 深圳咸头岭遗址
资料来源：珠江三角洲遗址调查组；《珠江三角洲史前遗址调查》。

从史前遗址，可以看到远古岭南人从洞穴走向河流、山冈、台地，并沿河岸走向江河海洋。贝丘和洲丘的遗址就是远古岭南人的富有地域。特色的聚落遗存，昭示着岭南先人不断开拓和壮大、逐步走向海洋的历程。

研究史前的遗址可以进一步了解到：①在复杂的地理条件下，防风、防雨、防腐是共同的要求，沿海台地平原地区还要重视防洪、防潮，先民的居住建筑多是干栏式木建筑，这是史前岭南人的居住空间形态特征；②岭南的山地、丘陵、平原特点，其贝丘、沙丘造就了"大分散，小聚合"的居住环境形态，与中原典型的农耕文明居住形态"大聚居，小分散"刚好形成对比，这也是远古时期岭南百越的社会空间形态特征；③在岭南沿海史前聚落里陆续发现了岩画遗存，代表性的有香港东龙岛、石壁、蒲台、大浪湾、长洲、大庙湾、滘西洲等七处，澳门寇娄岛一处，珠海高栏岛四处。

珠海宝镜湾遗址的"藏宝洞"岩画在经历数千年的涛洗风吹之后，我们还能看清其神秘抽象的图案（见图 2）。由琢刻线条组成的船只、人物、动物和花纹组成，是与先民的宗教、信仰和祭祀有关的岩画，这不仅与岩画内容本身有关，而且雕刻岩画的行为本身也是虔诚信仰的表现；岩画雕完后，又成为崇拜、祭祀的对象与空间。所以，整幅画以船为中心，以崇拜的龟形人图腾为核心，构成了远古岭南人的精神空间形态。

**图 2　宝镜湾岩画的现状与拓片**

资料来源：曹劲：《先秦两汉岭南建筑研究》，科学出版社，2009，第 135 页。

可见，远古时期的岭南居住建筑文化一开始就具有了"在海性"和"向海性"的美学空间形态。

## 二　百越与南越国

岭南先民属百越民族，所谓百越之"百"并非实数，而是百越之地"各有种姓"的泛称。

（1）驩头国，"驩来"与"番禺"同音，故此国即"番禺"国。驩头国在《海内经》中记为"番禺"亦与此有关，且记为帝后的曾孙，造舟始祖，则番禺族迁至珠江三角洲，适应水网生活。

（2）缚娄国，即珠江三角洲东边的博罗县。

（3）阳禺国，今清远北部地区英德一带。

（4）西呕国，以桂林广西以西为限，东延广东境内肇庆以西德庆、郁南等县。

（5）骆越国，《贾捐之传》称海南岛人为"骆越"，其国境已入广西南部。广东西南部，今化州、信宜以南，均属秦象郡地，其国面积亦大，故汉平南越，即以其地分为九郡。

（6）儋耳国，《山海经》记载立在郁水南，称"离耳国"。可见是指雷州半岛、海南岛北部地区戴大耳环的民族，即今黎人之一支。

（7）雕题国，《海内南经》亦称"在郁水南"，与离国并列，故亦当在海南岛。

（8）伯虑国，《海内南经》论伯虑国"在郁水南"，粤西地区郁水今仍在郁江。

（9）北驹国，地理位置仍在郁水南，已入"北白户"地区。

（10）苍梧国，今封开一带。

（11）七闽地，粤东韩江流域地区，春秋时属七闽地。

公元前 221 年秦统一中国后，秦始皇忧虑"北拘于胡，南挂于越"，特派遣赵佗（河北真定人）为秦先锋入越。公元前 204 年，赵佗立南越国以分治，建都番禺（今广州）。师法中原的南越都城，同时具备了海洋文化的都城择址特点。按周、汉都城选址原则，很大程度上是基于农耕文明的需要，所谓"天下之中""广州之上"，强调土地肥沃，水源充足，农产丰饶。而滨海百越选址的特征与"珠贝、文身、舟楫"密不可分，在最大江河入海口选址，既联系广阔的经济资源腹地，又是便捷的出海、泊船基地。这与农耕文明强调的"金、玉、衣、冠、车、马"就不同。所以赵佗的番禺都城选址，一开始就受百越"在海性"和"向海性"的人文聚落空间形态的制约和影响。

## 三 从"广府"建城史看海上丝绸之路到十三行

隋唐南汉时期岭南迅速发展，突出反映在南汉封建割据政治中心兴王府（广州）掀起了规模空前的都城建设上，从宫殿、寺庙到园林都自觉地雕琢岭南特有的建筑风格。海上丝绸之路伴随着"广州城"的建城史而发展。

而唐代最繁荣的莫过于外贸港口，也是唐代唯一的通商夷道，直达波斯、阿拉伯半岛等地，是海上丝绸之路的东方主埠。

隋朝时的广州是外贸港城，唐代时的广州则是第一大港城，大批货物在此集散，外侨激增，城市的商业职能地位上升，所以广州的城市建设规划与管理率先呈现出一种自觉的对外开放形态。官府批准设立侨居蕃坊，对商业往来的侨民敞开大门，城内为了适应商业活动一再扩街道、列店肆，构成沿河布市与临街设市的格局。据统计，唐开元时（713－741）广州的蕃人达 12 万之多。

960 年，宋朝建立，971 年，南汉国灭亡。由于辽、夏两国阻隔西北，丝绸之路持续衰落，广州更成为宋朝第一大通商港和世界著名港口，更成为中国海上丝绸之路的起点。

1840 年鸦片战争之前，明洪武三年（1370），广州设立广州市舶提举司，管理朝贡事宜。清康熙二十五年（1686），因战火洗劫以及迁海海禁的影响，广州的粤海关被允许对外贸易，在怀远驿附近设夷馆，并设立十三行，专门从事对外贸易，广州成为我国沿海地区对外贸易最为繁盛的城市，有"金山银海，天下南府"之誉。清初屈大均的《广州竹枝词》云："洋船争出是官商，十字门开向二洋。五丝八丝广缎好，银钱堆满十三行。"

广州经隋唐、南汉大规模建城到宋代设立第一个市舶司，已经成为中国海上丝绸之路的始发点，明洪武时期更将广州宋城建成三城合而为一的宏伟格局，清代的广州粤海关一度成为唯一的通商港口。

广州建城 2300 年，成为名副其实的"广府"和"广府建筑文化"中心地。

## 四 广府建筑文化的三条独特发展轨迹

### 1. 岭南广府民居传统鲜明的个性

"广府"既是一个历史地理范畴，也是一个社会文化范畴。在客家学研究的开拓者罗香林教授提出"民系"的概念之后，"广府"一词也被用于称呼岭南地区使用粤方言的汉民系。在长期的移民和开发过程中，广东在唐代至元代逐渐形成了广府、客家、福佬三大汉民系。

（1）广府民系的传统聚落形态特点。从宏观的聚落整体形态而言，大多齐整规则，巷道横平竖直犹如棋盘，体现出强烈的统一规划和人为控制因素；从中观的聚落巷道结构而言，广府传统聚落以"梳式布局"模式为基型，在民居朝向基本一致的前提下，以一条平行于民居面宽方向的横巷为主巷，通常主巷位于整个聚落的前方（有时扩大为晒谷坪），以与主巷垂直的数条纵巷为支巷来连接各栋民居的主入口，横巷犹如梳把，纵巷犹如梳齿。

（2）广府民居的类型。广府民居的类型很多，虽然各地都有自己一定的特点，但它们都是以"间"作为民居的基本单位，由"间"组成"屋"（单体建筑），"屋"有三间、五间甚至七间。"屋"围绕天井组成"院落"，如三合院、四合院等。各类型的民居平面就是由这些"院落"——民居的基本单元组合发展形成。

民居的规模、大小是由人口的多少和经济水平决定的，过去民居的布局还受到封建礼制、宗法观念和等级制度的影响。民居建筑一般由厅、房、厨房、杂物房、天井、廊道等基本内容组成。小型民居有几个甚至十几个天井，并利用建筑、天井、廊道进行组合，形成富有变化的平面和空间。

广府常见民居有竹筒屋、明字屋、三间两廊、大型天井院落等类型。

**2. 岭南广府近代建筑的转型和演变**

从 16 世纪的澳门与 18 世纪的广州十三行，随着西洋式建筑的进入与发展，鸦片战争后西洋建筑文化的强势进入，岭南传统建筑产生了突变。其后百年间，随着近代化发展的不断深入，岭南广府建筑形式在发展与演变中出现了西洋式、古典式、民族式、摩登式等多种样式，使岭南广府近代建筑展现了丰富多彩的风貌。

西洋式建筑的强势进入，中国传统建筑文化的固守，以及时代进程中的经济发展、科技进步和思想革新，中西两种建筑文化的碰撞、冲突、交流及融合，促使岭南广府近代建筑进一步转型和演变。

外廊式建筑最早基本上是英国在印度与当地建筑结合的形态，经过东南亚殖民地的经验模式累积，经由贸易途径传播到我国，在岭南最早见于澳门和广州十三行。

骑楼可谓是"拿来主义"的范例，借用西方建筑，结合岭南传统建筑，最终自成一格，形成了岭南城市独特的骑楼风貌，极具特色，漂亮又实用，活泼而自由，成为岭南广府建筑的一道亮丽风景线。

澳门早期出现的葡式外廊式建筑与 18 世纪广州十三行夷馆的建成同期。而骑楼则是岭南近代城市发展和广府建筑文化的典型代表，也是近代中西文化交融的典型代表，既反映了岭南广府近代城市化进程中以建筑形式来改革城市街区的手段，同时也反映了岭南广府近代建筑的转型和演变，因此在岭南广府近代建筑史上具有重要的地位。

**3. 从岭南广府古典复兴看教会建筑中国化和民族主义建筑的复兴**

19 世纪初古典复兴在中国实际上涵盖了西方建筑史上的大多数风格，包括哥特式、文艺复兴式、巴洛克以及新古典主义等等，在短短数十年间一起涌向中国，并在很大程度上表现为多种历史风格的混合和杂糅，这是西方古典主义在中国的一个显著特点。

西方古典复兴主义在中国的传播，大致有两个阶段。第一阶段始于 19 世纪中后期。新的条约口岸和包括租界在内的外国人特权区域经过数十年的不断拓展，西方建筑艺术对中国的影响也从最初单调、千篇一律的殖民地形态向更为丰富和纯正的欧洲本土形态过渡。首先尝试这种改变的是业务日益稳定和发展的外国洋行和银行，它们在租界和其他类似地区取得了土地的"永租权"，并不再满足于用殖民地样式来营造其自身的企业形象，而寻求以更华丽和更壮观的建筑形式。第二阶段开始于 20 世纪 20 年代，第一代留学欧美的中国建筑师回国执业，他们接受的大多是学院派建筑体系的教育，在古典主义和折中主义方面具有较高的专业素质，从而设计了许多古典主义的建筑，并从 20 年代中后期开始，在西方古典主义基础上推动了中国传统建筑形式的古典复兴。

西方教会在近代早期大力开展的建筑活动是岭南广府建筑西洋化发展的另一个重要途径，而之后的教会学校建筑则拉开了中西建筑文化交流的序幕。

20 世纪 20 年代至 30 年代，岭南掀起中国固有式建筑浪潮，其背景包括：五四运动所形成的民族主义和反帝思潮；严峻的国际政治局势和战争威胁；国民政府定都南京后的文化政策和蒋介石的国家法西斯主义；中国职业建筑师的形成及其学院派折中主义的专业训练；当然，还包括既有教会建筑和西方建筑师对中国古典复兴的探索和实践；等等。

与上海等租界城市不同的是，在岭南广府，中国建筑师从 20 世纪 20 年代起逐渐取代西方建筑师成为设计业的主体，他们以西方所学不断尝试与中国传统建筑文化的融合，并直接推动了岭南 20 世纪 20 – 30 年代民族主义建筑的高度繁荣。岭南同时也是中国近代最早接受现代主义思潮的地区之一。

古典复兴主义在岭南的发展虽然不完全、不彻底，但它形成了地方性格，这种地方性格糅合了岭南文化传统和地方建筑的特色，糅合了华侨在东南亚或美洲殖民地所形成的对古典主义的理解，糅合了地方的营造技术和工匠手艺，还有设计者的形式审美等等，实质上反映了岭南广府建筑文化多元的一面。

在中国近代建筑史上，从来没有一个地方的建筑像岭南广府这样呈现出异常的丰富多元，从近代岭南广府建筑复杂而频繁的变革可以看出岭南近代社会生态的断裂和跨越。

近代岭南广府建筑在短短不到 100 年间经历了西洋化、古典化、民族化和现代化的变革。一批西方建筑师活跃在岭南大地上，他们改变着岭南广府的建筑风貌；同时，民国初期兴起的第一批岭南本土建筑师亦怀着民族情怀力图实现自己的建筑理想，他们首先将岭南建筑推进了现代风格的轨道。

可以说，岭南广府建筑真正在中国建筑史上具有重要地位的阶段就是东西交融下的近代建筑史。洋洋大观的岭南广府近代建筑史成为这个时期中国建筑文化的焦点。

## 五 岭南广府建筑发展的未来思考

自 1949 年开始，广州的建筑进入现代建筑发展的新阶段，并逐渐形成了具有地方特色的建筑流派，人们称之为"广派"或岭南派。改革开放之前的岭南建筑，追求适合当地气候条件，空间通透，体型轻快，色彩淡雅，绿化丰盛，与同一时期我国大部分地区"学苏"的建筑形成明显的对照。整体优化山水城市群体布局，组合空间是当代岭南建筑"活态空间"形态模式建构的特征之一。

改革开放之后，岭南经济飞速发展，带动了建筑大发展，但大量城市建筑具有对环境的冲击大、能源消耗量大以及投资大等特点，对建成后环境能否保持可持续发展的考虑日渐减弱。建筑"大跃进"使得岭南建筑逐渐失去了原有的传统技术特色。

透彻研究和理解岭南建筑的发展源流，有助于我们对岭南建筑的发展进行理性的思考。未来，注重可持续发展的建筑创作观念应成为岭南建筑师思考的课题，如人类环境与自然生态环境协调发展的生态伦理观念、能源问题、关注城市、追求在保护自然和生态前提下的高速发展。用现代先进的技术构建"活态""生态"的岭南建筑应该是大势所趋。

2010 年，适逢广州亚运会，笔者有幸主持设计了广州亚运会期间亚运城内最高规格的外事接待场所——广州亚运城运动员村"村长院"，一座富有浓郁岭南民居风情的庭院建筑。在创作过程中，笔者将岭南文化和国际文化要素结合起来，在"村长院"规划构思中将广州亚运城岭南水乡带分为具有浓郁岭南特色的"艺、音、弈、趣、茶、品、闲、筑、街"九个组团，既有国际元素，又内含本土岭南广府建筑文化基因（见附图 1 至附图17）。"村长院"所属为"品"组团，接待了亚奥理事会主席萨巴赫和众多的亚洲参赛国家和地区的元首和重要领导，很好地向亚洲各国和地区展示了岭南文化的魅力，获得了嘉宾们的好评。该项目获得了 2013 年中国建筑设计奖（建筑创作）银奖、2010 年中国建筑装饰优秀设计奖一等奖、2010年中国工艺美术百花奖银奖。这些项目（见附图 1 至附图 17）的创作是笔者多年来对岭南建筑理论探索和实践创新的双重思考，希望在岭南建筑的理论研究和创作创新方面作出一名建筑学者应有的贡献。

**附图 1　广州亚运城岭南水乡规划构思总图**

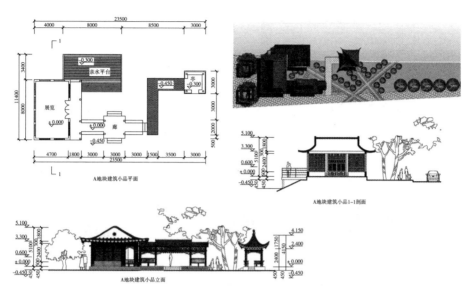

**附图2　广州亚运城岭南水乡组团规划"艺"**

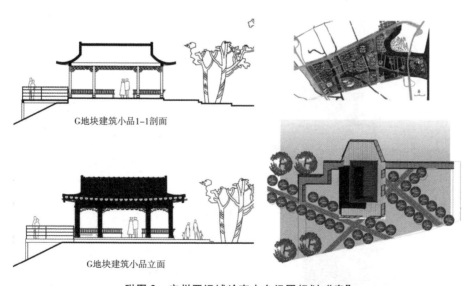

**附图3　广州亚运城岭南水乡组团规划"音"**

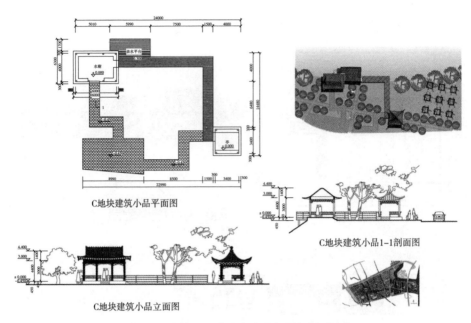

C地块建筑小品平面图

C地块建筑小品1-1剖面图

C地块建筑小品立面图

**附图 4　广州亚运城岭南水乡组团规划"弈"**

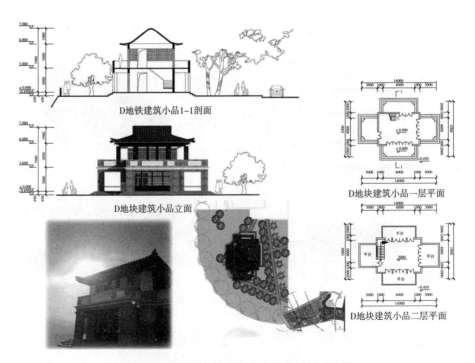

D地铁建筑小品1-1剖面

D地块建筑小品立面

D地块建筑小品一层平面

D地块建筑小品二层平面

**附图 5　广州亚运城岭南水乡组团规划"趣"**

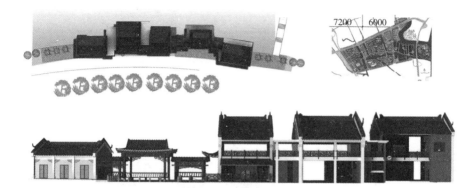

附图6　广州亚运城岭南水乡组团规划"茶"

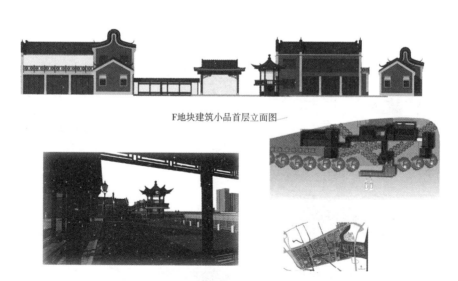

F地块建筑小品首层立面图

附图7　广州亚运城岭南水乡组团规划"品"

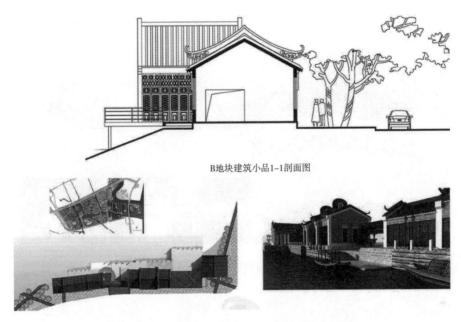

B地块建筑小品1-1剖面图

**附图 8　广州亚运城岭南水乡组团规划"闲"**

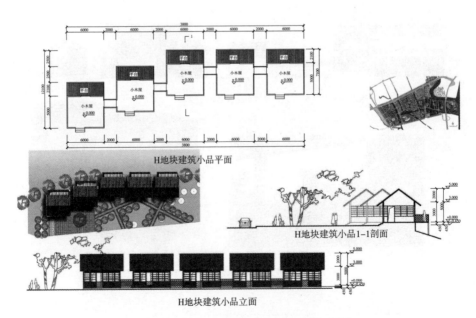

H地块建筑小品平面

H地块建筑小品1-1剖面

H地块建筑小品立面

**附图 9　广州亚运城岭南水乡组团规划"筑"**

附图 10　广州亚运城岭南水乡组团规划"街"

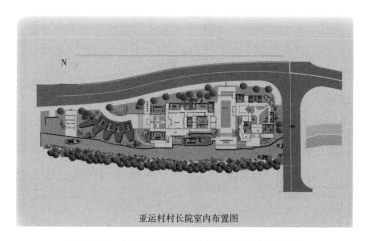

附图 11　广州亚运城"村长院"实施平面图

附图 12　广州亚运城"村长院"沿河设计图

附图 13　广州亚运城"村长院"沿河实景

附图 14　广州亚运城"村长院"
庭院入口

附图 15　广州亚运城"村长院"
大门入口

附图 16　广州亚运城"村长院"
岭南传统庭院空间

附 17　广州亚运城"村长院"
贵宾接待厅

## 参考文献

［1］ 曹劲著《先秦两汉岭南建筑研究》，科学出版社，2009。

［2］ 李珍著《兴安秦城城址的考古发现与研究》，广西壮族自治区博物馆：《广西考古集》，文物出版社，2004。

［3］ 黄启臣著《广州海上丝绸之路史》，广东经济出版社，2003。

［4］ 吴庆洲：《岭南派建筑的新风格》，曾昭奋主编《岭南建筑艺术之光——解读莫伯治》，暨南大学出版社，2004。

［5］ 王河著《岭南建筑新语》，曾昭奋主审，清华大学出版社，2008。

［6］ 〔秦〕吕不韦：《吕氏春秋·恃君览》。

［7］ 〔汉〕《史记·南越列传》。

［8］ 〔汉〕《汉书·严安传》。

［9］ 〔清〕屈大均撰《广东新语》。

［10］〔清〕《永乐大典·广州府》。

# "私伙局"：广州学研究的一个文化样本[*]

吕慧敏　杨　迪[**]

**摘要：** 私伙局是粤语方言区内以自愿组合为基础，以自娱自乐为目的的业余曲艺社团，是岭南地区重商性、享乐性和粤歌文化的产物。从明代的家庭曲艺教育，清代以王隼为代表的家庭曲艺活动、锣鼓柜和灯笼局，到民国时期曲艺社的繁荣，私伙局在粤地的传承从未间断。

**关键词：** 广州学　私伙局　文化生态　传承

文化是一个城市众多构成要素中最具地方特色的内容，它承载了城市的发展历史，体现了城市精神，并蕴生着城市的未来。本文选取广州独特的文化现象——私伙局为研究样本，试图对它产生的文化生态及历史传承展开研究。

私伙局，又称"曲艺组"或者"曲艺社"，是以自娱自乐为目的，自愿组合为基础的业余曲艺社团，主要教习、操练、交流粤剧、粤曲和广东音乐，这些曲艺爱好者"器具自备，经费自筹，参加者不乏文人雅士"[①]。一般认为私伙局由清代"灯笼局"开始，最早在明代已经有家庭内教习曲艺的记载。其形成与粤曲八音班时代、师娘时代、女伶时代的发展过程密不可分，与各个历史时期的"玩家"也有着直接联系。现代的私伙局，或者说是曲艺社活动，已经从单纯的坐唱，趋向集唱曲、表演为一体的活动，

---

　　*　本文为 2014 年广州市哲学社会科学发展"十二五"规划青年课题"传统曲艺大众传承机制研究——以广州'私伙局'传承为例"（14Q07）和广东省哲学社会科学"十二五"规划 2014 年度学科共建项目"广东'私伙局'大众传承机制研究"（GD14XYS11）阶段性研究成果。

　**　吕慧敏，1980 年生，汉族，工作于广州大学，民俗学博士，研究方向：民俗学、非物质文化遗产学。杨迪，中山大学博士生，研究方向：戏剧学。

　①　万钟如：《私伙局名称由来考辨》，《星海音乐学院学报》2012 年第 3 期。

且已颇具规模。私伙局的存在，对于粤剧粤曲的发展有着重大的意义，是粤剧曲艺文化在民间传播的重要组织形式，也是粤语方言区民众不可缺少的娱乐载体。研究私伙局的形成与发展，可以探究地方戏曲文化的演化、发展规律，有利于丰富广州学学科建设内容。

## 一 私伙局是岭南文化的产物

作为文化载体，私伙局在民间由来已久，是岭南粤剧粤曲文化的一个重要组成部分，它的形成与岭南的文化生态密不可分。

### （一）经济基础：岭南文化的重商性

岭南沿海多岛屿，海岸线长，便于对外交流，自古以来就是通商重埠。商业的发达使岭南文化有着重商的倾向。一方面，体现在对商业利益的追求，表现为务实性。明嘉靖《顺德县志》曾有记载："惟顺德则民性悍而好利，岁恒争产夺禾"①，指出当地民风"好利"的特质。另一方面，城市中商品经济的发展，使得民风更为开化，形成的市民阶层影响着岭南文化氛围，形成了与中原文化不同的一种世俗文化。满街皆商是岭南特有的民俗风情画，在这种氛围中，形成了注重务实、讲求感官享受而淡化儒家文化的传统。经济上的富足为粤剧粤曲文化的风行创造了物质条件。以广州西关为例，19世纪末至20世纪初，西关富商巨贾云集，一般中小商人亦多聚集于此，又兼地邻沙面租界，外国的银行、洋行和买办也多驻西关。他们富甲一方，为粤剧、粤曲艺术的兴起和发展提供了十分有利的经济条件②。由于商人云集，社会阶级和成分发生了变化，文化消费成为一种必需品。有闲阶级的产生，使得文娱消费逐渐增多。据资料记载，当时在西关的戏剧营业机构比较有代表性的如宝昌、宏顺、怡顺、宏昌公司，聚集在恩宁路60号，这些公司均开办于清光绪后期，是资本家在西关设立的经营粤剧戏班的机构③。商人在西关开办有现代经纪公司性质的粤剧营业机构说明了

---

① （明）戴璟：《广东通志初稿·广东历代方志集成省部（一）》，广东省地方史志办公室辑，岭南美术出版社，2007，第339页。
② 罗雨林：《粤剧粤曲艺术在西关》，中国戏剧出版社，2003，第12页。
③ 罗雨林：《粤剧粤曲艺术在西关》，中国戏剧出版社，2003，第12页。

两个方面的问题：一是当时的有闲阶级中，有相当一部分是粤剧粤曲爱好者，他们热心于粤乐艺术，有着相当的艺术眼光，更从中寻找到了商机；二是当时的西关粤剧有着广泛的群众基础，演出频繁，是主要的娱乐消遣活动之一。清末政府对广州的开放政策与岭南文化的重商性相结合，使得广州地区成为当时全国最富庶的地方之一，这是粤剧粤曲得以发展繁荣的经济基础。

### （二）精神诉求：岭南文化的享乐性

相对于比较落后地区的"生存文明"，岭南的主题则是干得更欢、活得更好，特别是岭南人离开土地发展起商品经济之后，更出现了一批不同于农耕社会的文化主体，即以手工业者为主体的市民阶层，他们的生产方式、生活方式和审美意识、价值观念融入岭南文化的众多领域，从而使岭南文化充满了世俗享乐的人性和情调。岭南文化的享乐性不仅表现在追求舒适、快乐、美好、享受、幸福的生活，更重要的是表现为通过劳动，获得成功，取得胜利，实现人生价值，达到目的以及对个人利益、事业成就的满足。拼命地干活，尽情地享受，就是这种享乐型文化功能的真实写照。这种享乐性文化的主导方面是积极的，它催人上进，奋发、开拓、攀登，建设美好的生活，追求幸福的人生，私伙局在粤地的繁荣正是基于这种享乐精神①。

这种享乐型文化促使生活在广州地区的人对娱乐生活有较早的觉悟。从明万历时期黄沙建有琼花会馆，到清初广州西关题扇桥梨园之数；从乾嘉道以来家蓄戏班盛行，到十三行同文行创办人在西关家建有能容百名演员登台的戏台，潘仕成在海山仙馆也建有演出戏台，怡和行首领伍秉鉴在其私人大花园内筑有可供数百人观戏的大戏台，均可说明。还有道光年间家住西关西炮台的诗人蔡士尧在家里也蓄戏班演出广府戏《追夫》《杀妻》二剧②。

### （三）艺术基础：岭南地区粤歌文化

与追求享乐的文化相映衬的，是粤歌文化。与广府大戏所代表的文化

---

① 李权时编《岭南文化》，广东人民出版社，1993，第 22 页。
② 罗雨林：《粤剧粤曲艺术在西关》，中国戏剧出版社，2003，第 12 页。

内涵不同的是，粤歌文化代表了一种更加天然的文化诉求。屈大均在《广东新语》中即言："粤俗好歌，凡有吉庆，必唱歌以为欢乐……"。① 可见，粤地民俗就喜歌唱，自古便以歌唱为乐。且粤歌之俗是流行于民间、以演唱民间小调为主的，与文人雅士那种合调押韵的诗词文化不同，它充满了自然性、随机性，是粤地群众有感而发的成果。屈大均还从粤语方言的发声方法上分析了粤歌文化形成的原因，认为粤歌文化之所以能够形成，是因为粤地方言"出于唇齿间，不清以浊，当为羽音"②，又因为南方文化清新婉约的特点，常以情动人，歌唱自然也就能打动听者。他指出，当地人不需要任何诗词歌赋的训练，天然就有歌唱的天赋，所以歌唱习俗在粤地是十分风行的。明代孙蕡有《广州歌》③，清代王士正的竹枝词④等文献均印证了粤地歌俗之盛。

事实上，清朝的广州西关不仅有众多曲艺活动，而且有众多印刷粤剧粤曲的歌本，其印刷粤剧、粤曲，以及其他包括木鱼书、南音、粤讴、咸水歌、淡水歌等民间说唱文学的数量是很大的⑤。在这种情况下，粤剧粤曲艺术可以得到极大传播也就不足为奇了。

粤地好歌的民俗是私伙局形成最直接的艺术基础，商业文化促生的岭南人的享乐性格则是更为深层次的原因。正是因为商业的发达，新兴的市民阶层有了自主的娱乐需求，在这种背景下，才在明清出现了最早的"灯笼局"，由此发展出之后真正的私伙局。

## 二　私伙局的历史传承

### （一）明清时期的私伙局雏形

#### 1. 锣鼓柜

很多研究认为，最早具有民间乐社性质的曲艺组织是"锣鼓柜"。锣鼓

---

① 屈大均：《广东新语》，中华书局，1985，第 358 页。
② 屈大均：《广东新语》，中华书局，1985，第 361 页。
③ 道光年间《广东通志（三）》，《广东历代方志集成》，岭南美术出版社，2007，第 1565 页。
④ 道光年间《广东通志（三）》，《广东历代方志集成》，岭南美术出版社，2007，第 1565 页。
⑤ 罗雨林：《粤剧粤曲艺术在西关》，中国戏剧出版社，2003，第 12 页。

柜是一种以乐器声音来模拟人声进行演出的纯音乐曲艺组。与八音班在同一时期流行，也以演出粤剧粤曲为主。其形状是用酸枝、花梨等硬木做成的长方形木柜，四角有柱，上罩丝绸盖子，内置鼓板和高边锣，用四人扛抬，故名"锣鼓柜"①。锣鼓柜的成员多为业余爱好者，他们忙时务农，闲时练曲，遇到节庆、婚礼、丧葬、寿诞等活动时便集结成班演出助兴。这种曲艺组常以大、小唢呐模仿粤剧生、旦的声腔作为主奏，由其他乐器作为伴奏，用以表现特定的戏曲场面。另外，在庙会、丧事的特定场合中则演奏"斋调"一类的民间宗教音乐，也演奏或演唱粤曲、南音、木鱼和民间小调，甚至演唱《炉香赞》《戒定真香》等佛曲②。"锣鼓柜"演出在广州的西关与番禺的民田区都曾十分盛行，是当地群众重要的娱乐活动，新中国成立前，仅沙湾一地就有 30 台。石碁莲塘纯业余的群庆社，是当时比较有名气的一个。

"锣鼓柜"虽然不是以人声演唱的曲艺组，且组织相对简单，也没有甚多道具，但是专于粤曲演奏，已经具备了曲艺组的性质。其表演方式和场合非常"乡土"，也兼具娱人与娱神的功能，是民间曲艺社的前身。

### 2. 明清时期的"玩家"

"玩家"与职业乐师相区别，他们虽不以曲艺演出为谋生手段，但是是对广东音乐的演奏有着较高造诣的人物③。他们中很多人不仅精通乐器，更知音解律，可以进行唱腔设计。由于这些人对广东音乐的改革发展有着重大的贡献，却又不以专职音乐创作为生，所以被称为"玩家"。在私伙局的发展历史上，"玩家"有着重要的地位，他们是早期很多优秀私伙局的创建者和引领者，私伙局中相互切磋技艺的氛围又孕育了大批精通广东音乐的"玩家"。从这点来看，二者是相辅相成的。民间对"玩家"的曲艺活动记载，类似于私伙局活动的是明代家庭内部的曲艺教学，这种活动主要在一些大家庭中进行，属于家庭内部的娱乐活动。《太原霍氏家谱》中有载：

> 三月三扮饰，好事者，大众赁人衣服，借人首饰……七月七之演
> 戏，两家子弟不宜学其事，虽学会唱曲，与人观看，便是小流之辈，

---

① 番禺市地方志办公室：《番禺县志》，广东人民出版社，1995，第 737 页。
② 罗雨林：《粤剧粤曲艺术在西关》，中国戏剧出版社，2003，第 10 页。
③ 万钟如：《"私伙局"对岭南音乐文化的历史贡献》，《南国红豆》2012 年第 4 期。

失之大体……①。

这篇《太原霍氏仲房八世槐庭翁家箴附录》有家训的性质，其中提到的"三月三扮饰"大抵相当于角色扮演的一种游戏，当时大家子弟是"学会唱曲"的，但是当时的家长却认为自己学习唱曲是一种娱乐，不可"与人观看"，否则便是"小流之辈"。说明当时对于唱曲，虽然认定它是一种娱乐，但是仅限于家庭中，是不登大雅之堂的。

到了清代，关于粤地民间曲艺活动的记载增多，在地方志和文人笔记中都可以见到相关记述。最早有关曲艺活动的记载应该是诗人王隼的家庭曲艺活动。据史料载，番禺著名诗人和琵琶演奏家王隼（1644-1700），就和妾侍、女儿和女婿四人组成一个有弹有唱、典型的"家庭私伙局"。

与王隼同时代的"玩家"，在同治时期的《番禺县志》中也有记述：

> 徐璇，字铎愚。琶洲人。俊颖孤介，淹通群籍，不为制举业，专意声韵。与梁无技、韩海辈，相唱酬②。

徐璇是当时的"玩家"之一，他为人孤僻，却"专意声韵"，而且有自己的唱酬伙伴——梁无技与韩海，可见也具有私伙局性质。这些人虽没有因为传统的功名成就而被载入史册，却可以凭借自己对音乐的痴迷与钻研而名传后世。

除了对文人雅士家庭曲艺活动的记述，还有一些方志中记载了与曲艺活动相关的一些风俗习惯。乾隆年间《番禺县志》卷十七"风俗"篇中就有"试歌"习俗的记载③。根据资料中试歌过程的描写，这种活动有着曲艺结社的性质。活动中有伴奏的乐队，每个参加活动的人圈定自己要唱的曲目，然后轮流演唱，由主试判定。不仅如此，在这种活动中，还对每个歌唱者的歌唱技巧进行点评，甚至细致到某句某字。这种类似于"开局"活动的风俗充分证明了当时粤地曲艺活动之盛。

---

① （清）霍承恩：《广东南海霍氏族谱》，清道光二十八年（1848）世睦堂木刻活字印本十一册。
② 同治年间《番禺县志》，邓光礼、贾永康点注本，广东人民出版社，1998，第704页。
③ 乾隆年间《番禺县志·广州府部（一九）》，《广东历代方志集成》，岭南美术出版社，2007，第47页。

同治十年的《番禺县志》也有同样的记载，另外，更提到了当时士大夫家庭对家中孩童的曲艺教育：

> 粤中士大夫家壶教最修，宋时南海梁观国撰《壶教》十五卷，授其女弟为师，使训闾巷童女，以守礼法。女子多知书能文词，虽小家儿女亦识字，能读歌曲本。然其俗尚气矜，往往厉奇节至于过中①。

材料记述当时"小家儿女"都可以"读歌曲本"，可见曲艺之普及。到了清末民初，更多精通曲艺的"玩家"开始组成私伙局，如番禺沙湾的何氏就曾是众多优秀"玩家"中的代表人物。

### 3. 瞽师、瞽姬与灯笼局

从清末开始，失明艺人的演艺活动开始影响粤地曲艺的发展。失明艺人，或称盲人乐师，分为两类。一类是以演唱清南音与板眼为专业的瞽师，另一类是以演唱粤讴为生的失明女艺人，又称瞽姬或盲妹、师娘。由于旧时失明男性常以为人占卜算命为生，"地水"为卜卦术语，所以盲人所唱的南音被称作"地水南音"②。南音发源于广州，是以纯正的广州方言演唱的民间曲种。早期传唱于勾栏画舫之中的南音，唱词典雅，所以受到上层文人雅士的青睐，而由瞽师演唱的南音韵味则更为浓郁，具有一番乡土气息。瞽师的演唱常常受到上层有闲阶级的喜爱，他们也经常应邀去参加一些大户人家的宴饮，这种类似于"唱堂会"的曲艺活动，对于民间业余曲艺的结社具有积极的影响。

瞽姬，又称盲妹、师娘，初时靠演唱粤讴为生，后多演唱粤曲。在师娘的曲艺活动盛行之前，最早演唱粤曲的是八音班。八音班是一种最早出现在清嘉庆与道光年间的小型演唱班子，一般由八名乐工组成，早期演唱西秦腔，所以也可以说八音班演唱的最初为外省戏曲。它的特点是只唱不演，所以不需要服装、道具和舞台设备，可以说是纯曲艺班子。由于长期在粤地发展，其中艺人逐渐被本地艺人所接替，在粤演员剧李文茂起义失败以后，粤剧遭禁，更有粤剧艺人加入八音班。这些历史原因使八音班的演出内容逐渐变为本地的木鱼歌、南音等曲艺声腔和粤剧的戏曲声腔，由

---

① 同治年间《番禺县志》，邓光礼、贾永康点注本，广东人民出版社，1998，第43页。
② 黎田、谢伟国：《粤曲》，广东人民出版社，2008，第13页。

此成为最早演唱粤曲的曲艺组织。

随着粤曲师娘时期的到来，师娘的曲艺活动受到越来越多人的欢迎，很多大户人家常常邀请她们去为宴饮助兴。值得一提的是当时流行的私伙局前身——"灯笼局"。"灯笼局"是一种文人雅士请艺人来家中唱堂会的特殊表现形式：当家中邀请了艺人来唱戏，又欢迎街坊邻里来欣赏时，就在家门口挂上灯笼，如果将灯笼取下，则表明演出已经结束。其开局时间多为傍晚七时左右，进行到深夜，主家备好白粥、炒龙门粉（行话称"煲白炒龙"）与艺人同食。当时所有内街都设有"更馆"和街闸，入夜落更关闸，天明始开，因此用过"煲白炒龙"后，宾主稍事休息，仍由艺人自弹自唱至天明散更开闸为止[①]。这样的私人曲艺活动在清末民初的富裕人家非常盛行。这种"开局"的形式已经类似今天的私伙局，不过当时还主要由大户人家发起，不似今天的私伙局更多是不分社会阶层的自由结社。"灯笼局"的形式与当时的社会生活文化息息相关，既是上流社会文人雅士的一种休闲消遣方式，又负担着社会交往的功能。师娘们受邀至"灯笼局"的最多，她们也将获邀赴局视为一件荣幸的事。"灯笼局"的形式在很长一段时间里有着交流、传播粤曲艺术的功能，在岭南享乐文化与商业文明的熏陶下，士大夫阶层也开始有了更多的个人意识，对曲艺倾注了更多的关注。但是高门大户中的曲艺活动还是少了些平民色彩，蒙上了精英文化的影子，其自由性与现代的私伙局是不能相比的。

### （二）民国时期私伙局的继续发展

#### 1. 瞽姬在茶楼

清末民初的广州商人群体庞大，商品经济的快速发展也使市民阶层不断扩大，有闲阶级人数的增多刺激着城市消费文化的变革。到了民国，广州地区更是茶楼酒肆戏院星罗棋布，竞争十分激烈。"1910 年，广州近代百货业四大巨头之一的真光公司在西关十八甫开始营业。该公司在楼顶天台开设游乐场，聘请著名的瞽姬前来演唱，此处成为广州最早的歌坛，也是瞽姬的第一个比较固定的歌唱场所。"[②] 有了这种歌唱场所，曲艺演出似乎也有了一个适

---

① 彭伟文：《广州粤曲"私伙局"研究》，中山大学硕士学位论文，2001，第 5 页。
② 李淑苹：《清末民初广州瞽姬探析》，2012，753 - 758 页。

合的场所。与背负琵琶沿街卖场或是赶赴"灯笼局"不同，这种由公司经营的曲艺活动一方面充满城市商业气息，另一方面为更多不同阶层的人接触粤曲创造了条件。这对于粤曲艺人的演唱技巧和创作产生了一定影响，也为粤曲的传播和"发烧友"的产生创造了一个有利条件。

**2. 女伶时代**

很快，观众们不再满足于失明艺人的演出，1918 年左右，广州开始出现非失明女艺人的粤曲演出，"女伶时代"就此拉开序幕。研究表明，广州宝华路的"初一楼"是最早引进开眼女艺人登台唱曲的茶楼。第一位在初一楼卖唱的女演员名叫林燕玉，她的身份原是在妓寨中以唱曲待客的"琵琶仔"（即卖艺不卖身的艺妓）[1]。后又有同为从良"琵琶仔"的卓可卿走上茶楼歌坛，也获得好评。林燕玉与卓可卿的登台，改变了粤曲仅有瞽姬演绎的局面，更多的开眼女艺人被观众所认可，并登上歌坛。初期走红的公脚秋、银凤、银飞、大眼葵、竹影、新怜、燕燕、大银仔等，原来都是妓女。到 1923 年左右，女伶（或称歌伶）逐渐取代了瞽姬在歌坛的位置。一些爱好曲艺或以歌唱为出路的女子也加入女伶的行列。

**3. 民国"玩家"引领的私伙局**

"据曲艺界元老苏文炳回忆，1916 年至 1918 年间，家住广州西关的陈基街 11 号的蒋显及友人陈海联同一批西关玩家组织了普贤堂俱乐部，活动形式与'灯笼局'基本相同，是第一个正式挂牌的'私伙局'。后来'普贤堂'进入歌坛，为师娘及女伶伴奏，并在此基础上成立了普贤工会，为广大音乐工会的前身。"[2] 1919 年，广州又成立"民镜"乐社，固定在广州西关十八甫的民镜照相馆内开局，是当时有代表性的私伙局。

20 世纪 20 年代，沙湾的大厅、翠林等成为最有名气的曲艺结社。广东音乐"何氏三杰"的何柳堂、何与年、何少霞，曲艺演员燕燕、飞霞，失明艺人陈鉴等均由此"出身"。何柳堂不但精研演奏，还熟悉粤曲、粤剧，他培养的弟子后来成为粤乐名家的有丘鹤俦、尹自重、何大傻等，成为粤剧名演员的有勾鼻章等。省内音乐名家吕文成、尹自重、何泽民（大傻），粤剧编剧家南海十三郎、冯志芬等亦常到此切磋作品和探讨演唱技巧。一

---

[1] 黎田、谢伟国：《粤曲》，广东人民出版社，2008，第 30 - 34 页。
[2] 彭伟文：《广州粤曲"私伙局"研究》，中山大学硕士学位论文，2001，第 8 页。

般的粤曲粤乐爱好者（当代俗称"发烧友"），也常聚集开局，吹拉弹唱自娱自乐，俗称"私伙局"。后来私伙局多以乐社为名，20世纪二三十年代，广州市内知名乐社有庆云、素社、济隆、小蔷薇、律吕源、晨霞、角社、省国乐研究会等30多个。例如，素社就是粤乐音乐家易剑泉在西关荔枝湾创办的；晚清时期，济隆罐头厂的东主宋氏兄弟邀请一批粤乐玩家在罐头厂内定期开展粤曲演奏活动，所以称为"济隆曲社"。这些曲社大都以有影响力的玩家牵头，定时开局聚会。另外，广州附近的农村也有私伙局，其中以番禺最多。私伙局之风一直延续至新中国成立后。

从以上论述可见，私伙局的活动多依靠"玩家"，不同"玩家"之间的交流和切磋才有私伙局的繁荣。另外，从清代的"灯笼局"开始，曲艺结社便是著名"玩家"的摇篮。在私伙局的发展历程中，两者是密不可分的。

抗日战争时期，广州沦陷之后很多著名撰曲家逃往香港、澳门，城中歌坛逐渐衰微。当时虽然还有少数的私伙局、"灯笼局"活跃于广州，但是由于战乱，开局时间已难保证。

### （三）私伙局在当代蓬勃发展

新中国成立之后，私伙局得到了空前的发展，主要呈现三大特点。一是数量众多，分布较广。1989年，广州市文化部门组织"广州市第一届民间曲艺私伙局交流大赛"，报名参加初赛的民间乐社就有80多个。当时知名的有和声、新蕾、华林、知音、群英、南塘、鹤洞、石井、云涛、圃声、天平、石牌、柳堂、钟韵等，遍布广州八区四县。比赛历时三个月，参加总决赛的72个曲目，50%以上是群众创造的现代题材曲目，已经被曲协编入曲集，广泛流传①。据统计，现在广州地区的私伙局数量达到1300多个，广州城内的私伙局就有250多个，其中较为出名的有番禺的钟韵乐社、美心乐苑，顺德的金榜曲艺社，荔湾区的彩虹曲艺队、华音乐社、逢源街河星曲剧团、红棉乐社、谊学粤乐社、陶然乐社等等。另据笔者田野调查所知，广州12个区县内均有私伙局活动。

第二个特点是私伙局活动规律、活跃。以番禺区私伙局传承活动为例，

---

① 王建勋、肖卓光：《粤剧粤曲群言集》，广州市粤剧粤曲学会，2008，第97－98页；番禺市地方志办公室：《番禺县志》，广东人民出版社，1995，第737页。

番禺 90% 的私伙局每周都有固定的时间和地点进行活动，其余的也会每月举办交流活动。部分私伙局，如新桥乐社、鸣声曲艺社和桥南曲艺社每周活动多达五至六次。

第三个特点是以大型活动带动私伙局发展。21 世纪以来，广州私伙局展演和比赛活动日益增多，影响力也越来越大。2012 年，首届广东省粤曲私伙局大赛在番禺举行，至今已办三届。这一大赛由广东省委宣传部、广东省文化厅、广州市委宣传部，番禺区委、区政府联合主办，在官方召集下，参赛队伍多，水平高。2014 年"西关风情"民间私伙局展演在广州荔湾区举行。本次展演由中共荔湾区委宣传部、荔湾区文广新局主办，汇聚了广东各地及港澳地区众多私伙局参加，吸引了众多粤曲发烧友和市民观看①。

## 三　结论

从明代的家庭曲艺教育，清代以王隼为代表的家庭曲艺活动、锣鼓柜和灯笼局，到民国时期曲艺社的繁荣，私人曲艺结社在粤地从未间断。虽然"私伙局"其名形成较晚，但是作为一种私人娱乐活动，它早已存在。私伙局各个历史时期的演变，离不开粤曲发展的影响。从八音班时期到师娘时期，再到最繁荣的女伶时代，粤曲的发展逐渐趋向雅化。从乡村中酬神的小调走进城市，从寒冷的街头走向茶楼赌馆、高门雅户。这其中有着士大夫阶层介入的影响，更深层次的是广府地区商业文明的影响。正如本文开头说的那样，岭南商品经济的发展所衍生的市民阶级，是粤地曲艺的主要观众群。而由于地处偏远，岭南的知识分子群体与传统儒家士大夫阶层有着明显的不同，他们的生活情趣更趋向平民化与享乐主义。正是因为社会、经济、文化的多重因素影响，才使得广府地区出现了私伙局。在私伙局的影响下，粤地曲艺更加精致、也更加丰富多彩了。

---

① 《民间私伙局展演"西关风情"》，网易，2014 年 11 月 19 日，http: //news. 163. com/14/1119/03/ABCR86H900014Q4P. html。

# 探寻文化公园的文化渊源

杨宏烈<sup>*</sup>

杨宏烈*

**摘要：**广州文化公园是清政府十三行商馆区遗址所在地，曾为中国大陆第一道风靡全球的西洋建筑风景线。其现状是公园不像公园，文化不明主题，游览没有趣味，景观缺乏意象。本文主张探寻其主题文化根脉，输入十三行的文化内涵，彰显十三行地标式的文化景观，开办多功能的十三行专题博物馆，构建广义的十三行商埠文化旅游区，向世界亮出这张底蕴深厚的历史文化名牌。

**关键词：**文化公园　文化渊源　十三行商埠文化　广州文化名牌

广州文化公园南临西堤二马路，北靠十三行路，东邻人民南路，西接康王路，四周都是车水马龙的商业区。全园用地面积7.8万平方米，其中建筑面积5万多平方米，绿化用地2.8万平方米。公园风格不明显，文化主题不明确。寻找文化公园的文化根脉，营造能真正体现广州世界名城特征的文化景观，形成地标性的景观点，构成能影响世界的国际商埠文化旅游区，很有意义。

## 一　一方热土300年来的沧桑

文化公园（见图1）的用地是华南土特产展览交流会场馆用地。交流会场馆的前身是被日军飞机轰炸与大火烧毁的民国时期的商号民宅。这些商号民宅的前身是在十三行商馆遗址上于光绪年间建成的十多条街巷。十三行商馆是在第二次鸦片战争中被人纵火彻底毁掉的。清政府"一口通商"

---

\* 杨宏烈，男，广州大学建筑与城市规划学院教授，广州（东）发展研究院研究所所长。

的外贸特区持续了 85 年之久。承载这一特区的乃是广州古城西城脚下的一块"河旁之地"，并有与此毗邻的明代用于"朝贡贸易"的怀远驿（120 间房）遗址。

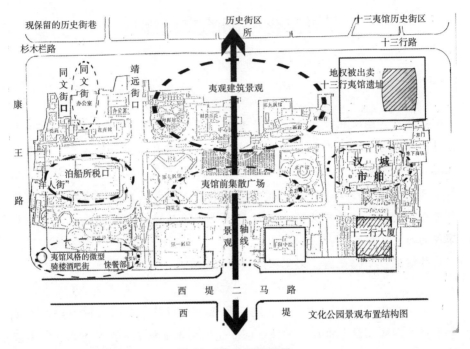

**图 1　文化公园平面图**

文化公园北部所在地原是十三行夷商馆区。当年洋商只能居住在由中国行商为他们修建的夷馆里。"夷馆"当时是贬称，一般称"商馆"，洋人称"factories"。产权多为伍浩官、潘启官等家族拥有，租给洋商居住、办公，并实施监管，租金低廉。十三行街东西街口设有栅栏，洋商不得越雷池半步。沈三白《浮生六记》载：同文街与美国馆结合处常有 10－12 名士兵守备。栅栏内除了商馆，还有一些小杂货店、找换店、刺绣店、瓷器店、画店等组成的买卖街。一来方便外商生活，不允许他们进城闲逛；二来主要目的还是监督外商。

夷馆南向珠江，各馆深度由 400 英尺到 1000 英尺不等，平均宽度为 85 英尺，西洋式门面，砖木结构。十三行夷馆可算是一个舒适的居所，故有外国学者称之为"golden ghetto"①。因为馆舍与珠江之间建有西式的花园，地理气候条件十分优越。

可惜，第二次鸦片战争时期（1856）英、美、法商馆均遭火灾，1858年又被烧，整个商馆区再也"找不到两块连在一起的砖头"②，真可谓烧得"白茫茫的一片真干净"。至光绪初年，仍为废墟。光绪末年，广州逐渐兴盛，才在此开街成市。对照清末地图，至民国时期十三行路以南保持了许多十三行时期的街名，仅新荳栏街北移至十三行路以北，路南改为荳栏东街。坐落在夷馆区的小街还有仁安街、普源街、同兴街、清远街、荣阳大街、同文街、德兴大街、联兴街、联兴南路、西隆大街等。这些街多处在今文化公园范围内，如靖远街、同文街、联兴南路、联兴大街等。有些地处西堤一带，这是商馆区陆地向南推进的结果，如联兴街在今海关东侧。很有意义的是，这么多街道基本上沿袭了十三行时期的街名，使人有一种历史连续感。

民国 15 年（1926）拆城墙建马路，将原十三行街与十三行横街扩筑为马路，改称为十三行路和十三行街横路。有不少洋行原址，拆建后仍用其名，留有历史烙印。至 20 世纪末，十三行路以南，有同文路（原同文行所在地）、同兴路（同兴行旧址）、普源街、仁安街、靖远北路（此路两侧为中和行旧址）、人民南路以东仁济西路以南有宝顺大街（乃天宝行与同顺行旧址）、怡和大街（怡和行旧址）、普安街等等。

1951 年 10 月 14 日开幕的华南土特产展览交流大会，是新中国成立初期在全国较有影响的一次物质贸易大会。大会会址历史上就是"海外诸藩互市之所"（陈微言《南海游记》），也是很方便"输报本省潮州及福建民人诸货税"的商贸交易旺地（见图 2）。交流会闭幕后，原有设施改建为具有博物馆性质的文化活动场所 —— 岭南文物宫，1956 年 1 月 1 日易名为"广州市文化公园"。20 世纪 50、60 年代，国家领导人刘少奇全家老少曾光临文化公园，朱德曾到公园参观，董必武、郭沫若给公园留下过墨宝，陈毅曾邀公园人员到棋斋下棋。80 年代初，邓小平及夫人曾携带儿孙到过公

---

① 谭炳耀：《十三行与十三商馆》，《香港医学会会讯》，2005 年 9 月，Leisure Coner 闲趣栏目。
② 〔美〕威廉·C. 亨特著《广州"番鬼"录》冯铁译，广东人民出版社，1993，第 16 页注。

园游乐场，兴致勃勃地玩遍各种游乐项目①。

**图 2　华南土特产展览交流大会会场（1951）**

文化公园曾有六个不同类型的展览场馆及一个常设的水产馆，每年举办展览 40 多个，内容包括文化艺术、花卉展览、科技教育、时事政治、国际交流等多种类型。

园内文娱活动场所原有剧场、溜冰场、中心舞台、书画展览馆、旋转飞机、风车等，后又陆续增设红星露天剧场、电影院、说书台、乒乓球室、健身室等 10 多个游乐场所。先后增建的"棋坛""棋斋"，成功地组织了几次全国性的中国象棋赛。

## 二　通商漂来的美国花园、英国花园

据 1856 年巴特（R. N. Bate）测绘的十三行商馆区的地图（见图 3）记载：十三行夷馆区内有美国花园和英国花园，占地面积分别约为 360 英尺 × 360 英尺和 250 英尺 × 280 英尺，美国花园 13 万平方英尺，英国花园 7 万平方英尺。又据 1844 年 11 月法国人于勒·埃及尔摄下的英国花园真实镜头，园内树木葱茏，布局工整。考证西式花园的具体位置应是广州文化公园的东部地区。1936 年进行沉箱施工时发现文化公园水产馆附近地下 8 米深处有陶瓶碎片和基本完好的陶瓶，说明文化公园在 1840 年前后仍是十三行内港水域。由此推断美国花园和英国花园的位置，应是文化公园水产馆以东至汉城（一个园中园）的地域范围。

美国皮博迪·艾塞克斯博物馆购藏了一幅中国外销画《美国花园》。佚名画家描绘了 1841 年 5 月 22 日至 23 日大火后的美国花园。花园左方的丹

① 选自香港艺术馆《珠江风貌、澳门、广州及香港》，V：Ews of the Pearl River Delta Macon、Canton and Hong Kong。

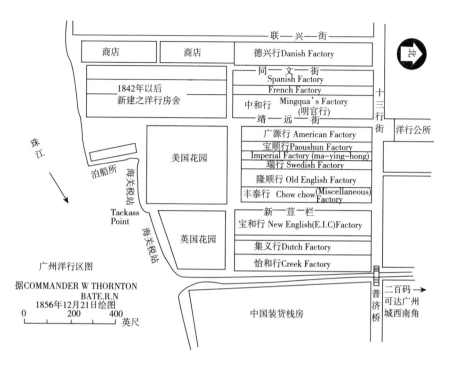

**图3 巴特的广州洋行区图**

说明：此图由王尔敏译，"普济桥"应为"迴澜桥"，王氏错译。

本图是1856年12月21日测定的当时十三行商馆区地图。

麦馆、西班牙馆以及法国馆都化为灰烬。史家克罗斯（1991）指出，从这件重要的作品中根本无法知悉英国馆、荷兰馆及小溪馆（义和行）是否于1841年大火后曾经重建。这个花园从前是一个开放的海滨广场。左方是靖远街，右方是新荳栏街①。

从珠江眺望夷馆，夷馆前的一片绿色不言而喻就是洋商在中国修建的园林，我们不妨称其为中国大陆最早的"洋商园林"。记载洋商园林的文字并不多，外销画却刻画了不少景象，多少可以作为研究的参考。

1844－1845年中国外销画《美国花园》（见图4）似乎把整个花园早期的种植计划都记录下来了。园中很多花木尚可辨认，大概为大火后

---

① 选自香港艺术馆《珠江风貌、澳门、广州及香港》，V：Ews of the Pearl River Delta Macon、Canton and Hong Kong。

重植，木棉树叶子还没长出来，却正在盛放花朵。编印此画者史罗斯曼亦指出，此时花园内的林木应为刚刚种植，以树木为主，并无多少修剪痕迹。可与某银托盘画作比较研究①。银托盘是中国工匠奇昌（1840－1870 年活跃于广州）特为伊萨·布尔刻制的。花园规划模式：对称布置种植花坛。花坛横四行、纵五列。周围一圈南北两边为栅栏围护，南边桐栅设有两个栅门及上落小船的码头台阶。东西两侧图中为带有隐藏扶壁柱的围墙。左方出口可通靖远街，它位于西边的中和行和东边的广源行中间。

从活跃于 1840－1870 年的中国画家关联昌（英文名译作庭瓜）所绘的《美国花园和圣公会教堂》（见图 5）画上，可以看到新建的教堂（1847 年建）就在"牡驴尖"（洋人命名的江边陆地尖角）附近。在英国馆和荷兰馆的旧址上，建有两座中国沿海常见的大型建筑，作为商馆用。美国花园于1840 年拓建，左边是丹麦馆、靖远街，右边是西班牙馆、新豆栏街。经历了 1841 年的大火，花园树木再次茂盛起来。这幅作品原属于一本共 156 页的画册，曾由约翰·赫德收藏。他是美国马萨诸塞州易普威治市中美贸易商人奥古斯丁·赫德的后裔。

图 4　美国花园种植全景图　　　图 5　美国花园和圣公会教堂

洋商行馆屋顶石栏上常置有盆栽，屋檐上饰以雕花，有些墙壁外更挂上商铺招牌（广告做得很投机）。盆栽与花园也许有一定的联系，洋人的园林艺术情趣也是多样的。

---

① 广州市荔湾区地方志编纂委员会：《广州市荔湾区志》，广东人民出版社，1998，第109－110 页。

　　1855 年关联昌所作的《从河南眺望十三商馆》是一幅流传很广的外销画。此画多少可告诉我们有关洋商园林的一些大致环境。画面前方是河南货仓区，几位挑夫正把一箱箱的茶叶运往舢板上，随后转运至停靠在黄埔港的外洋海舶。图中 1847 年兴建的基督教堂清晰可见（见图 6），后于 1856 年被烧毁。这个教堂存在的时间只有 9 年。1847 年 5 月 4 日塞缪尔·班克斯（Samnel Banks）牧师从英国来到中国应聘为广州领事馆的牧师。当时，教堂正在筹备中，直到 1848 年 12 月才建成。双坡屋顶，山墙面南开门，门斗上加设四角立有双角柱和女儿墙装饰的钟塔。教堂顶为金字塔式坡屋顶，墙面条型拱弧窗，三面外嵌罗马时钟，小巧玲珑。教堂位于花园中间，绿树环绕，乃花园视觉景观焦点。

　　此种型制的教堂后来在沙面重现，沙面圣公会基督教堂（见图 7）的哥特式尖顶钟楼与露德圣母天主教堂小型穿顶式塔楼，为园林化景观增色不浅。可以想象，十三行时期的洋商花园并不亚于现在沙面的情景。基督教堂在英租界内，始建于 1861 年，由中国政府支付建设费用，作为十三行商馆教堂被毁坏的赔偿。在建筑文化上，沙面此教堂与十三行彼教堂有着必然的联系。洋商花园毗邻珠江，教堂前方常泊有蒸汽轮船。"火花"号轮由罗伯特·福布斯船长于 1849 年驶往广州，他是从波士顿来华的一位十分重要的商人，任聘于旗昌洋行。他藏有另一幅相同的水粉画，并亲自注有各建筑物名称，以供辨认。此画背后附有英文题识："一幅描绘广州商馆的画作，由广州同文街头 16 号的庭瓜绘，1855 年 1 月记。"

图 6　十三行圣公会教堂

图 7　沙面露德圣母天主教堂

从上海古籍出版社出版的《十九世纪中国市井风情三百六十行》刊出的一张十三行商馆图中，我们还可以看到当年美国花园靠江边种有五六棵小树，整体上排列单调，东边的英国花园却林木森森，说明英国追求风景式园林，注重简洁、实效，多植树木。英国花园常见平面位置图而不见详细空间景物刻画图。据推测，英国花园东邻西濠税口房，西邻荳栏街以一栏栅或围墙相隔，南部临江有石阶梯道筑于地形险阻处。相对美国花园不断向南填江增地，英国花园扩展速度要慢，故公园面积较小。从多幅商馆景观图的平面分析中均可明显观察到，英国馆的正南方建有很大面积的西式山花柱廊，拱券（首层）建筑，向东西两侧倾斜的两坡屋顶与商馆主体屋顶南北倾向正好垂直，并突伸占据了公园的部分土地。英国乃洋商之首，门庭若市，种植大树林木就是最好的设计选择。

《中国市井风情》刊出的一幅"美国花园"钢笔墨水纸本画中，"旗杆无旗"说明：鸦片战争前夕，公园场地已用栏杆围起，河道上亦有围椿封锁堤岸。自英军战前撤离此地后，河埠平台亦被拆除，外国旗帜不再飞扬。这是 1839 年 7 月 8 日的事。战争导致园林的衰败，但园林的艺术深化及文化交流发展却是不可抗拒的（见图 8）。

图 8　香港制十三行时期的美国花园（模型）

沙面的开发给广州带来了新型城市规划范式。始建于 1865 年的沙面公园，是英人在无清政府干涉限制的情况下独自规划建设的英国式花园，以植物造景为主，其位置正好也处于英国领事馆南面，被命名为"女皇公园"（见图 9）。它是用清政府给十三行花园的赔偿款修建的。英领事馆坚持十三行英国夷馆的老习惯，依然将领事馆用地延伸到"女皇公园"内，使之成为名副其实的前庭花园。

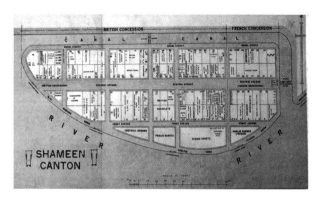

图 9　1861 年沙面规划有英国花园

## 三　没有历史根基空降的"汉城"

因用地范围拘束，当前的文化公园人工化景观分量较大，只能以园林微观景观示人。花卉馆、名花展，不断更新绿化面貌，类似生意不好常换柜台。迎春花会、中秋灯会、菊花展览……多为应时应节的临时活动设施，并未构成公园固有的景观特色。某一花展活动之后为迎接新的节日，配合新的政治经济活动又重新改装运作。

文化公园本来面积就不大，景观自然以小而精取胜。这些小规模、孤立分布的园林袖珍水石小品只能作为现代大建筑的附庸品，构不成整体效应和规模效应。而公园中那些大型建筑物日趋逼仄掠城略地，且缺乏景观观赏价值，商业气味太浓，不适宜游览赏玩。与其说是逛公园，不如说是泡茶楼、逛商店。尤其是整个公园的外环境，几栋高层建筑烂尾楼的混凝土墙"森然欲缚人"（苏轼《石钟小记》），大有压抑之感。

"汉城"是个园中之园，诚然设计是成功的。该园运用了许多中国古典园林艺术手法，将考古所得的汉代肆店、店铺、民舍、市亭、门阙、殿堂等基本建筑样式，以及井栏、照壁、宫中用的承露盘、寺庙旗杆、避邪兽雕塑、庭廊等环境艺术小品通过灵活的空间组合，形成了一个景观丰富、民族风味十足的园中之园（见图10）。只有这个"汉城"似乎才给人带来了自我舒展的感觉，给人一个闹中有静的后花园。在这里可以模仿汉代市井之民做生意，也可体验权贵之族高堂大殿的气派，也可身入平民人家体验汲井打水的乐趣，还可学学文人士大夫品尝雅致的茶点，一面把盏清谈，一面观赏池中自得的游鱼。

现公园几乎就是一栋栋大体量现代商业建筑的边角余料剩地，无论吃、看、赏、玩、坐，都要另外买票，其实就是一般科普长廊加茶室餐馆。整个公园中能够修建房屋的地方几乎都建了房子，能够开马路的地方几乎都开了马路，与城市普通马路无多大差异。可喜的是，文化公园的职工很善于举办一些节庆活动。绑扎纸糊的欢乐彩门，这一点其他公园望尘莫及（见图11）。职工多，种植任务少，大可利用公园广阔的"水门汀"高硬质地面，举办多种文艺展销活动。

图 10　飞来的"汉城"

图 11　高层商品楼房对公园的影响

笔者曾为公园愤愤不平，为什么公园的土地老是被商业组织、被商品房开发者侵占？人们同情公园，同情弱者。后来发现事实并非笔者想象得那样简单和幼稚。这园中园外、圈内圈外、背景前、背景后的人事关系复杂得很，只有一条是真实的：人民的公园、文化的公园，绿化用地一天天在萎缩。曾经闻名全国的"园中院"景点被开发掉了。周围景观的天际轮廓线遭到破坏，新建大楼像一堵丑陋的大山挡在游人眼前，给整个公园空间造成极其逼仄、极不愉悦之感。一块巴掌大的公园被那么多的高楼大厦肢解、切割、穿插，搞得支离破碎！

记得当年许多人大、政协委员，海内外旅游界、历史界、高校等研究十三行的学者大声疾呼保护十三行夷馆遗址，积极从文化的角度开发利用。学者们写书、写文章阐述保护性开发的意义，开研讨会广为宣传。荔湾区政府曾广为征集规划设计方案……就在这种"书生意气，好不热闹"之中，某规划部门却将十三行历史街区只认定为一条普通的马路，按普通的老方式，随便批地大拆大建。某房地产商及其背后的支持者，生怕十三行夷馆遗址变作历史文化保护对象，而损失买地钱，暗中加紧开挖，推土机、挖土机日夜兼程，力图造既成事实，强占十三行遗址这块风水宝地，建造超高容积率的商品楼房，谋求超高利润。

因自身文化与周边环境，公园客流量锐减，门票收入已从历史最高的712万元下降到227万元，市财政补助高达597万元，但仍不能阻止其继续衰落的命运。平时60多家参展单位，减少到30多家。

房地产商面对当前文化公园的状况又作何想？估计它们的日子也不好过。只要看看那高耸云霄的钢筋混凝土，近10年来的烂尾楼推销不出去就知道了。

## 四　寻找文化公园的"文化根脉"

历史证明，大半个西关的形成壮大都与"十三行"的兴旺分不开，西关的衰落也与十三行的衰落息息相关。十三行对外贸易的主要交易场所在哪里？数千年中国封建社会最后的"国门"在哪里？数千年来的"中国第一大商埠"在哪里？西方那么多国家，最先登陆了解中国是在哪里？就在今天文化公园被多次大火焚烧过的热土上。

大清文件《内阁起居注》是康熙二十四年（1685年）六月颁布的关于酌定海洋贸易税收的批注。文件反映了康熙对开商的先见卓识，"海洋贸易实有益于生民"，对税课则"差部院贤能司官前往酌定"。"开商""税课""酌定"首先发轫的地方就是广州十三行，就是现今文化公园这个地方。次年广东巡抚李士桢会同两广总督和粤海关将外贸商人分为金丝行和洋货行。后者简称洋行，习惯上称十三行。

乾隆年间，正当举国一片禁闭声，广州十三行却成了全国唯一"一口通商"的门户，"天子南库"的基础就落在今文化公园的诗画走廊里。乾隆五十六年上缴白银1127562两，嘉庆十年上缴白银1641971两，外贸税收大得惊人。

17－19世纪，十三行举世闻名。现在西方主要国家几乎都与十三行有联系。很多老外的祖辈都是从"十三行"开始了解中国的。他们对"十三行"的情结要重于国内某些人士。他们收藏"十三行"的文物，已传承了好几代人。德国驻广州总领事馆领事哈瑞吉丘特（Haraldrichter）先生向荔湾区档案馆赠送了两幅反映 17 世纪十三行及珠江景色的照片。这对研究文化公园的前身增添了新素材。

广州人喜欢认祖归宗。像十三行这样底蕴深厚的历史地段，担负着为岭南文化寻找新的生长点的任务，可让更多的平民百姓乐于置身其中而"不辞长作岭南人"。当年中国给人"丝国""茶国""瓷国"的形象，这些形象可以体现在物品产生地，也可以体现在商品本身漂洋过海的环节中，最为集中的还是体现在广州的商埠景观上。这些商埠景观就是文化公园的前身——"银钱堆满十三行"的地方。

愉快的外贸活动是推动社会进步的历史，不愉快的战争更有值得引发人们深思的内容。两次鸦片战争的焦点都集中在这里。这里是一个全世界关注的舞台。十三行历史文化旅游资源组合是十分丰富的。但现存的遗址中，只有一条灰尘垢面的十三行路，还有一条似街非街的联兴街遗存，半条巷道式的新荳栏街。初始文化公园能全面将上述遗址遗存整合在一起，形成一个较完整的十三行历史地段。格式塔心理学告诉我们，整体大于各个体之和。集中成"面"的整体，自然大于"点""线"要素的分体，并能赋予更多历史文化信息。说到文化公园的历史功绩，可能就在于保护了些许十三行的历史文化遗址遗存，并为今后人们进行纪念性的开发利用创造基础条件。

"江山还要伟人扶。"文化公园成立以来，新中国的领袖们曾来过文化公园，或游览，或带家人游乐，这是公园深感荣耀的事情，可以为文化公园增添无限人文色彩。这与公园的历史文化特质并不冲突。

十三行历史至今有 300 余年，尤其在国际上有相当大的影响。这段历史的文史资料很多，文物展品多，历史事件扣人心弦。这段历史对中西方的早期文化交流产生过积极的影响。十三行文化的根须几乎覆盖了从虎门到广州城的广袤地域。从商贸经营到文化技术，从海交、海战到社会制度，从宗教医学到天文地理，从建筑规划到园林艺术，无不是交流互促的领域。仅文化公园这块河滩地，东西南北与之相关的名胜风景、文物遗存多之又多，可形成一个十三行商埠文化旅游大系统。

由封建社会过渡到近代社会是时代的大变革。如何认识这个时代的转型？转型的基因是什么？持乐观的态度，还是持悲观的态度，可能莫衷一是。中国的后朝喜欢破坏前朝的城池宫殿，美其名曰大破大立、新起新发。如果用这种态度来看待十三行的历史，那就永远只有一个"现代时"，历史实物就消失殆尽了。这是一种畸形的意识形态。这种思想影响曾发展到一个顶峰，使我国的历史文化名城，哲学、美学、建筑艺术遭到空前绝后的破坏。

现文化公园到底该作何种文化定位呢？综上所述，历史地段打"历史文化"牌好。有历史文化根基的项目有生命力、有个性、有源头、有脉络，雅俗共赏，能唤起广大人民群众的心灵共鸣，能赢得国内国际的旅游市场。"公共的、大众的、开放的十三行主题公园"具有广泛的文化兼容性。

**1. 空间上这里可与众多旅游点相关联**

周边桨栏路、十三行路、靖海路、沙面长堤西堤、太平路、天字码头、华林寺、锦纶会馆、海山仙馆、河南洲头嘴、漱珠桥、海幢寺、芳村花地……都能与十三行建立历史文化上的联系。稍远的有琶洲古港、黄埔村、长洲岛、南海神庙、各地海防、河防、城坊炮台，再远的有虎门、澳门，更远的直达世界各地与"海上丝绸之路文化"相关的城市，建立起连锁旅游关系。

**2. 时间上贯通上下250年，涵盖众多历史事件**

包括"一口通商"、鸦片战争、反租界斗争、华南土特产品交流会，20世纪中后期的"广交会"、20世纪后期的改革开放……一直到21世纪发生在今天我们身边的诸多故事，都可以作为公园的文化内涵与外延，进行策划、展示。因为历史是与今天有联系的。

**3. 与众多历史人物、世界风云人物相关联**

这里有宗教人物、领袖人物、科技艺术人物、国际大富翁、民族大英雄、反帝烈士以及下层贩夫走卒，都扮演着各自的历史角色，反映社会的多元文化。

**4. 与众多的建筑文化景观相关联**

需保护的十三行历史街区有典型的西关大屋、竹筒屋（商铺屋）、骑楼建筑、西洋建筑……尤其是中国大陆最早的西式建筑之一——十三行夷馆，可与北京圆明园的西洋楼南北呼应，开一代风气之先。

### 5. 与众多的生活方式相关联

生活是文化的源泉。西关大屋里有西关小姐生活，商铺里有小财东的生活，以及骑楼街里的众相生、西洋古典建筑里的买办商人、塔影楼住过的革命志士、洋人酒吧里的红毛蕃鬼、电子城里的阿拉伯散商……都为公园的文化景观频添无限生机乐趣。

总之，不论狭义还是广义的，十三行历史文化的"根"就在这里。

## 五 迎接十三行文化公园的曙光

毕竟大多数群众的呼声得到了一定的回应，一个十三行主题公园的明日曙光已经显现，众多广州市民的十三行情结得到省市领导的认可。我们相信：文化是城市的灵魂，不为舜存，不为桀亡。未来的十三行主题公园到底是什么样？在此不妨畅想一番，但只能低调。

### 1. 缔造历史文化主题公园

以保护历史文化遗产为基本宗旨，以弘扬历史人文景观为纽带，整合公园范围内的景观构成，保护历史留下的街巷规划基本格局与传统建筑风貌特色，这就是历史文化公园。园内残存靖远街遗址、同文街遗址（石板路），或各国商馆遗址需要认真考证，暂时不能恢复局部景观的可立标志保护。

"汉城"地块是当年英国花园、美国花园遗址，原则上不作西洋园林恢复设计，继续维护好"汉城"这个园中之园及其生态植物、水体景观艺术，帮助游人体味中国古典庭园空间意趣，在此净化心灵也好。

部分夷馆建筑遗址可以修复个别"样板工程"，整体上可作统一标志景观设计。最简单可行的方案是于现文化公园北部修建夷馆建筑风格的十三行专题博物馆（见图 12），并在"夷馆"正面竖一排当年飘扬在商馆门前的万国国旗。国旗基座处设立商馆标牌，绘制图样、阴刻文字说明。如果实在不愿恢复商馆形象，可借用现有现代建筑作馆房（见图 13），用形象的强烈对比消减商品楼房背景的负面影响。

图 12　十三行博物馆古典风格方案

图 13　十三行博物馆现代风格方案

　　园南围墙（或商铺墙）上可作浅浮雕设计，展示当年各国海船来穗停泊江边"牡驴尖"与千帆竞度、洋船争出的港埠壮观场面，使人联想到此处当年就是大江小海，顿生沧海桑田之感。以上景观方案处理都不另外占用土地，但又有景观冲击力的效果。这是因为连续的墙体面积大、色彩突出，形成强烈对比。

**2. 开放的大众化绿化广场空间**

　　现文化公园——未来的十三行主题公园应打开园门广纳游人，建成一个开放的、大众化的纪念性绿化广场空间。让四周商业街上的行人可洋洋游乐其中、匆匆通行其中、悠悠停歇其中、欣欣观赏其中。这样开放的效果，等于将西堤二马路、康王路、人民南路、西堤长堤、十三行路上的步行者，用一只无形的手将他们邀请到公园中，接受历史文化的熏陶，顺便将公园的主题文化宣传出去。公园固有的高密度道路网，正好适应这种大众化、开放性的"漫游"功能。

**3. 改善市政设施的动力推动**

　　地铁出入口将设在公园的西南角，这无疑会给公园带来繁荣，希望地铁口依然是一个园林化的景点。地铁出行方式，不仅人员流动量大，也使历史文化得到有效传播。此时十三行大街小巷，既可从旅游角度思考，多展销丝绸、瓷器、茶叶、外销画等传统商品，也可开辟新的纪念性、艺术性、实用性相结合的旅游商品①。公园内不宜设置过多商店，建议沿西堤二马路北侧用进深较浅的小型骑楼街贴墙形成连续完整的旅游商业店面，与

① 《面对危机四起的中国城市水环境俞孔坚大谈"反规划"论》，《园林工程》2005 年第 9
　期，第 10 页。

沙面历史文化景区遥相呼应（见图 14）。

**4. 公园管理体制变博物馆管理体制**

未来的公园可作为专题性大型博物场馆的模式来进行管理，可形成集学术研究、博览旅游、社区服务、文物保护、国际交流、文化产业经营、对外宣传、技术教育等功能于一体的文博机构，真正成为广州的一张世界名片，一处十三行地标性

**图 14　西南边墙处理成骑楼**
**小铺面与沙面呼应**

的文化景观。公园不应该仅仅是职工谋生的资本和工具。职工多了应分流到新城区开发新的公园，管理新的公园，更好地发挥职工的专业技能。广州城市建成区扩大到了 1000 多平方公里，500 米范围内就应该有一个小游园，1000 米范围就应该有个大公园。全市公园应合理分布，全面发展园林绿化事业。

**5. 公园重要的是营造文化景观**

现有文化公园建筑密度大，硬质化地面比例大，城市型景观偏重，而真正的历史文化景观偏少，这恐怕也是公园缺少魅力的一个原因。应完善西北部的十三行街面，如复兴同文街、靖远街等街口历史景观。建议充实现有景观建筑物的历史文化要素，举办有关十三行内容的专题展览，配置园林景观小型化、精品化、集锦化，这是目前值得运用的微观手法，而整体仍不愧为广州的文化品牌。

# 海上丝绸之路研究

# 纽带、平台、框架：广东建构海上
# 丝绸之路的三种新格局

梁凤莲*

**摘要：** 对于广东而言，国家推出"21世纪海上丝绸之路"战略是一个岭南文化走向世界的绝佳时机，它意味着与"海上丝绸之路"有关的城市有机会进入新的体系，去承担推动贸易发展、启动文化交流的重任。要实现这样的宏伟蓝图，必须分步骤循序渐进，从历史联系入手，以利益互惠为核心，以文化传播为抓手，发挥海上丝绸之路从"纽带""平台"到"框架"的不同作用。

**关键词：** 海上丝绸之路 岭南文化 框架 文化枢纽 文化交往

## 一 海上丝绸之路的现状：一条竞合之路

古代海上丝绸之路，货源地为中国，销售市场为欧洲，主要的商品是丝绸、茶叶、瓷器。从世界物流地理来看，海上丝绸之路连接了东亚、东南亚、南亚、西亚和一部分东非的国家，主要是欧亚国家之间的贸易往来和文化交流。

到了当代，海上丝绸之路成为一条竞合之路。20世纪90年代，中国加入世界贸易组织后，逐步融入全球经济一体化的大家庭，主要出口市场为欧美和日本，特别是美国和日本，这同样也是东盟国家主要的出口市场，中国与东南亚国家成为贸易竞争伙伴。中国的劳动力成本较低、生产效率较高，因此，间接导致东南亚国家出口增长幅度减弱。

---

* 梁凤莲，女，广州市社会科学院岭南文化研究中心主任，研究员、一级作家。

在美国市场上，东盟与中国相比，排名竞争力下降的前五类商品有办公和自动数据处理设备、电信和声音录制与复制设备、电器设备、零碎制造品、家具类。在日本市场上，东盟出口竞争力下降的前两名商品依次是办公和自动数据处理设备、电器设备等。

时代的进步、经济的发展，使得中国形象在海上丝绸之路沿线，有一个变化的过程。有学者将 1978 年之后的近 30 年称为"经济中国"时期，而将 21 世纪开始的 30 年称为"文化中国"时期。亚洲民主动态调查（ABS）是台湾大学人文社会高等研究院主持的一项大型跨国（区）调查，现在，这个项目已经更名为东亚民主研究计划。该民意调查机构在 2008 年前后，将中国、美国、日本三国放在一起，调查了泰国、越南、马来西亚、新加坡等东南亚国家民众心目中的三国国家形象。研究结果表明：总体而言，中国在东南亚民众中的形象基本上是正面的，东南亚的陆地国家如柬埔寨、老挝对中国的看法比海洋国家如新加坡、马来西亚、印度尼西亚更积极和正面，中国在东南亚的形象比美国好，但似乎不如日本。

从传播角度来说，在东南亚各国，中国迫切需要针对非佛教和那些日常以接收英语信息为主的人，提高传递自己形象的能力，特别是需要着力培养中国在东南亚年轻一代心目中的形象。

对于越南、马来西亚、印度、印度尼西亚等国家而言，中国是兄弟，也可能是敌人，是朋友，也可能是对手。从过去到现在，双边关系起起伏伏、摩擦不断，在民众心中积累了非常多样的感觉和情绪，既有仇视也有羡慕，既要合作也要防范，可以说是酸甜苦辣咸五味杂陈。当前，越南既存在着打砸中资企业、破坏钻井平台等现实问题，也存在历史教科书的意识形态问题。越南的历史教科书描写中国时都强调，中国是扩张者，历史上曾多次与越南发生战争并统治越南 10 多个世纪，并且现在仍然有领土扩张的野心，尤其是对南沙群岛。

海上丝绸之路是地缘政治、外交战略的制高点，世界大国都在抢占海上丝绸之路这个制高点。2011 年，美国试图打造一条由其主导的"新丝绸之路"。2011 年 7 月，希拉里赴印度参加第二次美印战略对话期间，在金奈发表演讲，提出了美国版的"新丝绸之路"倡议，她呼吁印度与美国一道努力，打造一条以阿富汗为核心，贯通中亚到南亚的交通贸易枢纽，这条丝绸之路将中国排除在外，其目的是非常明确的。

对于中国与丝绸之路的关系，时任美国助理国务卿霍马茨对"新丝绸之路"战略有一个解读，其中完全忽视中国在丝绸之路中的重要地位以及未来的重要作用，只是认为中国"曾在该地区扮演了一个历史角色"。

## 二 广东与海上丝绸之路的三种递进关系：从纽带、平台到框架

### （一）利用枢纽城市强化海上丝绸之路的文化纽带作用

海上丝绸之路是一条经济贸易的纽带，也是一条文化艺术的纽带。在这条蓝色的文化带上，拥有独特文化内涵、知名文化品牌的城市，格外引人注目，它们成为文化带上的枢纽城市，发挥着辐射周边、影响其他城市的重要作用。把握好广东与文化枢纽城市的关系，就能够借助枢纽平台，发挥高端传播的效应。

文化枢纽城市，在很大程度上也是经济贸易中心，从经济类型上看，大部分不是制造业城市，而是金融服务业城市和航运交通枢纽城市，如香港、新加坡、胡志明市、曼谷等，香港在世界经济领域的重要地位不言而喻。下面以新加坡为例，讨论经济中心城市担负的文化枢纽功能。

利用枢纽城市传播文化是一个样板工程，它能起到良好的示范作用。新加坡的多元宗教格局，有利于进行文化国际传播的尝试，了解如何使传统、当代文化更容易为广大国际友人接受。

新加坡还有一个重要的特点是它与东西方都有着共同的语言，新加坡的经济模式被称作"国家资本主义"，新加坡的社会管理模式被称为以儒家文化为内核的"威权主义"，它有着民主的体制，但是，又强调集权和国家统一的意志，因此，东西方都有人诟病和赞扬新加坡。

对于中华文化的传播而言，新加坡还有明显的渠道优势，新加坡共有16份报章，中文报纸有《联合早报》和《联合晚报》，都是当地的主流媒体，虽然也报道内地的"负面新闻"，总体来说，在华人中有着较高的影响力。新加坡电视台在1963年正式开播，其中的8频道和U频道定位为"中文台"，以中文资讯、时事和娱乐节目为主，是华语免费频道。

新加坡与中国大陆千丝万缕的文化联系，也使得当地居民比较容易接受中华文化。粤剧随着粤语华人的移民及其对粤剧的喜爱和传唱，被传播

到世界各地，新加坡素有"粤剧第二故乡"之称。2013 年 5 月，广州粤剧院与新加坡敦煌剧坊合作，于 25 日、26 日在新加坡国家图书馆展演粤剧精品折子戏，类似这样的演出可以让海外华人华侨领略岭南文化的魅力，是传播岭南文化、传递中国声音的有效途径。

### （二）合力构建亚洲国家自己的文化贸易平台

伴随着经济全球化的进程，欧美发达国家主要是通过文化商品的倾销以及价值观的渗透来发挥文化主导作用的，而它们搭建的文化输出平台主要是互联网、新闻媒体、教育系统、销售渠道。

海上丝绸之路沿线国家媒体的共同特点，第一是缺乏国际主流媒体，包括中国在内；第二是英文媒体少，本国语言媒体多；第三是组建了媒体联盟。

英文媒体组建的是亚洲新闻联盟，《中国日报》是其成员之一，成立于1999 年 3 月，总部设在泰国曼谷，目前由亚洲 18 个发展最快的国家和地区的 21 份主流报纸组成，发行总量为 1400 万份，是当今世界上最大的由多国报纸组成的新闻联盟。该机构通过媒体的交流合作，共享和最优化 21 家媒体的重大新闻资源、人员、发行渠道和管理模式，打破西方媒体在亚洲报道的舆论强权和新闻垄断，实现"亚洲人报道亚洲"的理想。

中文方面，2009 年 9 月，"世界华文媒体合作联盟"在上海成立，这是由中国新闻社发起，海外各类华文传媒自愿参加的全球性合作组织，以"服务、互动、平等、共赢"为宗旨，为促进海外华文传媒之间的相互联络和资源互动及其与中国大陆传媒界的协作，改善海外华文媒体的生存发展条件，提升海外华文媒体的整体水平和影响力提供合作平台。

贸易合作方面，中国目前是东盟第一大贸易伙伴，东盟是中国第三大贸易伙伴。2013 年，双方贸易额达到 4436.1 亿美元，相互累计投资超过1000 亿美元。中国驻马来西亚大使黄惠康说："过去十年中，中国与东盟贸易额整整翻了四倍。"

海上丝绸之路沿线部分东南亚国家还处在资源工业阶段，产品出口能力弱，像印度尼西亚，出口仅占印度尼西亚 GDP 的 24%，印度尼西亚希望借助海上丝绸之路扩大出口，改变经济增长乏力的现状。制造业发达、城市建设能力强、第三产业先进、市场购买能力强，是广东目前的经济势能，可以与印度尼西亚、斯里兰卡、马来西亚等国家的产业发展形成互补。印度尼西亚外交部货币和发展司副司长古达迪·萨松科认为，印度尼西亚煤炭、天然气、棕榈油等资源丰富，而广东在基础设施建设、制造业和高新技术产业方面优势明显，同时也有广阔的市场。条件互补加上两地对加强互联互通的共同需求，为广东与印度尼西亚共建 21 世纪海上丝绸之路带来机遇。

对于东南亚国家而言，海上丝绸之路的核心价值是什么？"我想应该是通过这条航路，将东盟、南亚、中东、欧洲乃至非洲等各大经济板块的市场链串联起来，从而形成一个覆盖数十亿人口的共同市场，实现沿线各国利益的深度融合和共享共赢。"科伦坡大学国际关系学院教授埃玛尔·扎亚瓦丹的这一番言论，代表了广大海上丝绸之路沿线民众的心声。

### （三）从纽带到平台，再到框架

借力"海上丝绸之路"，推动"新岭南文化"的发展，第一步工作是巩固"海上丝绸之路"对于沿线各国的纽带作用，主要的手段是加强联系，推进文化交流，使得新岭南文化能够充分吸收外来文化的营养。

第二步是拓展"海上丝绸之路"对于"新岭南文化"的平台作用，在海上丝绸之路平台上推广、传播新岭南文化，使得东亚、东南亚、南亚国家了解、理解新岭南文化。

第三步是"框架"的建设，"海上丝绸之路"可以推进亚洲国家之间建设一种新型的软"框架"。框架的形式有紧密和松散之分，紧密的结构往往是一种组织，而松散的结构则是一种组合。新岭南文化要发挥辐射作用，首先必须有一个良好的框架体系，但是，不一定是紧密型的组织。从"海上丝绸之路"来看，"框架"分为国内、国际两个层面，国内的"框架"已经基本形成，有待广州在其中发挥重要作用。

2012 年 11 月，重新评定的"中国世界文化遗产预备名单"在国家文物局官网公布，其中第 16 项为"丝绸之路"和"海上丝绸之路"，广州市为"海上丝绸之路"9 个联合申请城市之一。

国内共同申报"海上丝绸之路"的九个城市为广州、泉州、南京、漳州、北海、扬州、福州、蓬莱、宁波，这九个城市围绕着"海上丝绸之路"申遗，在国家文物总局的指导下，结成一个松散的团体，互相合作。例如，举办九个城市的海上丝绸之路巡展，2014 年 4 月至 7 月到达广州，广州为第五站。

框架的搭建与维护并非一件容易的事情，东南亚地区 40 余年来的发展与努力，仍未能消除各成员国之间的较大差异。东盟一直旨在强化东南亚地区经济、政治、社会等方面的一体化发展，致力于缩小富国与穷国之间的差距，以统一大市场的经济整合理念为主导，培育东盟共有的价值观和认同感。这对于冷战后多极化及日益全球化的国际社会而言，不能不说具有深远的意义。面对这一大势，热爱和平与发展的中国城市，必然有发挥作用的空间。

## 三 岭南文化应对海上丝绸之路新任务应具备的特点和功能

### （一）岭南文化的新特点

#### 1. 主随客便

文化交流或者文化贸易中，输出的产品是以我为主还是以客为主，这是文化传播的重要选择。长期以来，我们秉持的原则都是将最富有民族特色的文化产品拿出去，与别国分享，地方戏剧便成为对外文化交流的重要内容。广东的粤剧、福建的高甲戏在东南亚地区保持了百年繁荣，每年的广州国际粤剧节，都有东南亚、美国、欧洲的华侨戏班回来参演，高甲戏也一样。地方戏剧受欢迎是因为受众是华人华侨，不过，对于东南亚其他民族的观众，这些文化产品没有共享的可能。

如果反过来，以客为主的话，对方需要什么，我们就提供什么，文化交流的产品就完全不一样。宗教文化是东南亚文化的重要组成部分，2007年，中国首部大型梵呗交响合唱《神州和乐》赴新加坡、马来西亚、印度尼西亚、泰国等地巡演，取得了良好的市场反响，《神州和乐》是佛教音乐的交响化，其中的佛教思想受到了东南亚民众的一致喜爱。2009 年，中国—新加坡宗教文化展在新加坡举行，2010 年中国伊斯兰文化展在印度尼西亚举行。这些文化活动传播的都不是地道的中国传统文化，但是，借用舶来品的宗教文化，使当地民众因此了解中国，能够起到中国传统文化达不到的理想效果。

**2. 放低身段**

过分强调中国文化博大精深的特色，选择传播高深的文化内容，可能反而会减弱中国文化产品的国际适应性。中国是文化大国，通俗文化、民俗文化资源丰富，特色浓郁，反映了中国人民热爱生活的本性。例如，饮食文化完全避免了文化的对立，充分尊重其他民族的文化趣味，共享度很高。用这些"低层次"内容去服务海上丝绸之路沿线国家的民众，而不是深奥的、需要中国古典文化知识才能理解的内容，相信更受人欢迎。

在文化的传播过程中，被接受的第一要义不是意义，而是愉悦感，把不同文化情境、不同宗教背景、不同阶层族群的人们，用"娱乐"的方式连接在一起，使之喜爱中国文化，这是我们的文化服务做到内外有别的第一步。

以广州为例，"食在广州"不仅具有时代的延续性，在古代和当代都有不同的体现，而且，具有广泛的影响力，在世界各国都能落地生根开花结果。与"十三行"相比，它的历史影响或者不够深远，文化意义也不够重大，但是，就其广泛的知名度和影响力而言，"食在广州"可成为广州弘扬城市文化的第一名片，好好利用"食在广州"在海外创造的传播效果将大于"十三行"。

**3. 多种渠道**

现阶段中国与东盟国家间的文化交往主要是政府层面的，主体比较单一，而民间层面的交流很薄弱，政府也没有重视，给予相应的帮助和指导。民间交往如华人社团的归国观光，国内艺术团体、个人的商业演出，力量虽然微薄，层次虽然较低，但是，对民众的影响却比较大。很多东南亚国家的华社有非常独特的色彩，最大特点是经由多元文化环境的酝酿和培育，不是纯华人社会或唐人街类型的孤立的华社文化，而是得到了广泛的认可。

例如，在新加坡，新加坡宗乡会馆联合总会的影响力就很大，它并不是政府机构，但是，它倡议兴建了新加坡华族文化中心，弘扬独特的华族文化、加强华社的凝聚力、还促进了当地的社会和谐。华族文化中心不仅让新旧移民、年轻人与老一辈的文化有所衔接，而且提供平台，让那些与华族文化相关的教育和艺术等非传统华社团体进行文化交流，在打造有活力的文化生态方面发挥"催化作用"。

从文化主体看，需要改变的还有年龄的低龄化，文化交往的接力棒需要递交给双方的下一代手中，中华文化的火炬才能绵延不绝、薪火相传。2006 年 10 月，在纪念中国与东盟建立对话关系 10 周年峰会上，中国表示将邀请 1000 名东南亚青年访问中国，这是富有建设性和前瞻性的建议，受到了东盟国家的热烈欢迎。

### （二）岭南文化应该具有的新功能

#### 1. 建立生活方式影响力

在海外取得文化共鸣，应遵循马斯洛需求原理，从人类需求的低端做起，在建立孔子学院的同时，输出粤菜馆、咏春拳馆。可口可乐、麦当劳、肯德基、PIZZA、星巴克、SUBWAY 等品牌的美国饮食文化，强调快节奏、标准化，一方面改变着世界的生活方式，另一方面改变着世界的生活观念。

饮食是一种艺术，"叹"是广州生活方式的总和，粤菜馆以精细著称，讲究餐饮的刀功火候等艺术，用料考究、口味丰富细腻，中国的国宴菜谱中，就有很多的粤菜菜式。"食在广州"看似一句简单的广告语，却包含了广州文化中对于生活品位的追求。让世界了解粤菜，就像让世界了解法餐一样，食客从正宗粤菜中可以体会到岭南文化的精细化和高标准。

粤菜体现了享受态度的生活方式，因此，围绕粤菜馆，建立一整套完备的培训、资助、考评体系，有利于岭南饮食文化的传播，也就有利于岭南文化的传播。

#### 2. 从商品输出到资本输出

文化的输出首先是商品的输出，可口可乐、麦当劳、阿迪达斯、耐克是较早被广大市民接受的西方事物，其次才是《米老鼠与唐老鸭》、好莱坞大片等。

就图书出口而言，以往的图书出口模式比较单一，国内制作，国外售卖。而其他国家大型的出版集团，采用的是"当地生产、当地售卖"的方式，出版人才、出版内容都已经本土化了，中国出版业要突破做不大的困境，必然要尝试设立中介机构，加强版权贸易，联合开设华文书店，用版权贸易代替图书贸易，用资本输出代替产品输出，这样才能满足当地读者的口味与喜好。

### 3. 制造具有最广大市场的大众文化

美国、日本文化在东南亚及世界各地广受欢迎的原因是年轻人非常热衷，美日输出的文化以大众文化为主。例如，日本的卡通片和美国的电视连续剧（简称美剧），日本每年也生产大量的电影，但是相比卡通片，前者的知名度和销售量要低很多。美国的情况也非常相似，并非美国没有严肃的、形而上的理论研究著作或者学术书籍，而是这些意识形态意味太浓的文化产品并不容易被其他民族和国家的消费者接受。因此，文化交流必须从市场开始，从消费者那里获得强大传播力和推广力，弱化小众市场的内容要素，放大大众市场的内容要素，我们的文化才能具有渗透力和影响力。相对来说，美国文化中得到广泛认同的是大众文化，而传统意义上的高雅文化如文学则成为大众文化的附着物和支撑物。

用大众化、低龄化的产品竞争海外文化市场，是新岭南文化应该遵循的产业策略。广东省新闻出版集团公司旗下的《少年文摘》月刊，近年来依靠成熟的海外发行渠道，成功出口到东南亚多个国家，仅在新加坡，每期就固定有近一万册的发行量，2011 年，全年发行量超过 12 万册，夺得新加坡进口华文期刊发行量冠军。《少年文摘》没有走高端路线，它以青少年耳熟能详的内容，拓展海外青年华人阅读市场，因此，取得了成功，为新岭南文化"走出去"探索出一条可持续发展之路。

## 参考文献

[1] 黄伟宗：《海上丝绸之路与海洋文化纵横谈》，广东经济出版社，2014。

[2] 黄敏：《越南〈年轻人报〉报道中的中国形象——以 2010 年与 2011 年为例》，《东南亚研究》2013 年第 4 期。

[3] 陈炎：《海上丝绸之路与中外文化交流》，北京大学出版社，1996。

[4] 黄启臣：《广东海上丝绸之路史》，广东经济出版社，2003。

[5] 王正绪、杨颖：《中国在东南亚民众心目中的形象——基于跨国问卷调查的分析》，《现代国际关系》2009 年第 5 期。

[6] 谢剑：《试论全球化背景下的国族认同：以东南亚华人为例》，《浙江大学学报》（人文社科版）2010 年第 9 期。

# 十三行研究在广州学中的地位*

冷 东**

**摘要：** 在"广州学"的起步和构建阶段，重要的是明确学科的研究内容，以广州为基础，广州人为核心，广州文化为内涵，广州影响为外延，通过研究四者之间的内在结构、逻辑关系、发展过程与相互影响，构建广州学的学科体系。在这个建设过程中，十三行研究意义是广州学的重要内容，十三行研究学派是广州学的重要构成，十三行研究发展是广州学的重要课题。

**关键词：** 广州学　十三行　学派　学术史

在中国学术史的发展过程中，形成的诸多学派大体上可归为三类，即"师承性学派""地域性学派"和"问题性学派"。"广州学"基本属于"地域性学派"，但也与"师承性学派"和"问题性学派"有联系，界限的划分绝非泾渭分明。"广州学"要想得到学术界的承认，要有界定清晰的概念要素，要有结构合理的研究对象，要有科学严谨的研究方法，要有稳定的研究队伍和公认的领军人物，要有积淀丰富的学术成果和显著学术地位。在"广州学"的起步和构建阶段，重要的是明确学科的研究内容，以广州为基础，广州人为核心，广州文化为内涵，广州影响为外延，通过研究四者之间的内在结构、逻辑关系、发展过程与相互影响，方可构建广州学的学科体系。在这个建设过程中，十三行研究具有重要的地位和影响。

* 2014 年度《广州大典》与广州历史文化研究课题"清代广州十三行大事记"（2014GZY0）阶段性成果。

** 冷东，男，1953 年出生。广州大学十三行研究中心主任、教授，香港大学博士。主要从事中国古代史、岭南文化、广州十三行研究等领域的教学与科研工作。

# 一 十三行研究意义是广州学的重要内容

广东的海洋性地理环境和清代一口通商政策的机遇巩固了广州中外经济与文化交流的中心地位，正如周振鹤教授指出的："在中国历史上广州始终是一个异数。不管国家是处于开放或封闭状态，广州都是对外开放的，从秦汉到现代都是如此。""即使是最封闭的时期，中央朝廷也不惮开放广州作为一扇窗口。"① 这种特点也将广州培育成为岭南地区政治、经济和文化中心，随着中外商贸往来日益频繁，广州成为中国重要的千年商都，在18、19世纪将传统海上丝绸之路推向高峰，促进了中外经贸繁荣，加强了世界文化交流，谱写了和平友谊篇章，奠定了城市发展基石。

十三行将中国传统海上丝绸之路推向了顶峰，凸显了广州在促进中外经贸繁荣方面的作用。丝绸是中华民族的伟大贡献，成为丝绸之路的起源。广州将海上丝绸之路扩展到世界，使用丝绸不再是贵族阶层的专利，它也将平民百姓的生活描绘出绚烂的色彩。中国是瓷器之国，广州将中国的瓷器运到世界各地，对人类的饮食卫生和生活方式产生重大的影响。中国是茶叶王国，广州将中国的茶叶运到全球，神奇的中国茶叶解决了全世界人民的基本生活需要，衍生出丰富多彩的茶文化。此外，中国的香料、中药、家具、银器、漆器、珐琅器、雕刻品、扇子等商品，也无不通过广州出口世界，带来广泛深远的影响。商贸历来是双向互惠的，海上丝绸之路也通过广州将世界近代精神文明与物质文明传入中国。西方科技改变了中国认识世界的方式，西方钟表改变了中国传统的计时方法，西方医药改变了中国的传统中医，西方食品改变了中国的饮食结构。凡此种种，不胜枚举。

十三行加强了世界文化交流，展示了广州学的深厚文化内涵。中国丝绸、瓷器、茶叶传入西方社会，不仅引发了西方社会的"中国热"文化潮流，也催生了中国广绣、广彩、广式钟表等文化交流的产物。通过广州，中国的文学、哲学、医学、戏剧、文字及广东的荔枝、凉茶传入世界，广州成为外国认识中国传统文化的平台。广州也成为西方文化进入中国的通道，西方传教士通过广州来华传教，西方的近代报刊在广州发行，西方的

---

① 李庆新:《濒海之地——南海贸易与中外关系史研究》，中华书局，2010，第6页。

语言通过广州进入中国，交流创造出"广东葡语"和"广东英语"，造就了中国最早的翻译人才。中国的"人痘术"传入西方，再以"牛痘术"传回中国，解除了天花的威胁。西方医学、西方医院通过广州传入中国，改善了中国传统医学体系，有益于中国人民的健康。西洋绘画艺术从广州传入中国，产生了油画《东方蒙娜丽莎》和铜版画《平定西域战图》等杰出作品。西洋音乐、西洋乐器和西洋乐理从广州传入中国，促进了中国音乐事业的发展。西方赛马、赛艇、击剑等体育项目从广州传入中国，促进了中国体育事业的发展。正是中外文化交流，使广州成为一座历史文化名城。

十三行谱写了和平友谊篇章，体现了广州学和平、合作、友谊的主旋律。在广州成为中外商贸中心的几个世纪里，吸引着来自世界各国的商船和人士，他们评价十三行商是笃守信用、忠实可靠的，广州市民是友好善良的。外国友人品尝着"食在广州"的美味佳肴，欣赏着"美在花城"的良辰美景。外国人士居住的十三行商馆区是当时中国最富有活力和特色的城市街区，成为享有世界声誉的广州城市地标，"法国人岛"和"丹麦人岛"成为牢固的历史记忆。为纪念瑞典与广州的贸易和文化交流，在哥德堡号商船远航广州 260 周年之际，瑞典仿造古船重返广州黄埔，瑞典国王亲临现场，盛况空前。1784 年，刚刚独立的美国派"中国皇后号"商船首航广州，开启了中美贸易大门，返航后带回一只绘有中国飞龙图案的茶壶，被美国开国总统华盛顿珍藏。19 世纪初期，从广州出发的商船装载着名贵的中国月季花，为了保证这批珍贵的月季花运到欧洲，英法两国为此达成临时停战协议。这都成为和平友谊的见证。

十三行奠定了广州城市发展的基石，夯实了广州学的城市区域特色。海上丝绸之路是沟通世界经济贸易、文化交流、人员流动、信息传递的体系和网络，作为枢纽和节点的城市获益匪浅。以广州为例，海上丝绸之路为广州引入中国最早的西式建筑，中外商贸强化了城市的商业功能，为广州城市发展空间和功能提升注入新鲜血液和动力。海上丝绸之路培养锻炼了十三行商，使之成为清代粤商的核心主体，代表了粤商发展过程中的重要环节和辉煌阶段。在近代教育制度没有产生之前，官学、书院和私学是清代中期广州教育系统的主要组成部分，西方教育更是空白。广州十三行商正是在这些层次上不同程度地促进了清代中期广州的教育发展，在特定的历史阶段为传递中华传统文化、培养人才作出了贡献，成为引进西方教育的先驱。海上丝绸之路凝练了广州的城市风格，其开放、重商、兼容、创新、务实、多元等基本特征都与海上丝绸之路密不可分。海上丝绸之路丰富了广州的城市生活，广交会、美在花城、食在广州、南国红豆粤剧、岭南音乐、岭南美术、岭南园林等广州名片都与海上丝绸之路有紧密的基因传承。以美国为例，纽约中央公园的设计灵感来源于广府的秀美风光和行商园林，世界闻名的美国牛仔裤来源于广府出口的南京布。

可见，十三行是广州学的一张名片，它的意义在于记录了广州在中国历史发展中的一段辉煌历程，在于广州自古成为中国最重要的商贸城市之一的标志和定位，在于代表粤商集团对中国社会发展作出的重要贡献，在于开放性城市特征基因链中的关键环节。十三行蕴含了广州丰富的城市特征，代表了广州城市的魅力，成为广州城市发展的"导向牌"、凝聚人心的"吸铁石"。正是十三行润孕了广州历史文化名城和千年商都的地位，在"海纳百川"的过程中，这种基因不断强化和发展，最终形成了广州特征，也是广州学的重要内容。

## 二　十三行研究学派是广州学的重要构成

回顾十三行研究从萌芽、徘徊、起步到发展的过程，成绩有目共睹，对十三行的研究已经超过一个世纪，研究成果洋洋洒洒蔚为壮观，充分体现了十三行研究是一项具有世界意义的历史文化遗产，也是一个具有国际意义的学术研究领域。学术积累和学术发展到了一定程度，对其进行学术史的总结分析，也是学术自身发展的规律和必然。

学术史是关于研究的研究，梁启超先生在《中国近三百年学术史》中提出了"学术史"的四条规范。"1. 叙一个时代的学术，须把那时代重要各学派全数网罗，不可以爱憎为去取。2. 叙某家学说，须将其特点提挈出来，令读者有很明晰的观念。3. 要忠实传写各家真相，勿以主观上下其手。4. 要把各人的时代和他一生经历大概叙述，看出那人的全人格。"根据这些原则，以时代为纲，以学术专题为纬，对十三行研究的学术思潮、学术流变、学术发展、学术评论进行总结，着重揭示十三行研究学术发展的总体规律及时代特点。随着十三行研究的广泛深入，也初步呈现出学派的划分和研究队伍的相对集中，本文大胆提出，十三行研究已经在中国的学术史中占有一席之地，广州学派已经初步形成。

**1. 广州学派的师脉传承**

十三行研究领域最主要的学派当属广州学派①，广州学派的核心基地为中山大学，20 世纪广州学派的旗手应为梁嘉彬先生。

国内最早有关十三行的资料是道光十五年（1835）广东学者梁廷枏所著《粤海关志》，专设《行商》卷对十三行商行进行了记述。在清代南海、番禺、新会等县志书中也多有行商的记录。但这些志书中的资料还不是专门的研究成果，是梁嘉彬先生开启了十三行的研究。梁嘉彬先生祖先为十三行天宝行行商，本人生于书香世家，自幼接受传统教育，培养了对历史的浓厚爱好。在五四运动影响下，梁嘉彬先生与梁方仲先生兄弟联袂北上，在天津南开中学就学后考入清华大学。1929 年，梁嘉彬先生在清华大学历史系主任蒋廷黻教授指导下开始研究十三行，发表中国最早的十三行研究成果《广州十三行行名考》（《清华周刊》1932 年第 37 卷第 5 期）。1932 年毕业后，梁嘉彬先生回到广州，在中山大学文史学研究所担任编辑员，专心致力于十三行的研究，发表论文《英法联军之役广东十三行商调停战事史料》（《国立中山大学文史研究所月刊》1933 年第 1 卷第 1 期），同时遍访行商后代，阅读行商家谱族谱，查阅相关文献，更赴香港、澳门、北平搜集资料，利用马士的《东印度公司对华贸易编年史》《达衷集》《清代故宫档案》《清代外交史料》等最新中西文献档案互相印证，完成《广东十三行考》（南京国立编译馆 1937 年初版），成为研究十三行的奠基性著作，对于行商的考订及制度沿革等有着非常具体深入的考证。

梁嘉彬先生一生著作等身，对澳门、中外交通等领域都深有研究，但只有十三行为其整个学术生涯始终关注并且努力探索的学术领域。梁嘉彬先生赴台湾后，仍坚持对十三行的研究，与中山大学保持密切关系，有着联合研究十三行的强烈愿望。1959 年得到美国哈佛燕京学社的资助，对《广东十三行考》进行修订补充，扩充为 30 万字，1960 年由台中东海大学出版增订本。其后，《广东十三行考》由中山大学章文钦教授校订，内容格式更加翔实，1999 年由广东人民出版社再版，成为十三行研究领域的标志性成果。而包括梁嘉彬尚未出版的十三行研究成果的《梁嘉彬文集》将于

---

① 广州学派指以广州为中心的广东高等院校、科研机构及从事十三行研究的有关人员。

近期由章文钦教授编辑出版，预期会促进十三行的研究。

梁嘉彬先生身为十三行商的后代，有着对祖先显赫历史的关注热诚和占有资料的独特优势，加之清华大学治学经历和中山大学工作经历所奠定的严谨学风和扎实功力，辅以海外求学所拓宽的学术视野和丰富资料的积累，还有终一生之力进行深入研究的学术持续；梁嘉彬先生正是集所有这些条件于一身，方成为 20 世纪十三行研究的领军人物。

1949 年新中国成立至"文化大革命"，国内学者的十三行研究几乎处于沉寂的状态，学术成果屈指可数，而十三行商的后代、梁嘉彬先生的胞兄中山大学的梁方仲先生还坚持着十三行的研究。

梁方仲先生 1930 年毕业于清华大学经济系，1933 年毕业于清华大学经济院，获得经济学硕士学位。历任中央研究院社会科学研究所研究员、代所长，后回广州，历任岭南大学经济系主任、教授，中山大学历史系教授，以探索中国经济史为毕生的学术道路。作为中国社会经济史的著名学者，梁方仲先生也在十三行研究中起到承上启下的作用，对广州十三行的名称及相关组织形式进行了探讨。历史系已故教授戴裔煊是澳门史和中葡关系史研究专家，他从事明清时期澳门问题的研究达 30 余年，对广东在中外经济文化交往中的历史内容有着深刻的见解。他和梁方仲先生指导的汤明檖教授对十三行进行过研究。其后，黄启臣教授作为梁方仲先生的高足，毕业并工作于中山大学历史系，长期从事中国社会经济史、明清对外贸易、澳门史等领域的研究。20 世纪 80 年代后的学术研究中，黄启臣教授一直关注十三行研究，在其主要学术专著中对十三行多有研究。在他的影响和积极参与下，《梁经国天宝行史迹》（广东高等教育出版社 2003 年 10 月出版）和《潘同文（孚）行》（华南理工大学出版社 2006 年 6 月出版）两部较有影响的著作得以出版，向世人展现了两个较为完整的行商家族发展的来龙去脉，对带动十三行研究产生了重要影响。

同为梁方仲先生高足的李龙潜教授，中山大学历史系毕业后在暨南大学任教，长期从事明清社会经济史研究，在十三行起源研究上成绩斐然[1]。而黄启臣教授的高足刘正刚教授亦在暨南大学任教，在粤商及十三行研究

---

[1] 李龙潜：《明清经济探微初编》，稻乡出版社，2002。

上成绩突出。毕业于中山大学的陈伟明教授也在指导以十三行研究为题目的博士生，师脉薪火相传，使十三行研究在暨南大学得以发展。另外，华南师范大学、广州大学等其他高校，越来越多的研究生选择十三行作为学位论文题目，使十三行研究在中山大学以外得到更广泛的发展。梁方仲先生的入室弟子叶显恩研究员日后成为研究明清史的著名学者，也非常关注十三行的研究，提出以更广阔的视野探索研究十三行的新思路和研究方向，即以海洋文化的角度审视中国的命运和发展道路。

中山大学蔡鸿生先生是新中国成立后中山大学十三行研究的领军人物，他撰写了《航向珠江：荷兰人在华南（1600 – 2000 年）》（广州出版社，2004）、《文献解读与文化研究》（《广东社会科学》2004 年第 5 期）、《清代广州的毛皮贸易》（《学术研究》1986 年第 5 期）、《清代广州行商的西洋观》（《广东社会科学》2003 年第 1 期）等，从文化心态方面考察广州行商的西洋观，其全新角度为以往研究十三行学者所未见。更重要的是，蔡鸿生先生认为："十三行的历史是在朝贡体制向条约体制转变的过程中展开的"，"十三行是定位在经济、社会和文化的交叉点上"①，从方法论的高度提出对十三行的研究需要在世界进入"海洋时代"后，在区域、国家、海洋的相互关系中加以考察。他指导开展的海上文明史研究涌现出一批高质量的成果，如《广州与海洋文明丛书》（中山大学出版社，1997）、《澳门史与中西交通研究》（广东高等教育出版社，1998）等，为今后深入开展十三行的研究指明了方向。

戴裔煊先生和蔡鸿生先生所指导的章文钦教授则成为中山大学十三行研究的新生代主力。章文钦教授早在 20 世纪 80 年代就开始关注十三行行商的家族个案研究，是十三行行商家族研究的创始者之一。他对怡和行伍家的研究相当深入，在长达 5 万字的《从封建官商到买办商人——清代广东行商伍怡和家族剖析》（《近代史研究》1984 年第 3、4 期）中，全面地论述了伍家由封建官商到买办商人的盛衰史，成为研究怡和行商家族的经典作品。他的另一篇论文《从封建官商到买办官僚——吴健彰析论》（收于《广州十三行沧桑》，广东省地图出版社 2001 年 12 月出版），较为详细地考察了同顺行行商吴健彰从封建官商到买办官僚的发展历程，有助于我们理

---

① 梁嘉彬：《广东十三行考》序言，广东人民出版社，1999，第 1 – 2 页。

解行商在近代中国社会发生巨变过程中的角色转换，其《广东十三行与早期中西关系》（广东经济出版社 2009 年 11 月出版）一书，更是近年十三行研究较有影响力的成果，推动了十三行研究的深入。

除章文钦教授，蔡鸿生先生所指导的其他博士也在十三行研究上取得瞩目成绩，如周湘博士出版了《广州外洋行商人》（广东人民出版社 2002 年 12 月出版），发表了《清代广州行商倪秉发事迹》（《中山大学学报》2001 年第 5 期）等论文。江滢河博士出版了《广州口岸与南海航线》（广东人民出版社 2002 年出版）、《清代洋画与广州口岸》（中华书局 2007 年出版），江滢河博士还发表了系列十三行外销艺术品的成果，如《清代广州外销画的画家及其画室》（《艺术史研究》第 3 期）、《清代广州外销画的形式与题材》（澳门《文化杂志》，2002）、《清代广州外销画中的中荷贸易》（《航向珠江》，广州出版社 2003 年出版）、《清代广州外销画中的瓷器烧造图研究——以瑞典隆德大学图书馆收藏为例》（《故宫博物院院刊》2008 年第 3 期）等。雷传远博士的《清代广东十三行的儒商传统与中西文化交流》（2004 年中山大学博士论文），郭德焱博士的《清代广州的巴斯商人》（中华书局 2005 年 6 月出版）等，都是较有影响的研究成果。值得关注的是，这些成果的共同特点是利用了大量的西文文献，这在以往学者中并不常见，显示了新一代研究者的时代特点。

章文钦教授所指导的研究生亦多以十三行为题目，并有了可喜的成果，如黄景昕的《清代广东著名行商卢观恒》、管亚东的《清代前期广州口岸中西贸易的行外商人》已公开发表。其余研究生为《广州"番鬼"录：1825 - 1844：缔约前"番鬼"在广州的情形》补译了八万字的内容，完成《"番鬼"在中国》30 万字的译稿待出版。章文钦教授现在所协助指导的博士生以十三行制度为题目，是中国国内为数不多的。

在前辈研究的基础上，中山大学历史系专门史（中外关系史）学科点的教师和科研人员，在蔡鸿生教授的指导和带领下，在广州口岸史、广东十三行的历史文化方面取得了系列性的研究成果。中山大学历史系研究广东十三行历史的人员主要集中在专门史（中外关系史）学科点。本学科点具有培养博士授予权，拥有博士后流动站。学科点经过老中青三代人的不懈努力，不仅在学术研究上有所开拓，而且在培育人才和学术交流方面也成绩显著，出版了多种与岭南对外交往、明清中西交通和广东十三行历史文化相关的原创性专著。此外，在资料建设和社会服务方面，都做出了突出的成绩。

可见，自梁嘉彬先生开启十三行研究，十三行研究已经成为中山大学的传统世袭研究领域，师脉传承清晰连贯，薪火相传源源不断地培养着接班人，涌现出一代代杰出的研究学者，并延伸到广州其他学校和科研机构，使十三行研究得以持续发展，成为广州学派的基础。

**2. 广州学派的学科建设**

十三行研究除了以上"师承性学派"的特点，"地域性"和"问题性"的特征也十分明显，成为广州各高校和研究机构众多学者共同关注的对象。例如，中山大学历史系教授吴义雄的系列成果：《广州外侨总商会与鸦片战争前夕的中英关系》（《近代史研究》2004 年第 2 期）、《兴泰行商欠案与鸦片战争前夕的行商体制》（《近代史研究》2007 年第 1 期）、《条约口岸体制的酝酿——19 世纪 30 年代中英关系研究》（中华书局 2009 年出版）、《鸦片战争前的鸦片贸易再研究》（《近代史研究》2002 年第 2 期），这些高水平的成果通过大量的外文文献，全面研究考察了十三行在鸦片战争前后的作用和兴衰原因。

还有中山大学黄国声教授的《十三行行商颜时瑛家世事迹考》（《中山大学学报》1990 年第 2 期）一文，考察了十三行行商泰和行颜氏家族盛衰的历程。这是对早期（乾隆时期）行商经营研究的一篇重要论文，材料来源主要为《颜氏家谱》和颜氏后人文集，并对其进行论证。中山大学梁碧莹教授以研究鸦片战争前后美国与中国关系著称，发表了系列论文，如《美国商船中国皇后号首航广州的历史背景及其影响》（《学术研究》1985 年第 2 期）、《略论早期中美贸易的特点》（《史学月刊》1985 年第 5 期）等，都是研究十三行历史背景的重要成果。

为推动十三行的研究，广州市委宣传部将"广州口岸史重点研究基地"设立在中山大学，将"广州十三行研究基地"设在广州大学，每年提供较为充足的科研经费，充分利用高校文理兼备、多学科综合、科研力量雄厚、智力资源丰富的优势，整合、协调各方面科研力量，组织跨学科的研究，以推动十三行研究。基地则通过专兼职人员相结合、动态性、以课题组为基础的联合科研性质机构，采取网络化的组织形式，与国内外从事十三行研究的力量建立了稳固的合作研究体制，努力成为组织开展十三行学术研究的中心、汇集和收藏十三行研究的资料信息中心、保护与开发十三行历史文化遗产的中心、沟通与联络十三行后裔的人脉中心。

中山大学"广州口岸史重点研究基地"与广州大学"十三行研究中心"互相配合,合作密切。广东省内的高校和研究机构也成立了诸多研究基地,如华南师范大学的"岭南文化研究基地",广州大学的"广州人文历史研究基地""俗文化研究基地",广东省社会科学院的"海洋文化研究中心",佛山科技学院的"广府文化研究基地",这些研究机构为加强包括十三行在内的岭南文化的研究构建了更加广阔的学术交流平台和研究网络。

广州作为十三行的发源地,自然显现"师承性""地域性"和"问题性"的特征,吸引了广东诸多学者加入研究队伍,汇集了目前国内研究十三行的主要学者。除上述提及的学者和成员,还有广东省社会科学院的蒋祖缘研究员、叶显恩研究员、赵立人研究员、李庆新研究员,广州市地方志办公室的陈泽泓研究员、胡文中研究员、胡巧利研究员,暨南大学的王元林教授,华南农业大学的吴建新教授,毕业于中山大学的广州市委宣传部郭德焱博士,华南理工大学的谭元亨教授,广州大学的赵春晨教授、冷东教授、杨宏烈教授都在积极参与十三行的研究。

广州学派还有十三行后裔的积极支持。广东聚集着众多十三行商的后裔,他们对先祖的历史十分关注,保存了不少家族的史料,参与十三行的研究,也成为十三行研究的重要力量。近年来,十三行后裔发挥着越来越大的重要作用。例如,十三行同文行潘家后裔、华南理工大学潘刚儿教授,十三行天宝行梁家后裔、中科院华南植物研究所梁承邺研究员,十三行伍怡和家族后裔、深圳伍凌立工程师等,从关注十三行研究、提供研究资料和研究线索的层面上升到积极参与研究,对十三行研究作出重要贡献。

潘刚儿教授和梁承邺研究员与其他学者联手挖掘资料,出版了《梁经国天宝行史迹》和《潘同文(孚)行》,向世人展现了两部较为完整的行商家族发展的来龙去脉,带动了十三行其他家族的研究。潘刚儿教授退休后,更将主要精力投身十三行的研究,发表《十三行行商潘正炜》《与全球化经济接轨的中国杰出商人潘振承》《漱珠涌与潘家大院》等多篇论文,并积极提供族谱、文集等资料,对十三行研究作出贡献。伍凌立工程师虽然从事工科专业,近年来也积极参加十三行的学术会议,开始撰写家族的相关文章,提交伍家后裔伍希吕的相关文章,并贡献出宝贵的《伍氏莆田房广州十三行支脉族引谱》。十三行谭康官家后裔华南理工大学谭元亨教授身为广东省政府参事，提交的《十三行文化资源的保护与开发》报告得到省市领导的高度重视，广东省委书记汪洋、广州市委书记朱小丹同志及相关领导都相继作出加强研究的批示，成为开展十三行研究的重要动力。谭元亨教授本身也是十三行研究的学者，主编了《十三行新论》，发表了诸多论文和文学作品。

可见，广州学派在各个层次全面发展，集"师承性""地域性"和"问题性"等优势于一身，在学科建设上取得了突出成绩。

### 3. 广州学派的学术地位

十三行的研究已经超过一个世纪，十三行的研究成果洋洋洒洒，蔚为壮观。在这些科研成果中，广州学派的成果占了大部分。笔者对截止到2010 年 12 月有关十三行的研究成果作了统计：第一部分，专著类（包括论文集）18 部，台湾学者 2 部，福建 1 部，广东学者 15 部（其中 2 部与北京合编）；第二部分，论文类（包括论文集中的论文）250 余篇，广东作者或在广东地区刊物中发表论文将近 200 篇，北京地区学者发表 18 篇，中国台湾和香港地区、海外学者 6 篇（不包括在国内发表的），福建学者 5 篇，其他地区 25 篇；第三部分，相关论著论文 400 余篇，也以广东地区为多数。

广州学派的另一标志是科研项目数量和级别的不断增加和提高。2009年和 2010 年，广州市十三行社科重点基地确立了二十余个科研项目，内容涉及中外文资料整理、十三行专题研究、文化资源开发利用、文学作品创作等方面。2009 年广州大学十三行研究中心获得广东省哲学社会科学规划地方历史文化特色项目"广州十三行历史人文资源调研报告"立项，2010年广州大学十三行研究中心又获得广州市社科规划项目"广州十三行学术史研究"及广东省普通高校人文社会科学研究基地重大项目"广州十三行与岭南社会文化变迁研究"立项。随着研究成果的积累，广州大学十三行研究中心将向教育部和国家社科项目的目标努力。

十三行研究广州学派的另一标志是科研成果获奖的数量和级别不断提高。例如，广州大学十三行研究中心杨宏烈教授编著的《广州泛十三行商埠文化遗址开发研究》获得 2009 年广东省社会科学三等奖。中山大学章文钦教授的《澳门纪略研究》获 1994 年广东省社会科学研究优秀成果论文二等奖，《澳门与中华历史文化》获 1999 年广东省社会科学研究优秀成果专著二等奖,《葡萄牙东波塔档案馆藏清代澳门中文档案汇编》获 2005 年首届澳门人文社会科学研究优秀成果著作一等奖,《澳门诗词笺注》获 2005年首届澳门人文社会科学研究优秀成果著作二等奖。广州大学十三行研究中心赵春晨教授的《岭南近代史事与文化》获 2005 年广东省哲学社会科学优秀成果奖著作类三等奖,《澳门记略校注》获得 2005 年首届澳门人文社会科学研究优秀成果著作类提名奖,冷东、林瀚的《清代广州十三行与中西文化交流》获得 2012 年广州市哲学社会科学成果二等奖等。科研成果获奖的数量和级别不断提高,表明了广州学派研究水平及学术影响力的提升。

从更广的社会范围看,广州学派还得到广东省、广州市有关部门的大力支持,社会及学术活动日益活跃,体现了理论研究与开发利用结合的正确方向,平面、电波、网络、文学影视创作、博物馆、档案馆共同参与十三行的宣传和推广,使广州学派拥有广泛雄厚的社会基础。

总之,十三行不仅是广州学派的世袭研究领地,更是具有世界意义的历史文化遗产和国际意义的学术研究领域。因此,对十三行的研究不能仅仅依靠广东和广州,应该与所有关注十三行研究的学界和学者合作,得到广泛的指导和支持,使十三行的意义和价值得到广泛的认同。我们期待与各方学界合作愉快,共享各位专家学者的学术成果,缔结友谊,并在未来开展十三行研究的学术路途上携手同行,不断提升十三行研究的学术境界。

## 三 十三行研究发展是广州学的重要课题

《广东省建设文化强省规划纲要 (2011 - 2020 年)》明确突出了广府文化在岭南文化中的首要地位,要求把广府文化打造成国家级的文化生态保护区。《广州建设文化强市 培育世界文化名城规划纲要 (2011 - 2020年)》强调,要大力研究与弘扬广府文化,在未来 10 年内把广州建设成为世界文化名城。广州学与广府文化关系密切,但要通过研究二者之间的内在结构、逻辑关系、发展过程与相互影响,方可构建广州学的学科体系,深入分析和详细阐述基于广府滨海环境如何孕育包容和开放的广州人,广州人如何创造了多元与创新的广州文化,广州人和广州文化如何搭建起山海之间、中外之间、历史与未来之间的桥梁,唤起广州人的文化自觉与自信,为广州培育世界文化名城、广东建设文化强省、"新丝绸之路经济带"

和 "21 世纪海上丝绸之路" 提供支持。

不能回避，在对十三行的总体评价、性质定位上学术界还分歧明显，如历史学家朱希祖先生认为："十三行在中国近代史中，关系最巨，以政治而言，行商有秉命封舱停市约束外人之行政权，又常为政府官吏之代表，外人一切请求陈述，均须有彼辈转达，是又有惟一之外交权；以经济而言，行商为对外贸易之独占者，外人不得与中国其它商人直接贸易。此等特殊制度，无论中国外国，皆蒙不利，鸦片战争，即为击破此种外交制度及通商制度而来，自此一战，中国一蹶不振，外交经济，皆为不平等条约所束缚，百年以来，皆受十三行所贻之祸。"相当多的学者对十三行持否定或批判态度。例如：认为十三行与鸦片走私有关，导致鸦片战争，使中国沦落到屈辱的百年近代史；把十三行视为清朝实行 "闭关自守" 的产物，与当时世界历史的发展方向背道而驰；十三行的繁荣鼎盛是以牺牲沿海各港口的贸易作为代价取得的，阻碍了中国对外贸易的发展，成为加剧中外冲突的直接原因之一，十三行本身也成为清代封建外贸制度的牺牲品。再如：十三行是否走私鸦片和导致鸦片战争，如何解释十三行商累遭破产、抄家、下狱、充军的厄运和 "传及三代，堕落不堪" 的命运等。

即使是在广东地区亦有分歧，十三行的意义和价值究竟是什么？是否代表和体现了岭南先进文化的传统特点，还不是很统一清晰。例如，在岭南文化品牌评选中，十三行都没有被明确列出，说明对十三行的总体认识还只是停留在认为值得和需要研究的层面，对十三行的意义和价值还存在疑虑，不敢大张旗鼓、旗帜鲜明地宣传。

从研究成果分析，80 年前梁嘉彬的《广东十三行考》主要考证行商沿革，为研究十三行的奠基性代表作，虽有缺陷但迄今无人超越。20 世纪 80 年代前少数成果集中在起源、名称等专题考证。其后研究成果增加，多为评述介绍，诸如运行体制、起源、名称仍众说纷纭，缺少高质量的学术成果。少数人物及家族研究限于一般性介绍，缺少十三行行商的全面学术研究。海外研究成果（包括港澳台）在外文资料和原始档案利用上具有优势，专题考证颇具功力，与海洋文化研究结合的方法值得借鉴，但主要集中在经贸、传教士及外销艺术品研究等领域，而且多未翻译成中文，影响有限。可见，虽然十三行研究取得了一定成绩，但与建设目标仍有很大差距，任重而道远。

（1）在十三行研究的理论层面还有待提高。如何将十三行的区域社会文化研究层面上升到中国近代社会发展乃至世界局势发展的高度，意味着要将十三行与中国近代化研究和海洋文化研究结合起来，将十三行纳入世界历史发展的宏观视野，而且要通过严谨科学的研究成果得到国内外学界的共识，这是对广东学界的一个挑战。

（2）在综合研究和专题研究方面仍有待全面系统和深入。尚未超越梁嘉彬先生在萌芽阶段出版的《广东十三行考》的"发展阶段"，这种发展就不是真正的发展。在专题研究上，诸如十三行的运行体制、十三行起源、十三行名称由来都还众说纷纭。人物及家族研究虽然取得很大进展，但是仍有缺陷和深入的空间。

（3）研究成果的学术水平和影响力还有待提高，还缺少权威标志性的成果，在国内外的学术影响力还有待提高。

（4）资料建设仍是制约十三行研究深入的瓶颈和障碍，国内外中文资料的发掘利用仍有很大空间，外文资料的发掘利用几乎是空白，即使是已掌握的有价值外文资料的翻译问题仍因经费问题而长期不能解决，如被十三行学界关注期盼的《18 世纪广州的对外贸易》。

历史是现实的基础，也是未来的启示。在中国建设 21 世纪海上丝绸之路的宏伟蓝图中，广州学应发挥千年商都的优势和传统，把十三行与海上丝绸之路的关系这份遗产继承好并发扬光大，再创 21 世纪海上丝绸之路辉煌。

**参考文献**

[1] 梁嘉彬著《广东十三行考》，南京国立编译馆 1937 年初版，广东人民出版社，1999。

[2] 〔美〕马士（Morse, H. B.）著《东印度公司对华贸易编年史》，区宗华译，中山大学出版社，1991。

① 朱希祖（序），《广东十三行考》卷首，广东人民出版社，1999。
② 陈尚胜：《也论清前期的海外贸易——与黄启臣先生商榷》，《中国经济史研究》1993 年第 4 期；李金明：《广州十三行：清代封建外贸制度的牺牲品》，《广东社会科学》2010 年第 2 期。

［3］〔美〕威廉·C. 亨特（Hunter, W. C）著《广州"番鬼"录：1825－1844：缔约前"番鬼"在广州的情形》，广东人民出版社，1882 年初版，1993。

［4］〔日〕佐佐木正哉著《鸦片战争前中英交涉文书》，东京：南岩堂书店，1967，台北：文海出版社有限公司 1984 年再版。

［5］〔英〕格林堡著《鸦片战争前中英通商史》，康成译，商务印书馆，1961。

［6］蔡鸿生主编《广州与海洋文明系列》，广东人民出版，2002。

［7］蔡鸿生著《中外交流史事考述》，大象出版社，2007。

［8］黄启臣、梁承邺编著《广东十三行之一：梁经国天宝行史迹》，广东高等教育出版社，2003。

［9］李国荣、林伟森主编《清代广州十三行纪略》，广东人民出版社，2006。

# 广州南沙海上丝绸之路文化遗存研究

黄利平<sup>*</sup>

**摘要：** 南沙是广州唯一临海的地区，历史上虽曾长期属东莞等地管辖，但由于其和东莞太平共同拥有广州唯一的出海口虎门，因而与广州息息相关，南沙是广州为始发港和终点港的海上丝绸之路必经之地，是研究这一段海上丝绸之路时不可忽视的区域。南沙区一批与海洋相关的文物印证了广州在古代海上丝绸之路上的重要地位。特别是虎门炮台与广州口岸、粤海关的特殊关系值得今天在建设海上丝绸之路的背景下给予重点关注。

**关键词：** 虎门　丝绸之路　文物　口岸

作为广州"海上丝绸之路"遗址的一部分，广州南沙的一批清代文物古迹需要在建设 21 世纪海上丝绸之路的今天给予足够的重视。比如，始建于明代的天后古庙、传递广州出海口安全信息的清代烟墩、晚清航标灯塔和与广州口岸、粤海关关系密切的虎门炮台等。它们的存在充分说明广州南沙在海上丝绸之路历史上的地位与作用。

## 一　天后庙、烟墩与灯塔

### 1. 天后庙

在中国海上丝绸之路的文物遗存中，天后庙是最有代表意义的文物。在中国 1.8 万公里的海岸线上，南至海南、广西，北至辽东半岛，生活在辽

---

\* 黄利平，1956 年生，陕西省西安市人。1986 年在陕西师范大学取得历史学硕士学位，曾在陕西省社会科学院、陕西历史博物馆等单位从事社会科学和文物博物方面的研究。现任广州南沙虎门炮台管理所（文物管理所）所长、研究馆员，广东省文物保护专家委员会委员，广州市文博协会常务委员。

阔的滨海地区的中华民族有着一个共同的信仰，这就是沿海地区人民信仰的天后，它是海上丝绸之路中国一端人民共同信奉的神。因此，在海上丝绸之路中国一方的这些滨海区域，天后庙是不可或缺的，可以说没有一个中国海上丝绸之路港口没有天后庙。历史上的穗港澳地区人民也一样信奉天后，只要看看今天的香港，区区一地仍有 70 余座天后庙，就可知昔日穗港澳地区人民对天后的信仰达到什么程度。广州南沙区是珠三角和穗港澳的地理中心，在广州南沙早有祭祀天后的记载。据《粤海关志》，在鸦片战争时官府的军营如上横档炮台就建有天后古庙（见图 4）。历史上南沙的村庄几乎都曾有自己的天后庙，最早可以追溯到明代时期。直到现在这里还保存着三座清代的天后庙，其中南沙街塘坑村天后古庙始建于明代，是广州现存最早的天后庙，它无疑是海上丝绸之路广州一端重要的文物遗存（见图 1）。庙中现保存一方清代嘉庆三年的石刻，其上碑文对认识海上丝绸之路广州地区的民间天后文化非常重要，兹录于下：

**图 1　广州市南沙区南沙街塘坑村天后古庙照片**

> 天后庙者，吾乡拓基之始所由建也。在乡之西偏，屡著灵异，水旱风雨祈祷辄应。凡乡有事，必议于庙中，事无不立，乡人赖之。乾隆丁卯之岁，叔祖暨族伯伟业率众重修。迨今五十余年，风雨飘摇，檐楹朽坏，阶除蔓草，堂宇荒芜，甚非所以肃观瞻而展诚敬也。自嘉庆丁八月至明年三月，吾乡不雨，溪涧乾涸，禾稻焦槁，乡人震动。于是迎神祷雨，越三日而甘雨倾注，陇亩霑足，士农欢悦。追农工稍暇，乡之耆庶各欲宰牲肃币以答神麻，众见宫寝倾斜，神容剥蚀，咸愿新之。金以工费浩繁，难于措置，时从侄毅慨然愿出金钱三十员，以为乡人倡。于是家乐捐资，人思效力，遂卜吉修建。汇金鸠工，摧垣平基，合众规画，长短广狭，悉中程度。以嘉庆戊午七月经始，至本年十二月告成。董其事者，族伯楷与兄钜及侄毅实有力焉。不逾时而规模宏敞，庙貌改观，金碧辉煌，朱丹绚耀，洵足以妥神灵而惬众

志也。且庙场之地，夷旷清远，为乡人憩息之所，古石蒙砌可以闲坐，高柯掩映，时送清阴，前对南溟，宛若襟带，龙穴标奇，筌杯著异。每当风月清朗，水天一色，遥望崖门，零丁诸峰，若隐若现，横插霄汉，实吾乡之伟观也。况吾乡地接海壤，居人出入必资舟楫，乃海若效灵，冯夷供职，风帆来往，波浪不惊，咸曰皆神之赐。今者民和年丰，风淳俗朴，烽烟陆靖，溟渤澜安，是则神之寔造福于乡人而与吾乡相始终也。予故乐而记之，且以镌之于石，以传不朽。若夫神之英灵赫奕，护国庇民，典策载之详矣，故复赘之。愚斋朱诚谨记。

永丰围王承显等二大员　金洲围欧智圣 陈隔然 苏奏南 张世兴等助花钱八大员（以下捐助芳名榜略）。

嘉庆三年岁次戊午十二月二十五吉旦。①

按塘坑村光绪三十四年的《朱氏家谱》（手抄本）所记，该村始建于明代中期，是珠江口现存历史较悠久的古村落之一，在清代末年外国人绘制的珠三角地图中就标有此村。村内至今还保留古代村落的格局，具有清代建筑风格的 8 个宗祠和 3 个庙宇散布在民居之间。

从天后庙碑文可见，①塘坑村的这座天后古庙，是在"吾乡拓基之始所由建也"，即这座天后庙始建于明代中期。由此可知珠江口地区天后崇拜在明代中期已普遍存在，并深入根植于人们的日常生活之中。②从碑文"今者民和年丰，风淳俗朴，烽烟陆靖，溟渤澜安，是则神之寔造福于乡人而与吾乡相始终也"来看，天后在当地人们生活的各方面发挥作用，是无所不能的神，而不是较为专业的神。因此，这里的天后庙也成为村里的议事中心，"凡乡有事，必议于庙中，事无不立，乡人赖之"。③这里的天后主要是在消除陆地上的自然灾害方面显示其特有的法力，如"水旱风雨祈祷辄应"，特别在大旱灾时（如碑文中所记的嘉庆二年的旱灾）的求雨，是"屡著灵异"，而对海上航行的庇护只是其中的一项内容。这显示出珠江三角洲地区天后的独特风采。

**2. 烟墩**

为及时传递海上丝绸之路的安全信息，防止海盗袭击沿海的村镇，在海

---

① 黄利平：《南沙嘉庆天后庙碑和校尉庙碑校饬》，广州市文化广电新闻出版局、广州市文物博物馆学会编《广州文博》（四），文物出版社，2011，第 249 - 252 页。

**图 2　广州市南沙区黄阁镇
大山嶂烟墩照片**

上丝绸之路中国一端的多数沿海城市都有一种标志性的建筑——烟墩（也就是内地所说的烽火台）。正如烽火台是陆上丝绸之路的重要设施一样，烟墩是海上丝绸之路的重要设施。在中国沿海如宁波、泉州、大连、烟台、青岛等地区都有著名的烟墩，广州也一样，历史上有众多的烟墩，如今天还有烟墩路之名，但保存到今天的烟墩就只有南沙的大山嶂烟墩（见图 2）。

大山嶂烟墩始建于明代末期，是传递海上丝绸之路的重要关口——虎门海口是否平安信息的重要设施。它位于黄阁中南部海拔 224 米的大山嶂上，在出海口附近，是南沙的制高点。据当地村民回忆，历史上这里曾多次在有海盗入侵时，举烟向当地及番禺、广州方向的各村镇和狮子洋水道上的船只报警。大山嶂烟墩远近闻名，烟墩所在的地方因而得名为"烟墩岗"，一直沿用至今。历史上南沙还有蕉门烟墩，今天已毁。

### 3. 灯塔

世界上连接所有著名航线的重要港口在 19 世纪末 20 世纪初都有自己标志性的导航灯塔。在中国沿海，由古代海上丝绸之路的大港转为近代重要港口的地方也都有自己标志性的导航灯塔。例如，泉州有全国重点文物保护单位崇武灯塔，宁波有全国重点文物保护单位花鸟山灯塔等。广州也不例外，它就是位于南沙的金锁牌灯塔和舢板洲灯塔。

金锁牌灯塔始建于 1906 年，由于建了虎门大桥，现已停用。舢板洲是珠江口和伶仃洋交汇处龙穴岛东侧的一个孤岛，四面环水，面积约 3 亩，地形险要，可谓是在"龙穴之口，虎门之喉"。舢板洲灯塔建于 1915 年，为当年广州海关为方便各国商船进入广州而建，由法国设计师设计（见附图 3）。灯塔位于舢板洲礁岛顶部，塔

**图 3　广州市南沙区舢板洲灯塔照片**

高约 20 米，状似手枪，高 5 层，为钢筋混凝土结构。而灯塔之下的航道就是著名的古代海上丝绸之路和近代的国际航道。凡是乘船从国外来广州的旅客，当视野里出现舢板洲和金锁牌这两座灯塔时，就意味着广州到了。从航道史的角度来说，这两座灯塔虽记载建造时间较晚，但由于这两座灯塔都位于珠江口航道上的重要礁石之上，故在漫长的航道史上一直应有作为灯塔前身的航标存在。当然，这一点还需要进一步的研究论证。

## 二 虎门炮台

炮台促成"一口通商"政策落地广州。作为"海上丝绸之路"港口的广州黄埔港到珠江口之间有一段狭长的水道。在这段水道出口的虎门就像大门一样，形成黄埔港和粤海关的天然屏障和设置控制的最佳地点。"虎门距省百八十里，洋阔水深，乘潮驭风，不过一夜可到。十三行往来贸易，凡四十余国，莫不以虎门为总汇焉。"[①] 康熙二十三年（1684）前后开始实行开海贸易，设立江、浙、闽、粤四海关负责外贸事务。而与此同时，清政府在虎门建设海防，修筑南山、横档和三门炮台以控制海口。正如任何海关都有武装部队支撑一样，虎门炮台既是广州的海防工事，也是广州黄埔港和粤海关管理海口，控制进出商贸船、查禁走私船的关卡。随着形势的发展，炮台与广州口岸的关系日趋紧密，由此而对广州的经济发展、中外商贸交流产生了重要的作用。直到鸦片战争，广州海防与海上丝绸之路都有值得注意的密切关系。

在收复台湾后第二年的 1684 年，康熙解除海禁，在全国设立了粤、闽、江、浙四大海关，结束了旧的市舶司管理对外贸易制度，进入了海关管理贸易的新时期。粤海关下辖省城大关等 7 个总口，虎门口隶属于省城大关。按其职能不同，粤海关各口可分为三种类型，即正税口、挂号口与稽查口。虎门口是省城大关最重要的挂号口，凭借其特殊条件和位置，成为广州海外贸易的重要税口，地位举足轻重。外国商船在虎门，就要向横档炮台所在地上横档岛上的粤海关虎门口税馆纳税，接受监管。据《粤海关志》，粤海关虎门口就设在海防重镇虎门横档炮台内，粤海关也在此派驻官员。横

---

① 仲振履：《虎门览胜》卷上，暨南大学图书馆藏本。

档炮台也因此被外国人称为"税馆台"①。分布在虎门及珠江上的炮台使广州口岸对进出口的商船形成了比较严密的管理体系，被清王朝认为是四大通商口岸中最安全的口岸。因此，在雍正五年（1727），清王朝解除南洋贸易禁令时，在全国的海岸上只允许广东虎门等两处出口，其他口岸一概不准放行。也是因同样的理由，在乾隆二十二年（1757），取消了原有的江、浙、闽、粤四海关外贸进口规定，改四口通商为一口通商之时，选择广州为全国一口通商之地，规定西洋商船只许在广东收泊交易。因为朝廷考虑的前提就是"且虎门、黄埔等处在设有官兵，较之宁波可以扬帆直至者，形势亦异"②。有学者指出，广州胜出的原因，"主要是因为多数官员强调海防安全，认为广州比宁波易于控制，政治压倒一切，海防安全比外贸利益更重要"③。广州由此在这场事关前途发展的竞争中胜出，使其在 1757 年到1842 年《南京条约》开放五口通商的近百年间成为中国唯一的法定对外通商口岸。虽然已有学者指出这个时期其他口岸的对外贸易并未实际停止，而广州唯一的对外贸易也主要指和西洋商船的贸易而言，但毋庸置疑的是，广州在当时中国沿海对外贸易中居于合法、领先的地位。

　　口岸管理职能影响海防要塞的建设和发展。从乾隆时起，依靠虎门炮台，广州对虎门海口形成一套管理章程。清代船只进出虎门有严格的规定。外商船只要到广州贸易，必须先在虎门口外洋下锚，在澳门办理手续，领取进港牌照，雇中国引水（领航员）、通事、买办。当船开进虎门口时，由海关派员在虎门口登船丈量，再根据丈量的大小在黄埔口征收船钞。同时督查入口商船卸下炮位和违禁商品，并在此征收挂号杂费。挂号费是各关口对国外贸易船只、沿海出入口船只经过关卡时进行登记挂号所征收的规费。据统计，虎门口每年约征 300 两。开始时进出虎门的商船只需在虎门协备案，虎门炮台也只是与南海、番禺县共同承担"一体稽查防范"的任务。"1744 年 5 月（乾隆九年四月），印光任正式就任广州府海防军民同知，专理澳门事务。印光任鉴于过去对澳门管理和船舶出入，均无一定规章，特首定管理番舶及澳夷章程七条：……二、洋船进口，必得内地民人带引水道，最为紧要。请责县丞将能充引水之人详加甄别。如果殷实良民，取具

---

① 广东省文史研究馆编《鸦片战争与林则徐史料选译》，广东人民出版社，1986，第 227 页。
② 王先谦：《东华续录·乾隆朝》卷四十六。
③ 王宏斌：《清代前期海防：思想与制度》，社会科学文献出版社，2002，第 50 页。

保甲亲邻结状，县丞加结申送，查验无异，给发腰牌执照准充，仍列册通报查考。至期出口等候，限每船给引水两名，一上船引入，一星驰禀报县丞，申报海防衙门，据文通报，并移行虎门协及南海番禺，一体稽查防范。其有私出接引者，照私渡关津例，从重治罪。"① 随着海上航运业进一步的发展和加强管理的要求，虎门炮台也逐步强化了对海口进出船舶的管理力度。至迟在嘉庆初年，虎门炮台已成为黄埔港和粤海关控制进港船只的第一道关口和出港船只的最后一道关口，开始承担商船进出港口"验照放行"的关键职责。嘉庆十四年四月二十日（1809 年 6 月 2 日）新任两广总督百令和巡抚拟定了《民夷交易章程》，送京审批。其中第四条规定："夷船到口，即令引水先报澳门同知，给予印照，注明引水船户姓名，由守口营弁验照放行，仍将印照移回同知衙门缴销。如无印照，不准进口。"② 后来发展为外国商船进虎门后，由炮台守军派兵押送至黄埔。关天培曾说："向例夷商船只一进口门，沙角防弁即须禀报并知会前途。其镇远、横档弁兵即须轮流押送至黄埔交替。"③ 这里所说的"口"，就是虎门口，所谓"守口营弁"就是虎门炮台守军。而外国船只要离开广州港时，要先去粤海关领红牌，然后在通过虎门炮台时由"防弁验明印凭"，才可放行。清朝广东当局屡屡用不给在黄埔的洋船发放出口红牌的办法来禁止其离去，在 1810 年的黄亚胜案中，粤海关监督常显就不给英船发放出口红牌，禁止其离去，以此来迫使其交出凶犯。嘉庆二十年（1815），广东当局明确规定："货船领牌出口，由税口知会炮台验放，以免阻止。"④ 林则徐也曾下令粤海关不给外夷商船发放红牌出虎门海口，以此逼迫他们交出鸦片。即使在第一次鸦片战争前夕，虎门口战云密布的情况下，虎门炮台的重点还是履行口岸管理的职能：防范洋船和走私船随意通过海口，对进出船只管理更严。时任两广总督邓廷桢上奏："虎门海口为粤海中路咽喉，通商番舶，络绎往

---

① 萧治致、杨卫东：《西风拂夕阳——鸦片战争前中西关系》，湖北人民出版社，2005，第210－211 页。

② 萧治致、杨卫东：《西风拂夕阳——鸦片战争前中西关系》，湖北人民出版社，2005，第284 页。

③ 关天培：《筹海初集》卷一，申报馆仿袖珍版。

④ 萧治致、杨卫东：《西风拂夕阳——鸦片战争前中西关系》，湖北人民出版社，2005，第291 页。

来。现在筹议海口章程，自应妥为布置，以密巡防。"① 关天培甚至制定了控制海口，堵截非法进出船只的军事预案：即将此时的沙角炮台"改作号令炮台。此后遇引水引带番舶到口，防弁验明印凭，即放大炮一声，知会前途；一面开单报明提督。如无引带文凭，即系奸夷，则于台面高处插立大纛一杆，知会大角弁兵立即开炮轰击。固不能截其不前，亦可挫其锐气，前路各台闻炮声联接一体预备。仍需派一兵飞报虎门接应"②。众所周知，第一次鸦片战争前夕爆发的中英穿鼻洋海战，就是因为驻防在虎门炮台的广东水师为了维持海口秩序，制止英国军舰"窝拉疑"号和"海阿新"号武力阻截英国商船"皇家撒克逊"号按规定报关入口而引起的。以上这些方面都说明了虎门炮台在清代黄埔港口岸管理方面的重要作用。它与黄埔港、粤海关有着特殊的关系。一口通商时期的虎门炮台绝不仅是一般意义上单纯的海防炮台，而是承担着广州口岸管理职能的关卡。对此，就连十三行商人对虎门炮台和自己利益的关系也是心知肚明，因此虎门炮台的建设经常得到他们的资助。特别是在 1839 年林则徐、关天培等人修建"金锁铜关"（即两道拦江铁排和靖远炮台）时，洋行众商伍绍荣等闻议，"即据情愿捐缴银十万两，以供要需"③。此举虽有迫于压力之嫌，但也和他们很清楚虎门炮台和十三行的关系是分不开的。

一口通商导致进出口商船的增加是惊人的，为应付急速扩大的管理任务，这个时期虎门炮台的数量急骤扩大，第一次鸦片战争前虎门炮台中的大多数炮台都是在此时兴建的，如嘉庆时建沙角、新涌、崔门、镇远、横档月台、大虎台等，道光时（第一次鸦片战争前）建大角、威远、永安、巩固、靖远台。三四十年间就在虎门海口形成了国内最大规模的海防炮台群，并以之组成了三道防线（也称三重门户）。另外，清初时为控制海口，虎门的南山、横档、三门炮台都在山上。而此时由于炮台要具体管理船只进出海口，就要求其能够阻止船只随意出入，而愈接近水道，当然就愈便于管理航行的船舶。为此，嘉庆以来新建炮台的选址都是最大限度地接近航道，如嘉庆时所建沙角台和道光时所建大角台都是"后枕山面甚高，前

---

① 中国第一历史档案馆编《鸦片战争档案史料》第一册，天津古籍出版社，1992，第 619 页。
② 关天培：《筹海初集》卷一。
③ 中国第一历史档案馆编《鸦片战争档案史料》第一册，天津古籍出版社，1992，第 618 页。

临海港甚低，如圈椅样"①。选址和炮台职能是有直接关系的。但是，水边的炮台在提高控制水中船只能力的同时，自身也易受到来自海上的攻击，防卫能力明显下降。

除炮台选址外，甚至虎门炮台的日常训练也受其管理职能的影响，主要是防止商船违例进出和走私船偷渡，而很少考虑抵御军舰火炮的攻击。例如，林则徐道光十九年九月初五日（1839年10月10日）在虎门炮台主持广东水师的秋操主要是四大部分：舰船队列航行及布阵操练，水兵水上、船上攻防技术操练，炮台火炮对江上进入虎门海口靶船的实弹射击和拦江铁排的开合操练。"臣等随登海口沙角炮台，按图先阅船操，次阅水兵泅水阵式，正变相生，进止合度，枪炮首尾响应，师舡调戗轻灵，其泅水以及凫水对械各兵，出没波心，浮潜并用，爬桅各兵，均能升高演技，胆壮气雄。所有九台大炮及施放各项火器，高低远近，悉依臣关天培所定尺寸施放，尚合准绳，各台炮火，夹攻靶船，辄被击中，将弁谙于号令，士卒习于波涛。……又饬专管排链弁兵，分驾划船，将各排链按法启闭，较前愈为便捷。"② 按照口岸管理要求迅速发展壮大起来的虎门炮台也确保了80多年"一口通商"的顺利进行，由此也为它日后在面对跨海而来的英国军舰攻击时，连一天都无法支撑的惨败埋下了伏笔。

1841年1月7日和同年2月26日在虎门中英两次战斗中，虽然清军进行了有组织的抵抗，"沙角、大角之战前清军已作了充分的战斗准备，而且在战斗中也表现出高昂的士气和非凡的牺牲精神。清军共战死277人，另伤重而死5人，受伤462人，共计744人。在鸦片战争中，除镇江之战外，我们还找不到何地清军能有如此的拼死抵抗"③，但事实是这种抵抗甚至没能坚持一天以上。这样残酷的现实使得后来的中国人不断反思，应该说除去交战双方国家体制、军事实力的差距外，与前举虎门炮台的主要任务长期以来已由清初控制海口演变为保证广州海关履行职能有直接的关系。这时广州炮台的主要职能是：协助海关走私，规范商船按规定进出海口，承担管理船只进出海口的具体任务。朝廷的要求也非常明确，就是要杜绝船只

① 丁拱辰：《西洋圆形炮台图说》，魏源：《海国图志》，清刊本，卷五十六，第38页。
② 中国第一历史档案馆编《鸦片战争档案史料》第一册，天津古籍出版社，1992，第706－707页。
③ 茅海建：《天朝的崩溃：鸦片战争再研究》，三联书店，2005，第227页。

非法随意进出虎门。关天培的前任广东水师提督李增阶就是因为有英国军舰公然鸣炮闯入虎门而被撤职查办。有此前车之鉴，关天培在虎门 6 年辛苦改建、加强炮台建设就是要完成皇帝交给他的任务，维持口岸秩序，保证粤海关的税收。为此，最极端时甚至在江上拉起了两条铁链以防范船只随意出入，杜绝逃税，目标直指在十三行出入的夷人（即商船）。林则徐在视察虎门铁链后十分自豪，高兴之时不免说出如此大费周折的目的："设有不应进口之夷船妄图闯入，虽遇顺风潮涌，驾驶如飞，一到排链之前，势难绕越。即谓夷船坚厚，竟能将铁链冲开，而越过一层，尚有一层阻挡。就令都能闯断，亦已羁绊多时。各台炮火连轰，岂有不成灰烬之理。似此重重布置，均极森严，闻黄埔及十三行出入夷人，行舟过此，皆懔然生惮心，于海防实属有益。"①

到 1839 年时，十余座炮台和两道拦江铁排链已能将虎门水道口完全封锁，彻底截断了船只的随意出入。至此，关天培实际已完成了当初道光皇帝交给他的任务。但是，这样的炮台群和铁锁链只能卡住商船、走私船和个别军舰的通过，而无法抵御成群结队跨海而来的炮舰群的进攻。所以当1840 年底大批英国军舰由北南返，到达广东海面时，时任两广总督琦善问关天培虎门防务是否能顶住时，关天培据实回答："如来船尚少，犹可力争，多则实无把握。"② 论者以为，"清代水师水兵承担的主要任务是外洋巡逻，查拿海盗，查验海船规格、性能、乘载人员、货物等；守兵也以盘查出入口的船只为其主要职责。鸦片战争时，水师无力担负反击英军海上入侵的重任……这与清政府的海防指导思想、水师布防特点以及任务要求有密切关系"③。这也是有百余年历史，特别是关天培苦心经营六年，由十几座炮台组成的虎门炮台在远道而来的大英炮舰面前不堪一击、一天即被攻破的潜在原因。炮台建设者重点考虑的问题在于如何防止和阻击船只未经许可擅自通过、卡住商船和走私船随意进出海口，而不是抵御来自军舰的进攻。换句话说，关天培等人多年埋头苦干，所建数量众多的炮台却不堪一击的因由在建台之初就已经被决定了。这些易于被忽视的原因，不可不察，应该给予充分的注意。

---

① 中国第一历史档案馆编《鸦片战争档案史料》第一册，天津古籍出版社，1992，第 548 页。
② 《筹办夷务始末》（道光年间），第 2 册，中华书局，1964，第 628 页。
③ 王宏斌：《清代前期海防：思想与制度》，社会科学文献出版社，2002，第 105 - 106 页。

第一次鸦片战争后，广州失去一口通商的地位，虎门炮台也不再承担广州口岸的管理职能。从战后的炮台相关资料来看①，重建的虎门炮台中已无粤海关税馆的踪迹。更何况紧跟而来的第二次鸦片战争又将这些新建炮台摧毁，之后直到光绪初年虎门炮台一直遭长期废弃，广州处在无海防的时期。光绪七年后，广州开始引进西洋大炮，建立近代海防要塞，这时的海防和昔日炮台相比已有根本不同。仅就军事要塞的保密制度就有天壤之别。近代军事要塞的布防是极其重要的军事机密，泄密将直接导致要塞在战斗中的失败。在中日甲午战争爆发前，日本间谍宗方小太郎潜入与虎门西式要塞同期建成的山东威海要塞，"绘制了港内军舰和炮台布防图"②，为日军以后的进攻打好了基础。相比之下，第一次鸦片战争前粤海关的虎门税馆竟然建在虎门横档炮台，这样的炮台又有何密可保。晚清的虎门要塞和海关已成为各自独立的单位，故摆脱了民事职能的虎门要塞在后来的抗日战争中显示出强大的战斗力，拒强敌于虎门近两年之久。

总之，虎门炮台和严密的广州江防促使乾隆朝中央政府的"一口通商"政策落户于广州，随即而来的广州对外通商口岸繁重的管理任务，推动了嘉道时虎门炮台的急速扩张。第一次鸦片战争前的广州海防即虎门炮台承担着粤海关武装的特殊职能，在海上丝绸之路广州口岸管理中发挥了重要的作用，但由此也埋下了后来惨败于英国侵略军的隐患。它与海上丝绸之路广州口岸曾经的这种特殊关系很容易被这里曾经响彻云霄的抗英炮声和后来的要塞所掩盖。因此，当我们再现清代海上丝绸之路广州口岸的盛况时，广州南大门的卫士——虎门炮台不应缺位。虽然炮台所在地南沙昔日是由东莞所辖，但在第一次鸦片战争之前，国际商都广州的口岸管理长期依赖虎门炮台是不争的事实。因此，在当前大力打造 21 世纪海上丝绸之路新起点广州时，应当充分考虑南沙虎门在历史上与广州一口通商的密切关系，承接广州出海口在海上丝绸之路中特殊重要的历史地位，加强广州出海口在海上丝绸之路中重要性的研究，充分展现出海口在广州文化中的重要地位，提升广州在 21 世纪海上丝绸之路中的影响。

综上所述，从分析南沙现存历史文物可以看到，当我们今天重新审视

① 顾炳章：《虎门外海内河炮台图说》，王洁玉编《道光间广东防务未刊文牍六种》，全国图书馆文献缩微复制中心，1994，第 763 页；陈坤：《虎门炮台图说》，暨南大学图书馆藏本。
② 宗泽亚：《清日战争》，世界图书出版公司，2012，第 180 页。

广州在中国海上丝绸之路中的地位，再现昔日海上丝绸之路重要口岸广州的盛况时，南沙这个广州昔日唯一的南大门无论如何都不应缺位。昔日的国际大都市广州就与南沙这一部分不可分割，所以今天更不应该忽视南沙与黄埔港、粤海关和广州的特殊关系，在整理海上丝绸之路文物"申遗"时，要重视南沙现存的那些已经为数不多的广州海洋文物。

## 参考文献

[1]（清）王先谦：《东华续录·乾隆朝》卷四十六，清刊本。

[2]（清）仲振履：《虎门览胜》，暨南大学图书馆藏汉画轩钞本。

[3]（清）梁廷枏：《粤海关志》，广东人民出版社，2002。

[4]（清）丁拱辰：《西洋圆形炮台图说》，魏源：《海国图志》，清刊本。

[5]（清）文庆等辑《筹办夷务始末》（道光朝），上海古籍出版社，2008。

[6]（清）关天培撰《筹海初集》，台北文海出版社，1969。

[7] 王洁玉编《道光间广东防务未刊文牍六种》，全国图书馆文献缩微复制中心，1994。

[8]（清）陈坤：《虎门炮台图说》，新中国成立后油印本，暨南大学图书馆七楼古籍室藏本。

[9]《广东历代方志集成》，岭南美术出版社，2006。

[10] 中国第一历史档案馆编《鸦片战争档案史料》，天津古籍出版社，1992。

[11] 广州市文物博物馆学会编《广州文博》（四），文物出版社，2011。

[12] 陈建华主编《广州市文物普查汇编》，广州出版社，2008。

[13] 萧致治、杨卫东编撰《西风拂夕阳：鸦片战争前中西关系》，湖北人民出版社，2005。

[14] 茅海建：《天朝的崩溃——鸦片战争再研究》，生活·读书·新知三联书店，1995。

[15] 王宏斌：《清代前期海防：思想与制度》，社会科学文献出版社，2002。

[16] 宗泽亚：《清日战争》，世界图书出版公司，2012，第 180 页。

[17] 广东省文史研究馆编《三元里人民抗英斗争史料》，中华书局，1978。

[18] 顾涧清等著《广东海上丝绸之路研究》，广东人民出版社，2008。

[19] 广东文史研究馆编《鸦片战争与林则徐史料选择》，广东人民出版社，1986。

# 21世纪海上丝绸之路与广州南沙新区建设

**摘要：** 南沙是广州唯一临海的地区，其历史文化具备海洋文化的特点，本文通过对广州南沙在古代海上丝绸之路上独特地位的思考，探寻广州南沙新区在21世纪海上丝绸之路的独特作用。本文将结合南沙新区的发展现状，采用定性描述的研究方法，分别从历史、意义、基础、前景等几个角度分析21世纪海上丝绸之路与广州南沙新区建设的关系，评估了南沙新区建设成为21世纪海上丝绸之路重要节点的可行性，并提出了几点政策建议。

**关键词：** 南沙新区 海上丝绸之路 自由贸易区

"丝绸之路经济带"和"海上丝绸之路"建设是党中央、国务院根据全球形势深刻变化，统筹国际国内两个大局作出的重大战略决策。随着这一战略构想的推进与实施，我国将与沿线国家建立全面经济合作伙伴关系，形成面向中亚、西亚、东南亚等周边国家的完整开放格局，实现政策沟通、道路联通、贸易畅通、货币流通、民心相通，能够极大拓宽外部经济发展空间。

广州是古代海上丝绸之路的发祥地，也将在21世纪海上丝绸之路中继续发挥重要作用。国家发展改革委、外交部、商务部于2015年3月28日联合发布的《推动共建丝绸之路经济带和21世纪海上丝绸之路的愿景与行动》指出："充分发挥深圳前海、广州南沙、珠海横琴、福建平潭等开放合作区作用，深化与港澳台合作，打造粤港澳大湾区。……加强上海、天津、宁波—舟山、广州、深圳、湛江、汕头、青岛、烟台、大连、福州、厦门、泉州、海口、三亚等沿海城市港口建设，强化上海、广州等国际枢纽机场

---

[*] 涂雄悦，1981年生，广东省阳春市人，经济学硕士，2006年毕业于中山大学岭南学院，主要研究方向为"一带一路"、自贸区建设、航运中心建设等。

功能。……成为'一带一路'特别是 21 世纪海上丝绸之路建设的排头兵和主力军。"南沙新区位于珠江入海口，总面积 803 平方公里，是陆上与海上丝绸之路的重要交汇点、岸线经济与海洋经济的重要交汇点以及泛珠三角地区物流黄金大道的重要入海口，区位交通优势明显、港口资源条件优越、开发潜力较大、体制机制灵活开放，有基础有条件建设成为海上丝绸之路的重要节点。"一带一路"建设将更加凸显南沙新区的战略地位，有助于推动南沙新区成为区域合作的重要联结点，发挥集聚资源、辐射内外、促进陆海联动发展的功能。

## 一　古代海上丝绸之路的南沙元素

南沙是广州唯一的出海口，是广州通向海上丝绸之路的南大门。清代人说，"虎门距省百八十里，洋阔水深，乘潮驭风，不过一夜可到。十三行往来贸易，凡四十余国，莫不以虎门为总汇焉"[1]。南沙现存的海上丝绸之路文物古迹，如天后古庙、航道烟墩、古港灯塔、口岸炮台[2]等，是广州作为古代中国海上丝绸之路重要始发港之一的标志性象征，这些文物也说明南沙曾经是广州口岸的门户和不可分割的一部分，证明了南沙在古代海上丝绸之路中的重要作用。

在历史上，南沙在海上丝绸之路广州口岸中占据突出地位，至今仍在广州对外海上文化经贸交往中发挥着重要的作用，如近年来影响巨大的瑞典"哥德堡"号仿古船来访的第一站就按照历史习惯选择在南沙举行入口仪式，并在广州新港区落户南沙。在 21 世纪重建海上丝绸之路的大背景下，刚刚起步的广州南沙新区开发建设已经呈现出历史的色彩，南沙港的建设，服务于内地和港澳的服务业方向等都有着历史传承的印记。不言而喻，在今后南沙新区的开发建设中应该主动传承海上丝绸之路的历史传统。梳理南沙历史上海上丝绸之路文化的亮点，为 21 世纪海上丝绸之路与广州南沙新区建设和古代海上丝绸之路文化对接，延续历史文脉，寻求历史动力，是今天南沙新区开发建设需要着力关注的重点。

---

[1]　仲振履：《虎门览胜》卷上，暨南大学图书馆藏本。

[2]　详见陈建华主编《广州市文物普查汇编（南沙区卷）》，广州出版社，2008；陈建华主编《广州市文物普查增编（中卷）》，广州出版社，2014。

## 二 将南沙新区建设成 21 世纪海上丝绸之路重要节点的意义

与南沙在古代海上丝绸之路的作用相比，如今的广州南沙新区是我国深化粤港澳全面合作、对外开放的重要窗口，肩负着推动珠三角转型发展、促进港澳地区长期繁荣稳定、构建我国开放型经济格局的战略重任。

### （一）构建对外开放新格局

《珠江三角洲地区改革发展规划纲要（2008－2020 年）》明确提出要构建开放合作新格局，以粤港澳合作、泛珠江三角洲区域合作、中国—东盟合作为重要平台，大力推进对内对外开放，全面加强与世界主要经济体的经贸关系，积极主动参与国际分工，率先建立全方位、多层次、宽领域、高水平的开放型经济新格局。将南沙新区建设成为海上丝绸之路的重要节点，有利于发挥南沙新区及周边粤港澳区域的经济、文化、制度优势，适应经济全球化新形势，拓展经济合作的腹地与市场，着力强化与海上丝绸之路沿线国家和地区特别是东盟及印度洋周边国家的深层次、宽领域合作，高起点、高水平发展海洋经济、航运服务、装备制造、文化交流服务等现代产业，促进落实"一带一路"战略，提升我国新一轮对外开放水平，完善互利共赢、多元平衡、安全高效的开放型经济体系。

### （二）探索粤港澳合作新模式

《广州南沙新区发展规划》提出共建粤港澳优质生活圈，强化与港澳基础设施对接，建设具有世界先进水平的综合服务枢纽。南沙新区具有推动粤港澳全面合作的独特优势和基础。将南沙新区建设成为海上丝绸之路的重要节点，进一步贯彻落实内地与港澳更紧密经贸关系安排，做好对港澳的先行先试工作，深入拓展香港与内地的经贸领域合作空间，促进内地营商环境的国际化、法制化，有利于贯彻"一国两制"方针，发挥两个市场、两种机制的优势，巩固香港国际经济中心、金融中心、航运中心的城市地位，维护港澳地区长期繁荣稳定，促进大珠江三角洲一体化发展，探索新形势下粤港澳合作的新模式，实现三地的共同繁荣发展。

### （三）增强广州国家中心城市新优势

将南沙新区建设成为海上丝绸之路的重要节点，依托南沙新区陆海连接、港口资源丰富、空间腹地广阔、衔接国际国内的独特优势，推动与珠江经济带、高铁沿线城市的深层次合作，有利于发挥广州在华南区域的政治、经济、文化优势，形成制度辐射、创新辐射、交通枢纽辐射的带动优势，有利于进一步深化广州与东盟的经贸、文化、人员、资本流通，凸显广州在沿线城市的比较优势，同时借鉴新加坡等发达国家和地区的先进经验，推动多领域的互补合作，强化辐射带动作用，建成面向世界、服务全国的国际大都市，更好地推动南沙新区成为广州作为国家中心城市面向世界、服务全国、辐射华南的新优势和新动力。随着海上丝绸之路的建设，广州作为国家中心城市的地位将进一步凸显，发展空间和辐射范围将进一步扩大，建设世界级城市群的态势将进一步增强，在海上丝绸之路中的突出优势将进一步稳固，在东盟及沿线其他国家的影响得以扩大，对区域经济社会发展的重要辐射带动作用进一步强化。

## 三 将南沙新区建设成 21 世纪海上丝绸之路重要节点的基础

历史上，南沙凭借独特的地理位置成为广州的南大门。今天，南沙新区建设海上丝绸之路重要节点的优势不仅限于此。

### （一）区位条件优越

南沙新区地处珠江入海口西岸，是珠江三角洲的地理几何中心，距离香港、澳门特区分别只有 38 海里和 41 海里，半径 100 公里范围内覆盖整个珠三角区域。区内拥有大型深水集装箱、粮食和杂货通用泊位和江海联运码头，配套有密集的高速公路、高速铁路和成绩铁路网，周边 70 公里范围内拥有广州、深圳、珠海、香港、澳门五大国际机场。南沙新区是珠江流域通往海洋的主要通道，既是广州对外开放的门户，也是连接珠江口两岸城市群的枢纽，具有沟通南北、承东启西、联通陆海的区位优势，战略地位十分显要。

## （二）经济发展迅速

近年来，南沙新区经济发展势头良好。2013 年南沙新区完成地区生产总值 908.03 亿元，同比增长 12.5%；固定资产投资 250.74 亿元，同比增长 31%；公共财政预算收入 52.58 亿元，同比增长 13.9%。2014 年前三季度，全区实现地区生产总值 694.28 亿元，同比增长 12%；1－11 月，实现规模以上工业产值 2416 亿元，同比增长 15.2%；固定资产投资 347.17 亿元，同比增长 60.6%，三项主要经济指标增速均列全市第 1 位，全区形成了经济快速发展的良好势头①。

## （三）政策优势叠加

南沙新区享受国家和省、市多个层次、多个领域的政策支持，可谓集国家新区、自贸区、国家级经济技术开发区、保税港区、高新技术产业开发区和广东省实施《内地与香港关于建立更紧密经贸关系的安排》（CEPA）先行先试综合示范区功能于一体。2014 年 12 月，国务院决定设立中国（广东）自由贸易试验区，其中南沙新区片区规划面积 60 平方公里。国务院已出台金融领域创新 15 项政策。《广州南沙新区发展规划》《珠江三角洲地区改革发展规划纲要（2008－2020 年）》明确要求，加快推进南沙新区的规划建设和体制创新，《粤港合作框架协议》明确南沙新区为粤港重点合作区。此外，南沙新区还拥有国家一类对外开放口岸、粤港澳人才合作示范区以及经济技术开发、高新技术产业开发区、保税港区等国家级特殊经济功能区政策。作为广东省构建开放型经济战略平台和推进粤港澳合作重点区域，南沙新区被列为广东省实施 CEPA 先行先试综合示范区、广东海洋经济综合实验区。作为广州国家中心城市建设的"一号工程"，南沙新区被提升到打造新城市化典范的高度加以扶持。省、市人大常委会批准的《广州市南沙新区条例》，把新区开发建设纳入法治化轨道，明确和规范了南沙新区管理体制、规划建设、与港澳地区合作、生态环境保护、促进产业发展、创新社会治理等重要内容。

---

① 文中统计数据皆来源于广州南沙统计网，http://www.gzns.gov.cn/tjxx/tjsj/，2014 年 12 月。

### （四）航运产业初具规模

南沙港是广州港主力港区，位于广州市最南端的龙穴岛，地处珠江三角洲的几何中心，方圆 60 公里覆盖广州、深圳、珠海等 14 个大中城市，方圆 100 公里内珠江三角洲城市群网罗其中，是珠江三角洲西部唯一的深水码头，是广佛经济圈和珠江三角洲西翼城市群通向海洋的必由之路，区位优势明显，岸线资源优良，集疏运体系完善，内陆辐射能力强大。2013 年，南沙港区集装箱吞吐量超过 1000 万标箱，全球单一港区排名第 12 位。2014 年 1－11 月，港区已完成集装箱吞吐量 986 万标箱，同比增长 5.8%；其中内贸 591.4 万标箱，同比增长 6.8%，外贸 394.6 万标箱，同比增长 4.3%。

南沙港区一、二期码头主岸线长 3500 米，拥有 10 个 10 万吨级专业化集装箱泊位、驳船岸线 1375 米、世界一流的超巴拿马型集装箱装卸桥 41 台。正在建设的南沙港区三期工程投资额 74.92 亿元，计划建设 4 个 10 万吨级集装箱泊位和 2 个 7 万吨级集装箱泊位，配套建设 24 个 2000 吨级集装箱驳船泊位。南沙港区已开通欧洲、北美、非洲等 57 条内外贸班轮航线，其中外贸航线 41 条，内贸航线 15 条，已经成为华南地区最大的内外贸货物集散地。国际海运通达世界 80 多个国家和地区的 350 多个港口，与国内 100 多个港口通航，与海上丝绸之路沿线的新加坡港、巴生港、胡志明港、雅加达港、苏伊士港等沿线港口货物贸易往来密切，并正在建设疏港铁路和世界邮轮旅游航线著名节点，依托南沙保税港区建设大宗商品交易中心和华南重要物流基地。2013 年，南沙港区完成货物吞吐量 2.1 亿吨，集装箱吞吐量 1032 万标箱，列全球海港第 12 位。

目前，在南沙龙穴岛注册的港航物流、跨境电子商务和国际贸易企业有近三百家。南沙港是华南地区进口塑料、金属、木材等生产性原材料的重要集散地，对广东和华南地区具有重要的辐射作用。依托南沙港强大的辐射力，广州港先后在昆明、长沙、衡阳、贵阳建立了"无水港"和办事处，实现对珠三角区域中小码头业务的全覆盖，辐射湖南、江西、云南、贵州、四川等地的泛珠江三角洲经济腹地。

## 四　将南沙新区建设成 21 世纪海上丝绸之路重要节点的前景

南沙新区拥有自贸区和国家新区的双重优势，对深化粤港澳全面合作、推动珠三角转型发展、促进港澳地区长期繁荣稳定、构建我国开放型经济新格局具有关键作用，正处于科学发展、跨越建设阶段。目前经济基础还不够强大，社会建设与治理有待进一步优化，亟待加快经济社会发展，培育优势支柱产业形成核心竞争力，创新体制机制，探索发展新模式新路径，全面深化与港澳务实合作，做好与周边地区错位发展，实现区域间优势互补。

分析目前国内外的形势，可以发现南沙在建设 21 世纪海上丝绸之路重要节点过程中具备了一定的优势。在后金融危机时代，世界经济、贸易、投资、多双边机制等领域正发生一系列新变化。全球经济格局和国际投资格局"南升北降""东升西降"的趋势继续发展，新兴市场和发展中经济体在世界经济中的份额已达 50％，发展中国家质检贸易量大增。南沙新区地处珠江入海口，与亚洲发展中国家往来便利，在全球经贸格局变动中处于有利地位，南沙港面临发展成为国际航运中心的历史机遇，这是南沙作为 21 世纪海上丝绸之路重要节点的一个不可或缺的条件。

同时，发展自由贸易园区是我国在新形势下全面深化改革和扩大对外开放的重大举措。率先试行的上海自贸区至今已经取得了明显的成效，在外资准入制度的负面清单管理、境外投资备案管理、工商登记注册资本认缴制以及海关和检验检疫联动监管等方面出台了一系列投资贸易便利化措施。广东自由贸易试验区与港澳毗邻、关系密切，可望充分发挥港澳在国际经济中的突出地位和优势，以更大力度推进实施和创新各项自贸区政策，在借鉴上海自贸区经验的基础上形成更加自由、开放、灵活的体制机制。南沙新区片区是广东自由贸易试验区的重要组成部分，可建设成为贸易业态模式创新、投资开放创新、离岸型功能创新、政府管理服务创新的示范区，全面激活开放型经济新区潜力。

## 五　将南沙新区建设成 21 世纪海上丝绸之路
## 重要节点的政策建议

首先，强化南沙新区的交通网络建设。一要科学规划建设以南沙港区为中心、辐射珠江三角洲的高速公路交通圈，强化南沙新区连接珠江口东西两岸城市群的枢纽地位，提升广州南沙港的亚太枢纽和华南门户功能。二要发展多式联运，形成南沙新区海陆空协调配套的交通体系。加快疏港铁路建设，构建水运、空运、铁路、公路便利连接的立体化综合运输交通网络，使南沙新区人流、物流集散能力与战略地位相匹配。

其次，全面提升航运物流产业集群。积极拓展港口功能，重点发展现代港口物流、高端航运服务业，加快集装箱运输系统和能源运输系统建设，完善主枢纽港功能，大力发展国际中转、国际配送、国际采购、国际转口贸易和出口加工等港口物流业务。加快推进塑料、煤炭、钢铁等大宗商品交易中心建设，努力把广东自由贸易试验区南沙片区逐步打造成泛珠三角区域的现代物流交易平台。

再次，大力发展航运金融业，完善公共服务功能。以发展自贸区为契机，探索人民币国际化，稳步推进资本项目开放。积极借鉴香港金融、海洋经济的发展经验，加强金融市场建设，拓宽融资渠道，创新金融保险工具，完善海洋金融服务体系。借鉴新加坡、中国香港地区的经验，提升货运代理、航运代理、口岸通关、船舶维护、后勤补给等传统航运服务产业发展水平，充分发挥自贸区的政策优势，依托港口船舶主业大力发展港航信息、贸易、金融、保险、咨询等现代服务业务，加快培育南沙港区跨境电子商务服务。

复次，推进智慧港口建设。推动南沙港区积极采用物联网、云计算、大数据、移动互联网等信息技术，建立港口感知网络，发展基于大数据的高品质增值信息服务。大力推进港口、船东、货主、口岸监管部门间的电子数据联网交换，提升港口物流信息一体化服务能力和水平。发展第三方港航信息服务、电子商务服务，延伸港口物流信息增值服务。

最后，促进商品服务贸易自由化。推进南沙新区货物、服务贸易便利化，拓宽市场准入，依托自贸区、保税港区等功能区域，创建航运、物流、金融等行业聚集区，大力发展进出口配送、期货交易交割、离岸金融与贸易等业务，完善发展保税仓储、跨境电子商务、进口商品展示交易、国际商品价格形成及信息发布等国际贸易功能，活跃广州、泛珠三角及中国内地与港澳、东亚及 21 世纪海上丝绸之路沿线国家和地区的经贸往来，促进全球资源流动。

　　综上所述，南沙新区应以史为鉴，寻求历史动力，延续历史文脉，抓住国家推进"一带一路"建设的宝贵时间窗口和重要战略机遇期，以全面深化粤港澳合作为依托，以大力推动和参与国家海上丝绸之路跨区域合作交流项目和平台建设为主线，以创新开放型体制机制为突破，着力推进提升海陆统筹、互联互通水平；推动生产要素跨境流动和优化组合，努力把南沙新区打造成为我国与海上丝绸之路沿线国家交通联通、贸易畅通、文化相通、政策融通的重要枢纽；携手港澳共建大珠三角国际航运中心，推动营商规则与国际对接及创新，深化泛珠地区与东盟的经贸文化合作，开展离岸经济发展综合试验，在国家南海开发和国际合作中承担更多的综合服务保障功能；构筑国家安全战略纵深的屏障，保障国家能源通道安全，维护国家海洋主权和权益，提升我国国际影响力，形成海上丝绸之路面向南海和印度洋的战略支撑平台。

## 参考文献

［1］仲振履：《虎门览胜》卷上，暨南大学图书馆藏本。

［2］周汉民、王其明、任新建：《上海自贸区解读》，复旦大学出版社，2014。

［3］上海财经大学自由贸易区研究院：《赢在自贸区 寻找改革红利时代的财富与机遇》，北京大学出版社，2014。

［4］陈建年、卢晓芬：《港口发展与广州南沙地区的开发》，《中国人口·资源与环境》2002 年第 6 期。

［5］曹小曙、彭灵灵：《珠江三角洲港口物流与城市发展》，商务印书馆，2011。

［6］王缉宪：《中国港口城市的互动与发展》，东南大学出版社，2010。

# 热点聚焦

# 广州学研究要回归商都本真

## ——区域研究视野中的广州城市个性

冯崇义[*]

**摘要**：本文从综合性、现实性和地方个性三个概念切入，认为将"广州学"放在国际学术界区域研究的视野中来定位，是从多学科角度综合研究广州个性的学问，重点研究广州的现实问题，挖掘广州的历史文化资源，服务于广州的建设和发展。广州最突出的城市个性体现于开放性商业都会，既得益于自然地理条件，更依托于人文地理，特别是与以开放和务实为根本精神气质的岭南文化相辅相成。

**关键词**：区域研究　广州学　城市个性　商都

## 一　区域研究视野中的"广州学"

在国际学术界，区域研究（area studies）是第二次世界大战之后新兴的学术领域[①]。这一新的学术领域或学科，从整体上研究地理、文化、经济或政治意义上的某一区域。作为研究对象的区域，其范围可以大到横跨几个洲的文明单元，如"伊斯兰研究（Islamic Studies）"，或一个洲，如"亚洲研究（Asian Studies）"，可以是一邦一国，如"新西兰研究（New Zealand

---

[*]　冯崇义，现任澳大利亚悉尼科技大学（University of Technology，Sydney）人文与社会科学学院副教授、南开大学历史学院兼职教授、广州大学广州发展研究院特聘研究员。主要研究领域是现代以来的中国思想文化，兼及当代中国的政治和社会变迁。主要学术专著有《罗素与中国》（三联书店，1994）。

[①]　David L. Szanton，ed.，*The Politics of Knowledge*：*Area Studies and the Disciplines*，University of California Press，2004.

Studies)" 或 "中国研究（China Studies）"，也可以小到一省一城，如"广东研究（Guangdong Studies）" 或 "广州研究（Guangzhou Studies）"。

当然，以某一国家或某一文明为研究对象的人文研究源远流长，在区域研究成为一个学科之前就已经吸引很多学者为之呕心沥血。不过，在区域研究成为正式学科之前的这一类研究，其内容基本上可以归结为古典研究。那时的研究所关注的是各种文明的古代典籍和考古发现，解读各种古代语言及其他文化符号、翻译各类经典著作、探讨各个古代文明的起源和兴衰，与第二次世界大战之后关注现实问题的区域研究不可同日而语。以对中国和中国文明的研究为例，在区域研究这一学科兴起之前，国际学界对中国和中国文明的研究，通常被称为 "汉学"（Sinology），研究的焦点是中国古代的语言文化、历史、哲学及宗教信仰。第二次世界大战之后兴起的 "中国学"（Chinese Studies 或 China Studies），研究的焦点是当代中国的政治、经济和文化，尽管也继续研究原先 "汉学" 所关注的中国古代语言文化、历史、哲学及宗教信仰。古典研究承载的是人类文化传承的历史长河，以及一些好古学人思古之幽情的自然流淌和好奇心的自我满足。在第二次世界大战之后应运而生的区域研究，则是功利性至强的经世学问，从横空出世的第一天起就是为了满足现实的迫切需要。那个时候，世界被分割成相互对立的资本主义和共产主义两大阵营，随着殖民主义时代的终结而获得独立的诸多亚非拉国家，也与原来的宗主国处于对立之中。对立的双方都迫切需要全面认清对手，特别是各个国家的制度安排、政府政策、社会结构、经济状况、宗教信仰和人心向背等等。以这种现实需求为背景，20 世纪 40 年代末 50 年代初区域研究这个学科首先在美国兴盛起来，并迅速向全球扩展。除了专门的研究机构和智库，世界各国的主要大学和研究院都争先恐后建立区域研究的学科和项目，在世界学术界蔚为壮观。

同许多新生事物一样，区域研究这个学科也是从问世伊始就风雨兼程、伴随着质疑争议和内部分歧。从分析框架和方法论的角度说，区域研究是借助传统学科的理论、范式和方法来研究某一地理和政治单元，在具有普遍性的理论、范式、方法和具有特殊性的地方知识之间，有着内在的张力。因而，围绕区域研究这个学科的争议，可以归结为普遍性和特殊性之间的张力。偏爱普遍主义传统学科的学人，强调人类的共性和整体性，强调普世公理及知识普遍性，强调各种理论、范式、路径具有跨越民族、国家和地区边界的普适性。历久不衰的"现代化理论",其前提预设就是所有国家、民族和地区都无一例外地要经历从"传统"到"现代"的发展,落后的民族、国家和地区会沿着先行者的足迹发展进步,实现经济、政治、社会和文化的现代化。学术界的任务是探讨促进或阻碍现代化的各种变量,并寻求因应之道①。与此大异其趣,心仪区域研究的学人不认为套用普遍性的理论和公式就可以万事大吉,而是看重各类人群的独特文化和制度、各种独特文化传统的历史传承、各个特定时空的背景知识、各色人文景观的独特机理,以及由上述各种因素造就的不可化约的个性。在他们看来,尽管人类知识具有普适性,不深刻理解那些别具一格的历史文化传承和独特的人文背景,对各个国家、民族和地区的制度、政策和民意的评判往往会流于捕风捉影或隔靴搔痒。

较之传统学科,区域研究凸显三个特性:综合性、现实性和地方个性。第一,从学科分类的角度说,区域研究凸显综合性。它是历史学、地理学、政治学、经济学、社会学、文化人类学、语言文学等多个学科的交叉和综合,将多个学科的研究对象、研究范式及研究方法融为一体,以求将研究对象作为一个整体来全面把握。第二,从学科功能的角度说,区域研究凸显现实性。区域研究背靠传统学科的基础性研究,但它所强调的是现实需要和现实功能,主要着眼于对现实问题的研判、探讨解决现实问题的因应之道、挖掘地方文化资源以服务于现实需要。第三,从方法论的角度说,区域研究凸显地方个性。诸如哲学、历史学、政治学、经济学、社会学等传统学科,依托人类共性,致力于追寻普适性的知识。区域研究的着眼点则是不同区域和人群的个性,深入探讨千差万别的区域特色和丰富多彩的地方个性。

放在国际学术界区域研究的视野中来定位,"广州学"是从多学科角度综合研究广州个性的学问,重点研究广州的现实问题、挖掘广州的历史文化资源,服务于广州的建设和发展。可喜的是,近年来对广州的研究已经

---

① Seymour Martin Lipset, "Some Social Requisites of Democracy: Economic Development and Political Legitimacy", *The American Political Science Review*, Volume 53, Issue 1, March 1959, pp. 69 – 105; Walt Whitman Rostow, *The Stages of Economic Growth: A Non-Communist Manifesto*, Cambridge University Press, 1960; *David* Ernest Apter, *The Politics of Modernization*, University of Chicago Press, 1965.

蔚然成风，编撰出版了有关广州历史、文化、文学、艺术、政治、经济、社会等各个方面的大批文献，特别是广州历史文化大型丛书《广州大典》。对广州的整体性综合研究也拉开了帷幕，刚刚出版的《广州学引论》，算是这方面的开山之作①。

## 二　广州学研究要回归"千年商都"之本真

广州是一座古城，历史文化源远流长。古代城市分两个大类：一类是凭借政治权力而修建的政治城市，往往规划宏伟整齐、街道笔直，刻意展现威严与壮美；另一类是依托交通之便而由集市贸易演化而来的商业城市，通常是自然平实、错落任性，总以随缘便民为本。就其起源而论，如果说北京是凭帝王意志兴建的政治城市的典型，那么，广州则是由商人兴建的商业城市的典型。既有三江汇流、四海通航的地理优势，又依托物产丰饶的珠江三角洲，广州自古便有商业城市的天生丽质。在这座城市漫长的历史岁月中，唯有 1949 年后 30 年间对商业文化的打击，一度使广州失真。所幸 30 多年前起步的改革开放，才又使广州的商业文化恢复元气、重放异彩。世界文化名城的建设，离不开充分挖掘和动员本土文化资源所形成的比较优势和竞争优势。当今打造广州城市品牌、凸显广州城市个性，可取之道是回归开放性商都之本真。

广州商都与岭南文化相辅相成。岭南文化无论从哪一角度进行界定，开放和务实都是最为突出的两大特色。论阳春白雪，"学海堂"依据海纳百川、经世致用的精神将汉学与宋学、古文经学与今文经学合冶于一炉；"万木草堂"更情怀千古、放眼世界，融新学与旧学、西学与中学为一体，造就了康有为、梁启超等一批维新领袖。说下里巴人，广州民风不慕虚文排场，而崇尚说实话、干实事、求实效、讲实惠②。这种开放、务实的岭南文化，与支撑、滋润广州的商贸经济相映成趣。

广州是以大江大海为依托、广纳天下人才货物的千年商都。特别重要的是，在世界文明的古典时期，广州便是"海上丝绸之路"的东方始发港；

---

① 邱昶、黄昕：《广州学引论》，广州出版社，2014。
② 参阅陈乃纲《岭南文化》，同济大学出版社，1990；李锦全等：《岭南思想史》，广东人民出版社，1993。

在阿拉伯商人主导国际贸易的中世纪，广州是国际海洋贸易圈的东方中心和枢纽；在西洋人挟着资本主义文明渡海东来的近现代，广州及广东成为中华帝国接受世界新文明洗礼的前沿①。比起他们的北方同仁，成长于广东的近代维新派和革命派领袖，对资本主义工商业文明有更及时、更深刻的领悟和认同。1994年，身跨官商两界的广东早期维新思想家郑观应刊行《盛世危言》五大卷，论证"商战重于兵战"的救国之道。同一年，正在走上革命道路的孙中山在《上李鸿章书》中将"货能畅其流"列为"富强之大经、治国之大本"的四大方略之一②。

商贸经济和开放务实的文化，铸就的是"海洋文化"的品格。相对于中国大一统内陆文化的母体，广州这种开放性"海洋文化"的城市品格，弥足珍贵。广州及广东的开放性"海洋文化"，近代以来在中国引领潮流，居功至伟。近代第一批"睁眼看世界的中国人"，大都出自广州及广东，包括刊行《海录》这一近代中国介绍世界概况第一部著作的谢清高，以评述"洋务"《粤海关志》《夷氛闻记》和《海国四说》等书闻名的梁廷枬，在广州担任钦差大臣时主持编译《华事夷言》和《四洲志》、力图全面介绍"夷情"的林则徐，以及著有《西学东渐记》的近代中国第一位留学生容闳。近代中国不惜当"天朝弃民"、勇敢地踏破万里波涛到海外营生的华侨，70%以上来自广东一省。这些华侨根据自身经验，直接引进海外的文化、技术和制度。近代中国第一家资本主义私营工业企业，就由广东华侨陈启枢、陈启沅兄弟创办于广州近郊南海县。更为重要的是，从事改良和革命两种方式结束君主专制、建立现代宪政制度的头号政治领袖都来自广东，包括主张君主立宪的康有为、梁启超和主张民主共和的孙中山。

在中华民国时期，广州的商业经济和市政建设都获得了长足的发展。在20世纪二三十年代，广州的商业从业人员在城市居民中所占的比例高达近30%。当时的广州，特别是西关一带，商行遍布、商店林立、商贾云集、车水马龙，再加上灯红酒绿、鳞次栉比的宾馆酒楼、花筵茶居，繁华之极。引人注目的不仅有威震海内的多家百货商店，还有遐迩闻名、极具本土特

---

① 徐德志等：《广东对外经济贸易史》，广东人民出版社，1994。
② 孙中山：《上李鸿章书》，《孙中山选集》，人民出版社，1981，第1-13页。

色的各种专业市场①。

在几乎中断了整整 30 年之后，20 世纪 80 年代以来，广东及广州得以重新敞开门户，全国人才云集岭南，在改革开放中"先行一步"、大显身手②。当然，要在广州的城市建设中消除政治挂帅和指令经济留下的阴影，消弭保守政治势力和官本位对以平等交易和契约精神为内核的商业文化的不利影响，仍然任重而道远。以有容乃大的开放胸怀彻底拆解本地人和外地人之间的樊篱，以务实精神和平等国民待遇善待各方人士，也同样有待设计和落实制度安排方面的新举措。但是，广州文化基因中的平等交易和契约精神，所体现的正是先进的现代性。凭借开放和务实的精神积极进取，广州会迎来开放性商都的复兴。

---

① 张晓辉：《民国时期广东社会经济史》，广东人民出版社，2005；黄增章：《民国广东商业史》，广东人民出版社，2006。

② 傅高义（Ezra Vogel）：《先行一步：改革中的广东》，广东人民出版社，2008。

# 广州居民的社会参与：一个城市个案

黄石鼎[*]

**摘要：**社会参与是实现公民自身价值、进行社会创新、建设现代社会文明的必经渠道。本文基于 2013 年 10 – 11 月对广州市 11 个区县全体居民类型的 435 户入户问卷调查，试图了解目前广州市居民社会参与的总体特征和具体情况，并基于此分析广州市社会参与方面存在的问题，并提出相关对策建议。

**关键词：**社会参与　参与动机　参与渠道　社会团体

社会参与是指社会成员以某种方式参与、干预、介入国家的政治生活、经济生活、社会生活、文化生活以及社区共同事务，从而影响社会发展的过程。一般来说，社会参与具有以下三方面的核心内容：第一，社会参与是在社会层面进行的，围绕社会的各个层面、不同深度进行是社会参与的基本范畴；第二，社会参与是由人及人的组织架构所构成的，因此社会参与是与他人联系在一起的；第三，社会参与是体现参与者价值的，参与者通过参与社会发挥自身价值、创造社会价值。

社会参与是一个现代公民社会是否发展完善的重要参考指标，其原因就在于，社会存在的根本价值就在于社会公众能够发挥自身价值、处理与自己相关的事务，并成为推动社会不断进步和发展的主体。落后社会和文明社会的本质区别就在于社会个体是被动地被统治和管理的细胞、实现统治和专制的工具手段，还是真正能表达和建立实现自身需求的畅通渠道。而这一渠道的建立，正是积极和有效的社会参与。社会参与不仅建立正向的需求表达和

---

* 黄石鼎，男，北京大学城市与环境学理学硕士。现任广州市社会科学院城市管理研究所所长、研究员，广州市政府重大行政决策论证专家。主要从事城市管理学和城市社会学的应用研究。

完成机制，而且能产生反馈修正效果，通过不断地发挥学习功能，反过来作用于社会的每个个体，使公民的公共意识得到强化，提高人们在社会生活中的自主意识和自主空间，从而激活社会个体的主动性，提升整体社会活力。

具体来说，第一，社会参与通过动员、组织、支持和推动公民采取行动，自己解决相关发展问题，形成以社区或其他行动场所为载体的自治机制，将社区性的或某一活动范围内的公共事务交由成员自己来治理。例如，可以通过各种公益性民间组织的培育，执行过去由政府执行的某些公益性职能，从而形成对政府机制的制约和补充。第二，社会参与可以在促进政府机构改革与政府职能转变、促进与社会主义市场经济相适应的新型伦理道德体系的形成等方面发挥重要的作用。第三，社会参与可以发挥渠道作用，通过这种渠道，公民可以进入更大的宏观决策领域当中。第四，社会参与发挥着应对社会公共危机的重要功能。经济合作与发展组织在 2003 年发表的《21 世纪面临的新风险：行动议程》中提出了危机管理机制的新观点，其中将"采取综合、协调的方式，把政府、志愿者、民间机构团体结合在一起，做好应对计划、组织和安排"作为 21 世纪公共危机管理的重要内容。这也是美国屡次政府停摆而社会依然秩序良好的重要原因。第五，社会参与是培养公民精神和城市精神的必由之路。托克维尔在《论美国的民主》中对美国公民精神大加赞扬。在他看来，自由结社与热情参与是美国公民的显著特征，也是现代民主政治的必要条件。与此相对应的是，现代中国城市人群宁愿待在自己家里看电视也不愿意认识邻居或参与社区活动，公民精神的形成是由公民在相互的沟通和参与中碰撞而生的，公民精神和城市精神都缺乏生长的土壤和环境。

## 一　调查抽样情况

为了解广州市居民的社会参与情况，课题组于 2013 年 10 - 11 月在全市范围内针对广州市 11 个区（县）居民的社会参与意愿、参与领域、参与方式、参与动机等方面进行了全市范围的调查。共回收样本数 435 份。

### （一）抽样方式方法

一般调查分随机抽样和非随机抽样两大类。此两类下又有多种抽样方法，调查实施者可根据调查目的和调查对象特点，结合不同抽样方法的适用性和所能达到的效果有选择地使用抽样方法。

本调查根据广州市居民的区县分布总数来进行抽样。根据居住人口总数，每个区县选择相同比例、不同数量的样本，抽取一些具有代表性的街道、以入户结构式访谈的方式来开展调查。基本抽样方式为：每个区选取两个街道，每个街道选取 4 个社区，每个社区入户进行最多 4 份问卷的调查。这样就能保证样本非常分散，具有分布的广泛性。

在样本量方面，在统计意义上，30 份样本量即可统计分析；但若要进行一些高级统计分析，一般要求样本量在 100 份以上。本调查的目标样本量为 450 份，纯净样本量是指去掉不合格或未回答的调查对象以后的剩余量，本调查采用 90% 的置信度，最大允许绝对误差取值为 8%（但受条件所限有些偏低）。再根据发生率和回收率形成的样本增量（1.1 倍），最后回收有效问卷 425 份，有效率为 94.4%。问卷发放是根据各街道给出的抽样框（含有地址、姓名等指标）作系统随机抽样后进行的。另外，每个访员给予了该街道的抽样框名单（要求名单保密，调查完毕回收），在遇到空挂户、信息更新不及时、已搬走换人、语言不通等情况时，可现场在该户的上一个门牌号和下一个门牌号中随机抽取一户替代。

（二）回收样本的属性

区县分布。样本均衡分布到广州市 11 个区县。天河、海珠、荔湾和越秀是人口密集的区域，天河的分布比例最大，其次是海珠和越秀区（见表 1）。

表 1　样本的区县分布

| 区县 | 样本比例（%） |
| --- | --- |
| 白云区 | 13.7 |
| 从化市 | 0.4 |
| 番禺区 | 10.3 |
| 海珠区 | 14.6 |
| 花都区 | 3.5 |
| 黄埔区 | 5.0 |
| 荔湾区 | 11.6 |

续表

| 区县 | 样本比例（%） |
|------|------------|
| 南沙区 | 3.7 |
| 天河区 | 18.8 |
| 越秀区 | 14.0 |
| 增城市 | 4.4 |
| Total | 100 |

性别比例。回收的样本中男性占 50.6%，女性占 49.4%。

籍贯。广东省人占 52.6%，非广东省人占 47.4%。

学历。被调查者的学历符合广州市居民的基本特征。依然以高中及以下学历为主，大专及以上的学历只占 18.1%（见表 2）。

表 2 被调查者学历分布情况

| 学历分布 | 样本比例（%） |
|---------|------------|
| 没上过学 | 4.6 |
| 小学及未毕业 | 15.1 |
| 初中及未毕业 | 37.5 |
| 高中（含中专、技校） | 24.7 |
| 大专（含高等技术院校） | 8.5 |
| 本科 | 7.2 |
| 研究生及以上 | 2.4 |

职业。被调查者的职业分布比较均衡。比例最高的是"在公司企业、单位从事专业技术和管理工作"的人员，其次是"灵活就业的手工业者和服务行业从业者"，再次是自己"一线普工工作、手工艺或服务行业"（见表 3）。

表 3 被调查者的职业属性

| 职业属性 | 样本比例（%） |
|---------|------------|
| 读书、学习或参加全职培训 | 5.5 |
| 自己当老板，做生意 | 12.2 |
| 在公司企业、单位从事专业技术或管理工作 | 20.8 |
| 一线普工工作、手工艺或服务行业 | 13.3 |
| 灵活就业（兼职、零工、摆摊等） | 14.9 |
| 失业中或正在找工作 | 4.4 |

续表

| 职业属性 | 样本比例（%） |
|---|---|
| 不工作或暂无工作意向 | 4.2 |
| 退休 | 13.7 |
| 其他 | 10.9 |

## 二　广州居民社会参与的总体参与情况

### （一）超过六成居民关心社会活动，1/4 的居民目前参与社会活动

社会参与意愿是公民社会参与的前提和基础性条件，是指对有关的社会活动所持的基本态度和思想倾向。譬如，对社会事务的关心程度，对自我成长和发展的目标与愿望等等。一般来说，公民教育层级越高，其社会参与意识就越强。目前广大市民的思想观念先进，权利意识、主体意识、平等意识、自由意识和竞争意识明显增强，社会责任感普遍得到提高，他们更希望通过社会参与来表达自己的利益需要和社会诉求，并期望融入城市生活。

在参与意愿方面，调查表明，65.9% 的居民表示出不同程度的关心社会活动情况，但约 1/4 的被调查者会"积极参与"或"偶尔参与"社会活动，有约 1/3 的人表示"不关心，不参与"（34.1%），而四成的人虽然"关心社会，但不参与"，关注大于行动（见图 1）。

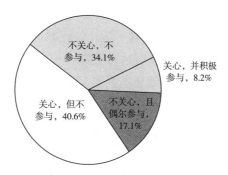

**图 1　广州居民对"社会"的关心和参与情况**

### （二）居民的主要目的是了解和接触社会

2/3 的被调查者认为自己是"出于兴趣和接触社会的需要"而参加社会

活动的，"服务和回报社会"的选择比例只有 6.7%（见表 4）。这说明，在我国主动奉献回馈社会的氛围尚未形成。

表 4　关心或参与社会活动的主要目的

| 主要目的 | 样本比例（%） |
| --- | --- |
| 单位或社团要求的 | 1.1 |
| 实现个人发展 | 5.0 |
| 无聊，随便看看 | 15.8 |
| 个人兴趣，了解社会 | 66.4 |
| 实现自我价值 | 1.9 |
| 服务和回报社会 | 6.7 |
| 其他 | 1.4 |

### （三）文体娱乐活动是居民最热衷参加的社会活动

《宪法》第 2 条明确规定："人民依照法律规定，通过各种途径和形式，管理国家事务，管理经济和文化事业，管理社会事务。"目前居民参与的领域越来越广，参与的具体社会事务包括讨薪、争取社保权益、增加子女教育投入等等，都是关系居民切身利益的问题，几乎涵盖了农民工的就业、培训、社会保障、住房、子女受教育等涉及经济、社会、文化的各个方面。

调查发现，五成被调查者选择最主要参加的活动是"文体娱乐活动"。值得注意的是，"志愿者等公益活动""社区科教、卫生和文明建设与管理类活动"的参与比例也不低，分别达到了 27.3%、25.2%（见图 2）。这说明，近年来政府开展社会管理创新系列行动后，公益性组织蓬勃发展，在带动人们参与社会活动方面取得了积极的效果。

### （四）12.5% 的居民主动到现场参与志愿者和义工活动

社会参与分为很多方面，根据参与的深浅程度和性质不同，分为单向接受型、主动参与型和主动发起型。单项接受型主要是指接受外来的信息、指令，但不作出回应的参与类型。而主动参与型则不仅接受信息指令还作出积极响应。除此以外，还有更高阶的主动发起型，主动发起型对外发送信息指令，引导公民参与社会。

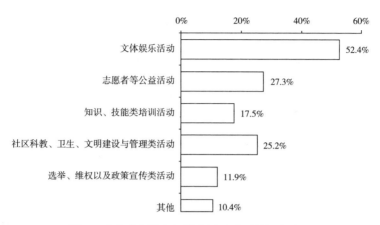

**图 2　对平时主要参加社会活动类型的调查结果**

约九成（89.2%）的被调查者参与所喜爱的社会活动方式是"关注或阅读"，这种方式一方面是浅层次的单向型活动，另一方面未形成回馈机制，对社会产生的影响较小（见表 5）。

也有一小部分（10% - 15%）被调查者会走到室外，亲临现场参加志愿者活动、义工、社会维权等双向或多向型的社会活动。因本次调查的抽样是基于住宅进行的，代表广大的普通居民，因而具有真实性和可靠性。

而作为组织者，能够"主动在网上或现实中发起社会活动的"比例则非常小，只占 1.7%。

**表 5　关心或参与该类活动的具体方式**

| 具体方式 | 样本比例（%） |
| --- | --- |
| 关注或阅读社会新闻或热点事件 | 89.2 |
| 参与媒体或网络论坛的讨论与交流 | 15.0 |
| 向有关部门提建议或意见 | 7.2 |
| 选举或参与城市、社会维权或居民维权活动 | 11.9 |
| 当他人发起时，在网上参加活动 | 11.1 |
| 当他人发起时，亲临现场实地参加志愿者活动、义工爱心活动 | 12.5 |
| 作为组织者，主动在网上或现实中发起社会活动 | 1.7 |
| 以上都不关注或参加 | 1.1 |
| 其他 | 2.8 |

**（五）12.8% 的居民会参加社会团体**

图 3　是否参加
社会团体

调查表明，选择"参加社会团体"的被调查者比例为 12.8%，87.2% 则表示从未参加任何团体（见图 3）。在我国，通过社会组织参与社会的比例并不高。

**（六）传统通讯方式和现代通讯方式同样重要**

目前社会参与信息的来源渠道多元。一是通过正规制度渠道。当人们的个人合法权益受到不法侵害或者希望通过法律法规和国家相关制度等途径表达社会诉求时，其中的一部分人会自觉地通过正规制度途径来维护自身的合法权益和实现正当的利益诉求。二是利用大众传媒。利用大众传媒就是借助诸如报纸杂志、影视广播、互联网络等新闻媒介平台，参与社会活动，维护自身合法权益。大众传媒具有及时性、广泛性、公开性以及强大的威慑力等特点。

被调查者获得社会参与信息的渠道具有以下特点。一是传统渠道和现代通讯渠道同样重要。通过"报纸广播电视网络等传统媒介"参与的比例占 76.3%。二是"QQ 群、手机短信、微信和网络论坛"等新型沟通方式的力量也不容忽视，30.7% 的被调研者选择了这一方式。三是中国地缘、亲缘等熟人关系网络在参与信息传播方面依然占据重要的地位。选择这一选项的比例仅次于传统网络媒介。四是社区发挥着越来越重要的作用。21.0% 的被调查者选择通过"所居住的社区组织"获取参与信息，18.4% 的调查者选择是在"社区或街道公告栏广告牌"上看到一些参与信息的。这一比例远高于"单位或公司组织""社会团体组织"（见表 6）。

表 6　主要通过哪种渠道获得参与社会活动的机会或信息

| 获得参与信息渠道 | 样本比例（%） |
| --- | --- |
| 单位或公司组织 | 12.7 |
| 所居住的社区组织 | 21.0 |
| 所在社会团体组织或某活动中获知 | 2.0 |
| QQ 群、手机短信、微信、网络论坛等召集或发起 | 30.7 |
| 亲戚、同学朋友和同事召唤 | 31.9 |

| 获得参与信息渠道 | 样本比例（%） |
| --- | --- |
| 社区或街道公告栏广告牌 | 18.4 |
| 报纸广播电视网络等传统媒介 | 76.3 |
| 其他 | 3.0 |

## （七）个人利益是广州居民最主要的参与动机

居民参与的动机多种多样，主要有两个方面。一是维护自身经济利益的需要。追求利益是人类历史活动的动力源泉，而形式各样的社会参与活动只不过是一定的阶级或者其他社会集团谋求利益的手段或途径。人们社会参与的直接动因来自于维护自身经济利益的需要，因为"社会是经济的集中体现"。人们在维护自身利益的过程中，深刻认识到社会在分配和实现社会利益中的权威性地位。为了维护和实现自身利益，人们需要通过社会参与来表达其利益诉求和愿望，一方面企盼社会能够更多地关注他们实现自身的利益需求，另一方面旨在可以影响社会，最大限度地实现社会整体利益与公民个体利益的融合。二是期望获得社会的认同。城市居民是城市主人翁和城市人口的主体，他们为工业化、城市化和现代化建设作出重要贡献的同时，也期望获得社会的认同，希望能够在社会上获得与其他社会阶层同等的尊重、对待和认可。

调查表明，广州居民的参与动机中，首先是"娱乐自己和丰富生活"，其次是"提高个人能力和素质"。总的来看，个人利益依然是目前最主要的参与动机（见表7）。

表7　想参加社会团体的动机

| 动机 | 样本比例（%） |
| --- | --- |
| 提高个人能力、素质 | 33.7 |
| 娱乐和丰富生活 | 60.6 |
| 扩大交际范围，扩充人脉，发现商机 | 24.2 |
| 维护自身或群体利益 | 21.2 |
| 帮助他人，实现自我价值 | 26.3 |
| 让人类社会更和谐，生活更美好 | 14.1 |
| 其他 | 1.0 |

### （八）"工作忙"是不想参加社会活动的重要理由

现代生活节奏快，压力大。对很多广州居民来说，并不是不愿意参加，"想参加，但事情太多，无暇顾及"成为他们最大的借口（40.2%）。另外，没有主动的参与心态，也是重要的理由之一，表示"没有参与心态的人群"总和也达到了近四成（见表 8）。

**表 8　不愿意参加社会活动的原因**

| 原因 | 样本比例（%） |
| --- | --- |
| 没那个参加社会活动的心态了 | 22.2 |
| 没必要，现在的社会活动都没什么用 | 16.1 |
| 感觉融入不了社会，人微言轻 | 3.0 |
| 想参加，但事情太多，无暇顾及 | 40.2 |
| 想参加，但不知道社会活动的相关信息 | 4.0 |
| 想参加，但不知通过什么途径参加 | 3.4 |
| 其他 | 13.2 |

### （九）"社会保障和安全"是广州居民最关注的社会问题

在被问到"您认为目前哪些社会问题最需要引起关注"时，"基本生活保障""就业问题"和"社会治安"是新生代流动人员最关注的话题（见表 9）。流动人员目前最关心的还是自身的安全感。

**表 9　目前最需要引起关注的社会问题**

| 关注问题 | 样本比例（%） |
| --- | --- |
| 就业问题 | 49.6 |
| 社会治安 | 47.4 |
| 国际局势 | 4.6 |
| 腐败问题 | 30.0 |
| 市民素质的提高 | 37.3 |
| 基本生活保障 | 67.7 |
| 贫富分化和社会救助 | 34.8 |
| 法制建设和政府效率 | 13.0 |
| 其他 | 2.0 |

## 三 广州居民社会参与凸显的问题

尽管广州居民社会参与意识明显提升，社会参与的范围逐渐扩大，社会参与的方式呈现多元倾向，但离社会参与成为人们的社会常规化生活依然存在一定距离。主要表现在以下方面。

### （一）社会参与文化比较薄弱

文化是人们在长期生产生活中形成的一种潜在无形的规则、力量，对人的思想和行为都起到巨大的约束、影响和规范作用。社会参与文化的形成来自于参与主体的自主性和自我权利意识的逐步增强，这就需要现代人们的文化素质逐步提高、法律意识逐渐增强，以及社会文明的逐渐形成。

由调研数据可以看出，广州市关心社会参与的人并不多，大部分人依然处于浅层次的参与状态。中国有参与的土壤，但没有参与的动力。一方面，中国缺乏传统的参与文化，封建社会讲究等级森严，上下服从，是自上而下的参与模式。而现代文明的参与文化讲究平等、自由的民主精神。改革开放以来，我国经济水平已经得到了很大程度的提升，但是政治文化方面依然相对落后。另一方面，目前中国社会结构复杂，阶层分化也比较严重。市民在文化水平、思想方式、社会素质、法律意识、价值观念等方面尚存在一定差别，特别是流动人口与城市人口之间，弱势群体、中产阶级、富裕阶层等不同阶层之间的价值差异较大，很难通过与不同群体人群的社会交往、人际互动来培育城市文明需要的现代思维和现代意识；交流与沟通存在一定障碍，也使得文化之间的隔阂较深。从社会整体来说，目前我国的参与文化依然比较薄弱，呈现一定程度的"游离"趋势。

### （二）社会参与平台不健全

调研数据表明，相比美国大部分人参与社会团体，目前我国参与社会团体的人还非常少。这与我国人口的管理制度有很大的关系。目前，我国人口管理制度依然未打破户籍制度的范畴，因户籍制度涉及城市资源的配给、城市利益的分配等很多方面的内容。在参与氛围依然比较薄弱的前提下，我国在社会参与制度安排上依然围绕着户籍制度进行。近几年来，随着社会创新的兴起，社区、网络、民间团体等越来越成为参与的平台。但大量流动人口的文化素质不一，参与素养不等，生产生活环境不同，参与动力有限，参与渠道不畅。流动人员的社会参与制度实际上处于两难境地，他们既不愿意返乡参与家乡的社会活动，也不能够参与城市的社会活动，参与制度的两难性羁绊了其制度化社会参与的正常发展。

### （三）居民参与社会的效能感低

社会效能感是指公民对自己参与社会以后，所产生的实际效果和影响力的主观评价。一旦公民觉得自己参与社会有价值有意义，就越能激发他们参与到社会事务中去的热情。因此，社会效能感是公民社会参与的重要驱动力，社会效能感越强就越容易参与社会。调研数据也表明，大部分对社会参与热心的人，也往往是出于对"自身利益的关心"，而不是社会本身的发展进步。

首先，社会基层组织行政化明显。社会本是居民进行自我管理、自我教育、自我服务、自我监督的自治领域。在计划经济年代，人们听从计划的安排和指示进行社会参与活动，缺少自身的参与主动性。这种思想依然在影响现代人们的生活。在现实社会中，往往会发现社会参与活动组织得好的往往是行政机关事业单位和国企组织。这些机构也大都围绕政府的政策和上级行政机关的指示进行活动。由居民自主组织的社会参与活动的参与人口覆盖面比较窄，参与深度还比较弱，社会组织在社会参与中的作用并不明显，组织活动的决策权依旧在政府手中，缺少独立的发言权，导致人们社会参与的形式化趋势。

## 四　广州社会参与问题存在的原因

社会参与水平低下往往会导致社会冷漠或社会群体性事件的发生。以群体性事件为例，可以发现直接起因只是一个导火索，真正使事态扩大化的是经济、社会等多方面相互渗透的综合因素，最终导致社会部分民众的无序参与。分析发现，原因主要体现在以下五个方面。

第一，人民群众进行利益表达的渠道不畅，寻求参与的效果不佳，致使矛盾逐渐激化。现在，我国社会转型的步伐不断加快，改革的力度不断加大，社会利益格局正经历新的分化和重构。在这个转变的过程中，一部分人认为受益不公，心态失衡，申诉的民意逐步发展成民怨。由于一些权力集中在政府一方，人民群众直接参与的渠道比较狭窄，无法很好地与社会管理者展开沟通，表达自己的利益，因而在一定程度使上下交流出现隔阂、官民立场出现对立。在处理这种情况的时候，以往采取的强制命令、请示报告等传统的处理方式已经行不通，惯性的行政思维观念未能与时俱进，一些地方在处理群众事件时简单粗暴的执法现象更是屡有发生，这些传统的处理方式和措施不重视相关利益方的协商解决，也未能及时全面地掌握社会民众的利益需求，导致社会体制不能很好地吸纳民意，获取民情，特别是一些基层政府反应迟钝的现象突出，使部分民众感到通过正当的方式来寻求社会正义的效果不理想，未能实现利益申诉的参与目的。所以，当一些长期积累的矛盾不能得到妥善解决时，一旦矛盾激化，群体性事件的发生就在所难免。

第二，公民社会发育滞后，导致公民利益表达的分散化与对权力监督的弱化。目前，我国社会参与的意识薄弱，责任感不强，参与能力较低。客观上，我国传统文化观念根深蒂固，在保留了大量优秀民族文化精粹的同时，也留下了许多落后的思想观念，如"官本位"思想，抑制了农民工社会参与的积极性和主动性，他们认为社会整体发展与自身关系不大，自己很大程度上只是随从者，这使得他们在思想意识上处于一种被动状态，没有认识到自身也是社会发展主体中不可或缺的一部分。我国的教育事业还不发达，农民工的整体受教育程度偏低，也在客观上限制了社会参与的广度和深度。主观上，我国的社会参与还处于发展的初步阶段，农民工社会参与的自觉性不高，缺乏公民权利意识，而且欠缺理解沟通心态，容易出现"只重视个人利益，忽视公共利益"的情况，再加上对法律法规的了解不够，参与的方式也存在不合理之处，总结起来就是社会的参与素质还有待进一步提高。一个社会中，如果公民社会的发展比较成熟，每个个体就会有较强的社会集体感和心理归属感，个体可以通过规范化的渠道诉求自己的利益，社会参与也会有组织、理性、有序地进行。然而，当公民社会的发展空间被挤压得非常狭小的时候，正常的渠道不畅，个体难免会采用无序的参与方式来实现自己的利益诉求。可以说，当前我国的社会参与机制还不够完善，这就决定了它既不能为社会个体提供真正的集体感和归属感，也不能为个体的有序参与提供良好的组织基础，因此导致个体在表达利益或寻求正义时呈分散化态势，而且无法有效地对政府行为进行制衡。

第三，盲目跟从的心态导致集体的无序参与。在类似群体性事件这种集体行为中存在大量的非直接利益参与者，也就是说，这些人进行参与并不是出于直接利益的考虑，而是一种无意识的盲目跟从，根本没有意识到自己参与的目的和动机所在。从社会心理学上讲，当个体在群体中意识到自己和群体在行为、价值等方面存在不一致时，受群体压力就会产生从众心理。而且在群体中，由于群体成员的相互依赖和匿名性，形成责任分散的去个性化行为，个体的责任感降低，产生"法不责众"的心理，所以个体会做出平时很少出现的无理性的狂热行为，盲目参与，可能会促使长期累积的社会矛盾因偶然因素而被激化，诱发大规模的民众无序参与。

第四，政府信息公开度不足，导致政府和民众之间信息的接收失衡。一般情况下，政府控制的大众媒介是实现信息源和受众之间良性互动的平台，因此，全面、客观、及时、准确的信息传播，不仅是提高政府公信力和合法性地位的重要途径，也是实现社会有序参与、避免无序参与的重要前提。但实际上，由于各种复杂的客观原因，政府信息传播还存在一定程度的不顺畅，一些地方政府为了逃避责任或降低负面影响，试图把事件控制在一定的范围内，并有意加强对信息的封锁或压制，使民众不能充分了解事件的真相，给谣言留下了空间。现在互联网高度发达，网络信息传播很快，封锁或压制信息的做法将使民众对政府的官方解释持怀疑态度，不满情绪也会越发强烈，使信息传播出现严重的失衡。近些年发生的多起群体性事件（如贵州瓮安事件），都是当地政府缺乏信息公开，官方解释和民间说法不一致，当地政府并未进一步核实信息，取信于民，而是强行执法，激起民怨导致的。

第五，社会参与的法制建设不完备，涉及范围有限，缺乏具体可操作的法律依据。我国社会参与框架与法律框架保持着一致的发展态势，但是法律规范的跟进速度较慢，虽然宪法在参与的主体以及参与权利等方面规定得比较多，然而由于法律规范的配套发展未能同步，规定的这些权利和义务并没有很好地具体化。比如，我国宪法对公民管理国家事务、管理经济和文化事务、管理社会事务的权利作出了原则性的规定，但在实际生活中，公民只能把管理事务的权力委托给国家机关行使。公民是委托人，但是在现实的制度安排上却很少体现委托人的参与，人们缺乏行使权力的具体程序和法律保障，这样会使参与面临两种后果：一是公民行使权力得不到具体的法律保护，二是公民参与时没有相应的具体法律来约束，发生非法参与也得不到相关法律及时、有效的惩处。

综上所述，我国社会参与的水平不高，对社会的正常秩序都造成了一定的消极影响，社会参与要想实现有序化还需要长期的不懈努力。

## 五 增强广州居民社会参与的对策和建议

信息公开是社会参与的前提，参与渠道多元化是社会参与的基本要求。电子政务是社会参与的重要方式，社会组织是社会参与的重要载体。国外的社会参与建设之所以能够取得成就，主要原因可分为"内因"和"外因"两个，"内因"主要是参与主体的意识较强，参与能力得到了提升，具有较好的参与文化底蕴和背景，"外因"主要是法律规范比较完善，制度比较完备，社会环境较好等。两个因素互相制约，互相支持，共同作用于社会参与的有序化建设。我国目前也在大力发展社会事业，推进社会参与有序化建设，所以，可以根据我国的具体国情选择性地吸收一些有益经验。

第一，进一步完善相关的法律法规建设。国外有关社会参与的法律法规一般分散于不同领域的单向法律文本中，如城市规划、环境保护等领域都涉及社会有序参与的内容，英国还用法律确立了信息公开制度，保障公民获取信息的权利。因此，我们在建设社会参与制度的过程中，必须重视法律法规的作用，及时制定和完善有关社会参与方面的法律规范，使参与主体在参与中切实得到法律的保护，参与权利不受侵害，依法有序地展开参与活动。此外，也应看到国外对法律实施的监督也是很得力的，所以，我们不仅要重视法律法规的制定环节，也要重视法律法规的实施和执行等环节，实现"执法必严、违法必究"。

第二，加快实现社会参与渠道的多元化。德国在这方面进行了比较有益的探索，拓展了一些社会参与的新形式，如居民会议、公私合作等，都值得我们借鉴。我们在社会有序参与的建设过程中，也要结合我国的实际情况，切勿机械地照搬国外的社会参与新形式。同时，我们也要注重参与制度方面的建设，使各种有益的参与方式实现程序化、制度化、规范化，这样才有助于实现社会参与的有序化。

第三，加强参与主体意识的培育，创造有利于社会参与的文化氛围和社会环境。我国参与主体的参与历来缺乏主动性和自觉性，有历史文化的因素，也有参与体制的因素，因此要实现社会参与的有序化，必须加强参与意识的培养，营造社会参与的文化氛围。民主发展的实质就是公民与政府分享公共决策权和社会管理权，实现社会的合作式治理。因此，增强参与主体的参与意识无疑是社会参与有序化发展的一大动力。

第四，注重社会组织的发展。社会组织是公民社会的形成基础，特别是基层社会组织，贴近民众，贴近生活，是公民社会发展的动力之源，又是公民进行社会参与的重要场所，社会组织的重要性可见一斑。美国的公民社会之所以发展得比较成熟，与社会组织的发达和完善是密不可分的，尤其是基层社会组织极大地调动了公民的参与积极性。我们的社会组织虽然在改革开放后获得了较快的发展，但是社会组织的各方面建设还需要不断完善。

第五，推进电子政务的发展。互联网在我国社会参与过程中的应用起步较晚、时间较短、效率也有待提高，这就需要我们有选择地引进和学习国外互联网技术的实践经验，加快政府电子政务发展，提高互联网技术的利用效率，推进我国网民有序参与，同时也实现参与渠道的与时俱进，丰富社会参与形式。

当前，我国正处于社会转型时期，出现了一些社会问题和矛盾，经济和社会体制改革也引发了一些非常态的社会参与，给社会正常生活秩序带来了较大的压力。当下，要实现我国民主政治的稳步发展，社会参与势在必行。在借鉴国外经验时，我们必须遵循国情，实事求是，建设有中国特色的社会参与模式，增进国家和民众价值观的一致性，提高民众和社会组织的参与地位，这样才能有助于社会参与有序化建设的不断深化，顺利实现社会参与的最终目标。

**参考文献**

[1] 中央编译局比较政治与经济研究中心、北京大学中国政府创新研究中心联合编写《公共参与手册》，社会科学文献出版社，2009。

［2］杨志：《我国公民参与公共决策的现状及其路径选择》，《理论学刊》2006 年第 7 期。

［3］李桂玲：《公共政策制定中的公众参与研究》，《湖北教育学院学报》2006 年第 5 期。

［4］王预震、周义程：《公共决策中的公众参与》，《广西社会科学》2002 年第 5 期。

［5］江苏芬、孙金旭：《制约公民有序参与公共政策过程中的因素分析》，《经营管理者》2010 年第 21 期。

［6］刘纳：《现阶段我国公民参与公共决策的困境及对策分析》，《法治与社会》2009 年第 36 期。

［7］潘俊、罗依平：《我国公共决策中公民参与的困境分析及优化途径》，《山西青年管理干部学院学报》2009 年第 2 期。

［8］龚成、李成刚：《论我国公共政策过程中的公民参与》，《社会经纬》2012 年第 1 期。

［9］周潇：《积极推进我国公民参与公共决策》，《理论探索》2008 年第 1 期。

［10］赵颖：《从群体性事件看公共决策中的公民参与》，《东南学术》2008 年第 4 期。

［11］约翰·克莱顿·托马斯：《公共决策中的公民参与》，孙柏瑛等译，中国人民大学出版社，2010。

［12］王建容、王建军：《公共政策制定中公民参与的形式及其选择维度》，《探索》2012 年第 1 期。

［13］付宇程：《论行政决策中的公众参与形式》，《法治研究》2011 年第 10 期。

［14］孙柏瑛：《公民参与形式的类型及其适用性分析》，《中国人民大学学报》2005 年第 5 期。

［15］孙国锋、苏竣：《电子政府促进民主与发展》，《清华大学学报》2001 年第 5 期。

［16］霍海燕：《试析我国公民参与政策制定的方式——基于制度化视角的分析》，《华北水利水电学院学报》（社会科学版）2009 年第 5 期。

［17］张清华、林波：《论政治参与的制度化和有效模式》，《辽宁行政学院学报》2008 年第 3 期。

［18］孙枝俏、王金水：《公民参与公共政策制度化的价值和问题分析》，《江海学刊》2007 年第 5 期。

［19］S. R. Arnstein. "A Ladder of Citizen Participa-tion". *Journal of the American Institute of Planners*, 1969, (35).

# 从广州经验迈向广州学的构建

## ——以法治问题研究为切入点

蒋余浩*

**摘要：**本文以广州基层地区实施驻村法律顾问制度为例，指出地方经验所蕴含的普遍意义。这个认识可以作为基础，进一步思考如何促使广州经验一方面与经典理论展开对话，推动理论话语体系的革新；另一方面与其他地方经验建立联系和相互学习的机制，打破地方经验的封闭性。在此基础上，本文最终提出了广州学的理论建设任务和学科方法意旨。

**关键词：**法治　本土经验　驻村（居）法律顾问　广州学

## 一　问题的提出

一门学科的建立，应当有相对独特的经验材料和阐释这些材料的理论及方法。以广州为研究对象，并不必然使其具备"学"的品质，更需要回答的是：通过对广州经验的阐发，能够对既有理论认识形成怎样的冲击？换句话说，广州研究之所以能为一门地方学的形成奠定基础，在于从这个特殊经验中提炼出的普遍意义，具有怎样的修葺、完善和革新既有理论体系的可能性？

因此，本文所讨论的"广州学"是一种基于地方视角（local perspective）的学科，它不同于格尔茨（Clifford Geertz）的"地方性知识"（local knowledge）：后者关注本土的认识和想象，是一种文化研究上的阐释性概

---

* 蒋余浩，中国社会科学院研究生院法学博士，原广州大学广州发展研究院副研究员，现在清华大学公共管理学院从事博士后研究。

念，重在理解文化的"意义"；而作为地方视角的广州学也关心本土意识和经验，但同样注重国家或较大范围区域的政策、制度、社会变迁、地理环境等结构性因素。特别是这种地方视角隐含从地方经验向普遍理论迈进的意图，它的宗旨不是"阐释文化"，而是"构建学科"——通过挖掘新的经验材料，给予这些材料以新的解释，修正既有的理论认识。

本文以法治问题为切入点，尝试回答上述提问：如何在对地方法治建设及法律运作经验的研究中，更进一步揭示地方经验所具有的重塑既有法治理论的学科建设意义？下文首先对当前法学研究的困境作一个简要描述（第二部分），其次根据具体的广州基层经验展开分析（第三、四部分），最后提出从广州经验向广州学迈进的学科建设目标（第五部分）。

## 二　法制统一与规范多元的难题

我国的法治建设工作，有许多需要持续思考的问题。例如，一方面坚持国家法制统一原则，以多种方式不断宣示着宪法性法律确立的法律规范等级秩序；另一方面，又激励地方先行先试，"鼓励有条件的地方在现代化建设中继续走在前列"①。那么，如何认识多元规范并存的形态，如何考虑这些多元规范与法治秩序的协调统一，就成为法学者反复讨论的难题②。

法律与发展研究的先驱加兰特（Marc Galanter）教授很早看到，自 19世纪以降，以国家强制力保障的现代法治在世界各地盛行，对于多元的社

---

① 语出中国共产党第十八次全国代表大会报告。十八届三中全会提出，"逐步增加有地方立法权的较大的市数量"，四中全会提出，"明确地方立法权限和范围，依法赋予设区的市地方立法权"。

② 例如，2003 年河南省洛阳市中院李慧娟法官在判决书中宣告《河南省农作物种子管理条例》因与《中华人民共和国种子法》相冲突而"自然无效"，引起河南省人民代表大会强烈不满，要求撤销李慧娟法官职务。此案激发法学界内外关于多元规范的冲突和整合机制的热烈讨论。法学界近期有关法制统一与多元规范关系问题的研究成果，可以列举王诚：《改革中的先行先试权研究》，法律出版社，2009；董皞：《论法律冲突》，商务印书馆，2013；周尚君：《地方法治试验的动力机制与制度前景》，《中国法学》2014 年第 2 期。

会规范造成冲击①。我国的法制建设实践也是在这一大趋势下进行的。在法学研究中，对法制统一性的强调，形成了基于普遍主义理念的法治话语，认为中国从传统迈向现代工商业社会，不可避免地要走上普适性的现代法治建设道路。但是作为抵抗力量，对多元规范的看重，则激发了基于特殊主义观念的本土论调，认为有效的规范只能产生具体的文化、伦理、习俗等本土生活经验②。两套理论话语之间的意见对峙，在"依法治国"话语获得政治意识形态的崇高地位之后，非但没能有所消减，却因与"中国模式""传统复兴"等议题的热烈讨论密切相关而变得更强烈③。

争论双方都能从韦伯（Max Weber）那里找到根据。韦伯曾指出，中国的特殊主义是发展现代性的障碍："在西方产业里找到其独特据点的、理性的经营资本主义（der rationale Betriebskapitalismus），在中国不仅因缺乏一种在形式上受到保证的法律、一种理性的行政与司法而受到阻碍，并且也受阻于俸禄的体系；而基本上，是缺乏一种特殊的心态（gesinnung）。"④ 从这个观点出发，法治论者可以论证法律移植的必要性，本土论者可以说明传统和本土经验的独特性。但是，韦伯自身的悖论也在这里展现无遗：既然理性计算的资本主义生活方式是源自西方独特的文化基因，又如何能说其具备普遍主义的特质？正是由于韦伯的内在悖论，导致普遍主义与特殊主义的争议，很容易转化为"西方中心主义与文化相对主义"的意识形态之争。我国法学界法治论与本土论的交锋，也沾染了这样的意气之争：法治论被指责为"照搬西方，不关心现实"，本土论被批评是"为现状辩护，缺乏批判精神"。

怎样从理论和实践超越这种已陷入僵局的思想分歧？

针对普遍与特殊的关系，罗伯托·昂格尔（Roberto M. Unger）有过一

---

① Marc Galanter, The Modernization of Law, in *Modernization: The Dynamics of Growth*, edited by Myron Weiner, Basic Books, Inc., 1966.

② 较早关于我国法学界这种争议的研究文献，见田成有《立法：转型期的挑战》，《东方》1996 年第 4 期。黄宗智近年从"法律实践"的角度力图超越这种争端，参见黄宗智《过去和现在——中国民事法律实践的探索》，法律出版社，2009。

③ 例如，强世功近期提出，"要理解中国的法治，要理解中国的宪法，必须要把宪法和党章放在一起来看"，引起热烈争论。见《北京大学法学院教授强世功访谈》，载观察者网：http://news.163.com/14/1024/11/A9AN2O3N00014JB5.html。

④ 韦伯：《中国的宗教 宗教与世界》，康乐、简惠美译，广西师范大学出版社，2004，第 161 页。

段论述："普遍必定作为特殊而存在，如同人不能脱离其身体。没有任何形式上的普遍性，任何情况下普遍性都不能从其特定的形式抽离开来。它总是以具体方式存在。然而普遍的任何一个特殊化身都不能穷尽它的意义和可能的存在形式。"① 这段论述可以看作对自亚里士多德至黑格尔和马克思以来关于普遍与特殊辩证关系阐释的推进②：普遍寓于特殊，任何特殊又都不能穷尽普遍。

基于这个理念，昂格尔探索了一种超越前述意识形态之争的认识论："要全面了解一个实践或作品，要在其特定的社会意义中去理解它，人们必须考虑该实践对于其最初行为者或者该作品对于创造者的意义。……在时空上被间隔的观察者，所面对的问题正是，他必定是从自身的存在条件和关于这些条件的看法进入该作品。但他不是该作品的创作者；他的视角迥然不同。那么，他必须尽量把后者吸纳到他自己的看法中以便全面理解这个作品。"③ 本文借助这样的认识论，探索一种超越法治论与本土论争议的法治观念。

实际上，在中国这样一个幅员辽阔、发展极不平衡的大国里，多样性的风俗习惯和地方实验，既在一定程度上对法制的统一实施形成障碍，又可以成为丰富制度想象的素材。本土论思潮反对主流法治论对多元多样的地方经验的压抑，作为一种意见可谓极其重要，但它过于强调地方独特性，尤其是主要建基于边远乡村或偏僻民族地区的独特生活经验，过于夸张其特殊性，由此导致两个重要的认识误区，影响着法治研究向更多样丰富的方向发展：其一，错误理解"普遍性"——不理解普遍"化身"特殊而出现，进而把不同地区、不同地方、不同人群的多元规范简单作为对抗法治主义的本土经验，忽视这些不同规范在一定的整合机制作用下能够生成"新型法治秩序"的可能性；其二，错误理解"特殊性"——抹杀了特殊自身的丰富性，从而忽视实践中存在着大量构建法治秩序的不同经验，这些经验也许并不符合现代法治的经典模型，却并不站在其对立面。

---

① 昂格尔：《知识与政治》，中国政法大学出版社，2009，第131页（译文有改动）。
② 相关的思想史梳理，参见崔之元《在第三世界超越西方中心论与文化相对论》，载爱思想网站：http://www.aisixiang.com/data/28781.html。
③ Roberto M. Unger, *Knowledge and Politics*, The Free Press, 1974, p.110.

下文从个案入手，即通过对广州地区基层政府实施"依法治理"的一个举措（村居法律顾问制度）进行理论分析，揭示广州经验所具有的超越上述理论认识误区的意义。

### 三 广州基层治理法治化的经验

#### （一）材料背景

广州是国内目前最发达的城市/地区之一，但是其发展状况远远没有达到所谓"现代工商业社会"的程度。其市辖区内共有34个镇1142个行政村，分布在白云、增城、从化、萝岗、花都、番禺、南沙七区（市），约5800平方公里，占市域面积（7434平方公里）的78%，这些村庄相当一部分属于城乡结合部。作为改革开放的前沿城市，广州市吸纳了大量外来人口，他们多数集聚在这些房租相对便宜、基本生活配套设施尚算完善，同时又聚集了低端制造业工厂或作坊的城乡结合部（人口分布大致状况见图1）。

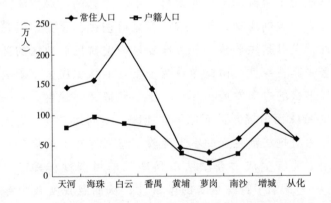

**图1 广州地区（不含越秀区）人口分布状况**

数据来源：《广州年鉴（2012年）》，中国统计出版社，2013。该图引自涂成林、蒋余浩、姚华松《广州城乡结合部的空间政治》，《城市规划学刊》2014年第7期，第71页。

广州地区面临的社会治理任务极其复杂，自改革开放以来形成多种地方实验，做法也非常难归类。例如，既有在全国备受称道的正式的地方法制建设①，又很依赖各种既有的团体组织资源来实施社会管理创新②。本文拟基于近年来广东省基层政府大力推动的村（居）法律顾问制度实践，展开一些讨论，以期强调一种介乎普遍主义法治模型与本土经验之间的基层治理方式的可能性。

村（居）法律顾问制度，指的是由政府牵头推动律师入驻村（居），为村民及村委会提供法律服务的公益法律制度。最早推动这项制度的广州市萝岗区政府，在 2009 年将该项工作作为惠民服务项目，提出建成"一村（社区）一律师顾问"的目标，从该年起开始陆续在本区挑选的 10 个贫困村建立"聘用律师担任农村法律顾问"试点，通过财政支持建立农村公益法律顾问。在萝岗区，到 2011 年底，村（居）法律顾问制度已经在全区 60 个村（居）全面推广③。这项制度已获得广东省的高度重视，《南方日报》2013 年 9 月 13 日的报道指出，全省已有 80% 的村居建立了法律顾问制度。2014 年 5 月，广东省委省政府颁发《关于开展一村（社区）一法律顾问工作的意见》，正式提出实现全省全覆盖的工作目标。

村（居）法律顾问制度的制度功能有两个：其一，"提高群众法律素质和法律意识，增强村居干部法治理念，提高农村、社区管理和服务的民主法治化水平"；其二，解决"社会矛盾纠纷大量增多，日益复杂，社会管理难度越来越大，公共服务需求越来越高"的问题④。从目前的实施情况看，这两项制度功能取得了一定效果。

---

① 如中国政法大学法治政府研究院 2014 年 12 月 28 日发布的《中国法治政府评估报告（2014）》，认为广州法治政府建设水平在全国 100 个市级政府中排名第一——不过，该报告表示，"被评估城市法治政府的整体水平还处于较低水平"。

② 例如，三元里街松柏岗社区多年来聚集着从事印刷业的湖北洪湖市螺山镇人，数量超过该社区的户籍人口，加上该地域本是十分典型的城乡结合地区，因靠近广州火车站及旧白云机场，又是有名的商贸集聚地，一直以人口流动大、矛盾纠纷突出而著名。三元里街道党工委通过联系螺山镇党委建立"双向共管"模式，组建了三元里街湖北洪湖市荆楚印刷工党支部，实施了一种颇有成效的社会管理创新。见《广州白云区三元里街以党建带社建》，《南方日报》2011 年 7 月 12 日。

③ 以上数据来自萝岗区司法局 2014 年 11 月提供的材料，下文涉及萝岗区村（居）法律顾问制度的数据和制度建设情况都出自这批材料，不再一一注明。相关问题的简要分析还可见蒋余浩《农村法律顾问制度的广东经验》，《21 世纪经济报道》2014 年 11 月 19 日。

④ 引文出自广州市萝岗区政府 2011 年出台的《关于萝岗区建立基层组织法律顾问管理制度的实施意见》。

作为一项地方政府推动的社会管理创新，村（居）法律顾问制度并非广州甚或广东地区独有。例如，2007 年，浙江宁波市司法局出台《宁波市建立农村法律顾问制度实施意见》，在浙江省先行试点以"一村一法律顾问"为名的农村法律顾问制度。2010 年，浙江省司法厅部署 5 年内在全省推广①。不同地方的不同创新经验，以及相互之间的学习、交流、借鉴，正好说明了地方经验的丰富性和在依法治国话语下朝向法治化基层治理目标迈进的地方努力。

### （二）运作中的制度

最初，在试点启动期的经费扶持机制方面，是由萝岗区司法局从律师管理工作经费中拿出 15 万元为 10 个试点村（社区）聘请律师，解决了村（社区）没有相应经费的难题。在充分观察该项制度试验的社会效果之后，萝岗区实施了"分类扶持"的财政保障机制，用以支持该制度从试点向全区范围推广：区财政将全区受政府补贴的 43 个村（社区）的法律顾问工作经费纳入年度预算，同时要求和鼓励其他 17 个集体经济收入较高的村（社区）自行聘请律师。

在试点经验的基础上，萝岗区政府于 2011 年出台《关于萝岗区建立基层组织法律顾问管理制度的实施意见》，正式明确一村（社区）一法律顾问制度的指导思想、工作目标、实施条件、职能职责、权利义务、经费保障、绩效考核、服务内容、服务时间、实施方法等内容，并且提出"用两到三年时间在全区各村、居基层组织建成政府主导和监管下的基层组织法律顾问工作机制和公益法律服务体系，并在基层组织中发挥法律保障和法律服务的长效作用"的工作目标。在 2011 年底，法律顾问制度在全区 60 个村（社区）实现全覆盖。

实践中，驻村律师起到非常突出的作用。

（1）参与解决基层矛盾纠纷。举一个非常成功的案例：2014 年 5 月，H 街 H 社区（村改居）居委会接到十几位村民代表的反映，称 HB 房地产开发公司一年前与他们签订了房屋拆迁补偿协议，之后，多数村民把房子

---

① 浙江省律师协会：《浙江省"一村一法律顾问"建设》，载中国律师网：http://www.acla.org.cn/zfgwyjcg/10807.jhtml。

交付给开发商并已被拆，但是，开发商却以尚有个别村民未交付房屋为由拒绝按约定向 100 多户村民发放临迁费，已拖欠了两个季度的临迁费共约300 万元，现在村民情绪很大，准备集聚堵路。居委会主任立即通知驻村律师顾问 L1 与村民代表见面。L1 律师通过分析，认为该案其实并不复杂，法律关系也比较简单，其特殊之处在于合同一方当事人众多，有 100 多户村民，且拖欠款项达 300 万元之多，所以极易扩大成危害社会稳定的群体性事件。L1 律师当即向村民代表解释相关法律规定及村民的合同权利，建议可通过协商、调解、诉讼等多种方式进行维权，应避免采取堵路这种极端方式。在获得村民同意之后，L1 律师又协助 L 街综合治理维稳中心开展调解工作，最终成功调解本案：HB 房地产公司一次性付清拖欠村民的约 300 万元临迁费[①]。

（2）免费为村（居）民提供法律咨询。依据与司法行政机关和村（居）的协议，驻村律师应保证一定的驻村居服务时间，就村居民有关问题提供咨询服务。实践中，在现场咨询建立起信任之后，经常有村民通过电话随时咨询律师，律师会进行一定的法律分析，然后提供如何用较为合法的方式维护权益或解决纠纷的建议，之后还协助办理法律援助申请、起草起诉书，或者代为与镇街政府有关部门沟通等，有的律师还帮助居委会培训志愿调解员，在村居开办法律课堂等等。举一经过咨询而对律师产生信任的案例：D 村一位黄姓村干部，开始时对受区司法局指派的驻村律师 L2十分抗拒。有一次，黄某就一起交通事故损害纠纷试着向律师咨询，L2 律师全面了解案情后，说明当时应该提出反诉请求，这样可一次性解决问题，如今虽仍可另行起诉，但起诉成本过高，且执行有难度。律师的分析让黄某非常信服，此后逢人就说这个事情，表示如果当初早些咨询律师，便可挽回近 7000 元损失[②]。

（3）协助规范村（居）管理。一些村不但邀请驻村律师共同审议当前需要订立的集体经济合同，更请他们审查了本村前几年的合同，从中分析潜在的法律风险。律师的建议对于村委会行为最突出的影响，是使后者更

---

① 案例见蒋余浩《农村法律顾问制度的广东经验》。又见《送法入村（社区）：连接国家法制与基层生活的实验主义举措？》，载基层法治研究网，http://www.jcfzw.cn/? p = 3248。

② 案例见蒋余浩《农村法律顾问制度的广东经验》。又见《送法入村（社区）：连接国家法制与基层生活的实验主义举措？》。

自觉地尊重村民大会的法律地位。也可以略为简要地举一例：H 村村委邀请驻村律师全程参与该村"三旧改造"工作，律师不但协助订立"三旧改造框架协议"，而且协调和推动在区委领导主持下的签约工作，现又已帮助拟定了测绘合同，使该村三旧改造有条不紊地展开。村委在获得基层政府的高度肯定之后，对律师服务工作的信任度又大大提升，多次在村民会议上动员"有麻烦，找律师"①。

### （三）法律职业与基层社会

村（居）法律顾问制度以公益性为定位，那么，如何与职业律师的赢利取向相协调？这是一个有趣的问题。负责推动该项制度的萝岗区司法局一位领导人清楚地表示：不可能仅通过要求律师提供免费服务，而实现村（居）法律顾问制度的全面普及，而是应该协助律师事务所以"公益服务为抓手"，进一步挖掘农村基层法律服务的广阔市场，"用市场效益留住法律人才"②。

实践中已经有一些事例，能证实这个见解的卓越性：Z 律师事务所从第一批试点驻村律师时就参与该项工作，开始时负责两个村的法律顾问服务，经过三年努力，该所不但赢得了这两个村的高度赞赏，而且开辟了另外两条较为富裕农村的法律顾问业务，年顾问费都在 20 万元以上③。当地司法局负责人对此颇为乐观地展望：在目前大城市法律服务异常饱和的状况下，律师为农村地区提供法律服务，以此打开农村、富裕的农民个人、农村地区的民办企业的法律顾问市场，既能帮助基层社会依法治理，又能解决法律专业就业难问题④。

如果考虑到当前大城市法律人才过剩、高校法科学生就业困难，那么，Z 律师事务所的成功实践，在一定程度上可以表明，所谓农村地区广阔的法律服务市场，的确是我国法律业务值得展望的发展方向。不过，在此基础上需要进一步思考的是，怎样的律师才能胜任驻村（居）法律顾问工作？

---

① 案例见蒋余浩《农村法律顾问制度的广东经验》。又见《送法入村（社区）：连接国家法制与基层生活的实验主义举措？》。
② 2014 年 11 月在萝岗区司法局调研所得。
③ 2014 年 11 月在萝岗区调研所得。
④ 2014 年 11 月在萝岗区司法局调研所得。

笔者调研中发现，较为成功的驻村律师，一般都是在从事法律服务之前，就具备了较为丰富的基层工作经验。例如，L1 律师在执业之前一直是该地司法所的雇员，L2 律师曾在一乡办企业作为会计工作多年，另外还有不同村村民赞誉有加的 C 律师，本身就是萝岗区本地人，而且有在基层政府工作多年的经验。从这些情况可以初步认为，较为合格的村（居）法律顾问除了执业律师所需要的法律专业知识和交流能力之外，对当地情况的熟稔也是必不可少的。因此，新的法科毕业生显然难以迅速胜任①。

## 四　广州经验：蕴含普遍的特殊

村（居）法律顾问制度可以作为一个切入口，供我们分析广州经验的意义。实际上，如同广州周边农村的经验在我国的基层法治研究中长期未获应有关注。法学界较具影响的农村基层研究，如苏力、强世功等的著作，多是以陕北地区的经验材料为讨论依据；近年来声名鹊起的华中学派，经验材料集中于湖北地区的乡村；黄宗智关于村治中"简约治理"的讨论也是基于晚清四川宝坻县等地的档案材料；梁治平的农村土地研究，与黄宗智较早时期的农村研究著作一样，依靠的是满铁对于清末时期华北地区的调研资料。广州地区由于其长期获得的"改革开放前沿城市"称号，引起的关注也多集中在城市化发展变化方面，对于这一地区周边农村的特殊情况，却没有太多研究。

### （一）对广州经验的分析

第一，对我国社会秩序的认识，长期存在着"二元论"的主张，即认为皇权不下乡，乡土秩序依靠乡绅自治加以维系。费孝通先生在其名篇《乡土重建》中，把这种二元秩序称为"双轨政治"。当代许多颇有影响的乡土社会研究者如黄宗智、朱苏力、梁治平、赵晓力以及华中农村学派等等，几乎都囿于这样的观念。这种观念导致一些颇为模糊的口号，如"重建宗法秩序""重建乡土""简约治理"等等。但是，来自广州地区的驻村（居）律师实践却说明了现实的复杂性。①基层社会的确存在独特的关于秩

---

① 相关分析参见《送法入村（社区）：连接国家法制与基层生活的实验主义举措？》。

序、纠纷的看法，不过这些看法并不能独立于所谓国家制度而存在。驻村律师对于具体纠纷案件的法律分析，经常能够促使村民选择正式的法律手段。②现代法治强调的"个人权利"意识，在村民中也有一定表现。例如，一些案件中，虽然有律师说明，即使诉讼赢了也难以执行，而当事人却表示仍需要一个维权的基本态度："要的就是一个'说法'"①。在这里，经常被乡土研究者夸张强调作为个人权利论对立面的村民的"说法"②，却有了现代法治主义的意涵。③但是，需要强调，广州地区的实践也不能转而简单成为法治论者的理据。如前文所述，驻村律师对于纠纷的处理、村治的参与，很大程度上依靠对乡土人情的熟稔程度，与现代法治主义设想的完全陌生化的社会情境大不相同。

第二，关于我国基层社会治理的研究，长期处在"规划"和"自治"之争中。驻村律师的制度实践同样能说明这个问题的复杂性。实践中，所谓国家自上至下推进现代化法律与基层社会自主发展之间的冲突，在当前的表现形态已大不同于费孝通先生当年观察的"法治秩序的好处未得，而破坏礼治秩序的弊病却已先发生了"③。例如，出现了村民对村治事务的大量参与、乡镇基层政府对村集体事务坚持依循"基层民主自治"原则的有限管理、村民诉请基层政府审查村集体依法办事的情况等等案例。那么，至少在广州这些民众权利意识比较高昂、依法维权行为相对较为活跃的地区，在高歌猛进的现代化法治与固守本土化立场二者中偏执一端，都不足以理解实践和把握未来发展。

第三，法律职业经常被看作是现代法治主义的一个关键要素，但是，驻村律师们的表现，却使其展现出更丰富的层面。就笔者初步观察来看，村居法律顾问制度作为基层司法行政机构大力推动的举措，目前（至少在基层法治意识较高的珠三角地区）已一定程度上具备在国家法制与基层生活之间的媒介功能：一方面向国家法制负责，预警基层生活中可能出现的反抗因素（如群体事件的苗头）；另一方面向普通村民负责，协助其以正式

---

① 2014 年 11 月在萝岗区农村访谈所得。
② 如我国法学理论研究者耳熟能详的是苏力教授对电影《秋菊打官司》的分析，开启了这种研究思路。苏力：《秋菊打官司、邱氏鼠药案与言论自由》，《法学研究》1996 年第 3 期。
③ 费孝通：《乡土中国》，北京大学出版社，1998，第 58 页。

制度体系较易接受的方式维护利益①。这样说并不意味着驻村律师可以成为托克维尔所说的"人民和贵族之间的天然锁链,是把人民和贵族套在一起的环子"②,而是有一些比这种论调更丰富的意义:①这项制度首先是由基层司法行政机构牵头推动的,其运作过程处处接受司法行政机关的监督,可以说明至少在目前阶段,我国的法律职业活动依然是一种受公权力扶持、推动和监管的实践,远不同于西方的职业自治主义;②然而这种公权力扶持、推动和监管的过程,也不能完全抹杀职业活动自身的逻辑,司法行政机关本身已经认识到了驻村法律顾问制度的推广必须依靠"政府启动,市场发扬",从中能够看出,当前中国社会不同治理逻辑交织在一起、共同起作用的复杂性。

总之,广州周边农村,既存在传统农村社区那种熟人社会的特征,还镶嵌在现代民族国家建设进程中因而深受国家和地区官方政策的支配,又因地区商贸活动的发达而较深地接受了现代法治主义有关个人权利、职业主义等理念的影响,更由于整个地区发展程度较高、变化速度较快而导致各种利益纠纷层出不穷、各种社会关系经常处在解体和重建过程中。这种"特殊性"应当引起研究者的高度注意,以便与"普遍"话语、其他地区经验材料形成相互参照、相互补充。

### (二)迈向广州学的初步讨论

上文分析得出的一些看法,正说明了构筑一种作为地方视角的广州学,对于超越前述两种认识误区的必要性和意义。

第一,广州学能够提供一个重新构筑"普遍"的视角。本文分析了村(居)法律顾问制度这种基层实验的功能及其发展前景,需要认识到,这样的制度实验并不仅限于广州,而是已经在广东其他地区以及浙江等省多个地方得到了推广。通过广州学这样的地方视角,深入观察这些具体的"特殊"实践运作,能够更好地把丰富的"特殊"融入法治建设这个"普遍之物"视野中,为推动一种动态的中央与地方、国家与基层社会互动的法治建设格局作出贡献。

---

① 《送法入村(社区):连接国家法制与基层生活的实验主义举措?》。
② 托克维尔:《论美国的民主》,董果良译,商务印书馆,1998,第306页。

第二，广州学能够提供一个深入理解"特殊"的视角。从广州学切入的具体观察，可以使我们深刻了解，所谓法治应当以普通人的切身利益为依归，因此必须使国家法制融入基层生活之中，为普通人谋取福祉，这才是法治建设的真谛。就此来讲，广州学作为一门关注城市、地区以及基层政治经济文化法律生态的学科，能够更切实地认识制度在社会生活中激起的不同回应，从而提出更有"问责性"的制度建设意见。由此产生的多元制度形态，可以随人群不同、城市不同、区域不同而形形色色、丰富多样，但是有着维护普通人权益的普遍意义。

第三，广州学可以形成一种推动"普遍"话语与"特殊"经验沟通、对话的平台。普遍主义的抽象法治理论往往是抽离掉了具体的人、事和社会情境，而突出某些核心的基本理念和原则。如果把这种抽象理论应用于具体的社会实践中，则必须经过与特殊的经验相结合这个阶段。驻村法律顾问在处理具体案子时，既需要考虑普遍的、抽象的理念和原则，又必须考虑具体社区文化、案件细节、当事人个性等等特殊因素，在思考过程中达到抽象法治原则落地的效果。致力于思考这种"普遍与特殊反复互动"的广州学，由此得以形成一种独特的平台，推动普遍话语与特殊经验相互检验、相互修正。

## 五　结论：构建怎样的广州学

综上所述，广州学视角下的法学分析，有助于扩展立法者和决策者的视野，帮助他们超越西方中心主义或者其他一时一地经验的局限。在本文看来，从广州经验出发，进入法治理论难题的讨论，形成校正前述两种认识误区的理论效果，正是实现从"广州经验"向"广州学"迈进的关键步骤。为更有效地实现这种理论构想，必须进一步加强广州学的构建，从政治文化社会各个方面、不同层次，深入研究地方经验蕴含的丰富性、多样性及其普遍意义。

这里不揣冒昧，提出构建广州学的两点思考。

（1）广州经验能够表明，当前法治文献过于集中在经典模式论述及其批判意见这两极上，对于处在"中间地带"的经验关注不够。广州作为改革开放前沿城市和国内名列前茅的经济发达城市，其地方政府在制度革新方面的力度，民众对于现代化法治理念的接受度，律师办案方式的规范性，都要远远高于乡土研究此前关注的地方经验。但是，广州同样难以称为"现代工商业社会"——这里有大规模的农村地区（包括城中村），有庞大的外来人口（多数依靠低端服务业谋生），根本无法达到经典法治模型要求的社会治理水平。

这样的经验促使广州学应当设置如下的理论建设任务：在具体的社会、经济、文化背景下观察普遍理论得以实现的多元形式，从而破除那种认为本土经验就仅是特殊经验的认识，为形成上下互动的政策和制度建设机制作出理论努力。

（2）广州经验能够表明，作为快速城市化进程中的转型社会，广州地区面临的问题又有其普遍性，各地不同转型社会和城市对于类似问题有着非常不同的应对经验。通过对这些经验的比较研究，广州学可以帮助我们思考一系列法治建设的"共性"问题：如何充分关注基层社会适用既有规则维护权利或谋取利益的行为？如何看待不同人群在实践中对规则的改变和发展？如何加强法律制度体系适应社会变化的"弹性"？也就是说，广州学的研究可以在多元复杂甚至相互冲突的基层经验之间建立联系，进行理论上的比较和评估。

在这个意义上，广州学的学科方法意旨可以设定为：积累丰富的地方经验素材，打破地方经验封闭性的隔阂，推动建立不同的地方经验之间的学习机制，保障政策和制度建设充分回应丰富多样的基层生活需求。

# 刍议城市外交视野下的广州学研究[*]

艾尚乐[**]

**摘要：** 城市外交以配合国家总体外交为宗旨，以促进地方经济与社会发展为主要目的，弥补中央政府"小问题太大，大问题太小"的外交空缺，重点关注并参与全球治理。广州作为国家中心城市，在其国际化和建设世界城市的进程中，通过积极的城市外交来达到获取国际利益的目标：促进本地经济发展，承担地方政府的对外职责；宣传本地文化，为政府谋求国际经济利益提供渠道；促进本地参与国际科技合作，获取智力资源；提升城市知名度，增强市民的归属感和荣誉感。广州城市外交的发展实践将有力推动广州学的学科内容、学理思路、研究视角等多方面的深化发展。

**关键词：** 城市外交　广州学　学科建设与发展

我国城市外交的发展在服务中央外交方针的同时，也着力推进自己的国际化战略，以获取本地区特殊的利益需要。作为改革开放的先发地区，广州一方面掌握着较其他地区更为优惠的政策优势，另一方面也面临深化对外开放的机遇与挑战。经过30多年的摸索，广州在对外交往和开放发展方面取得了骄人的成就，尤其是在新世纪，广州确立了新的目标，提出建设国际化大都市的战略诉求，开启了全方位建设世界级城市的进程。本文试图通过对广州城市外交发展现状的分析，为广州学学科建构和发展尤其是研究内容、学术影响力、学理范式、研究视野等提供充足丰富的经验借鉴与研究先导。

---

　　[*]　本文是广州发展研究院——广州学协同发展研究中心研究成果。

[**]　艾尚乐，河南郑州人，广州大学广州发展研究院助理研究员，主要从事国际经济关系、金融治理、区域经济合作、广州及珠三角经济转型与发展等方面的研究。

## 一 城市外交的概念界定和特点分析

### (一) 城市外交的内涵

"城市外交"一词，最早是"全球本土化论坛"在 2003 年发布的一份关于"地方国际化"(globalization) 的报告中首先使用的概念。所谓地方国际化，是指在技术、信息和经济全球化与地方现实之间存在紧密的连接，城市就是一种自下而上的全球化治理体系枢纽，是全球本土化的外交工具。在该报告看来，城市外交是外交去中心化和城市之间互动的必然产物。后来，世界城市和地方政府联盟 (UCLG) 下属的城市外交、和平构建和人权委员会在 2005 年给出了一个城市外交的定义，认为城市外交是地方政府及其附属机构用于促进社会团结、冲突预防和冲突后重建的工具，旨在构建一种稳定的安全环境，各方能在和平、发展与繁荣的气氛中生活与工作[①]。2007 年，荷兰国际关系研究所的简·梅利森和罗吉尔·范·德·普拉伊吉姆提出了一种广义的城市外交定义，认为"城市外交是城市或地方政府为了代表城市或地区和代表该地区的利益，在国际政治舞台上发展与其他行为体的关系的制度和过程"。城市外交活动的领域涵盖了安全、发展、经济、文化、网络和代表等领域[②]。目前这一界定被学界特别是中国学界广泛接受。

### (二) 城市外交的特征

#### 1. 主体特征

外交是独立主权的对外行为，非基于主权者授权或者委托的一切对外行为均为非外交行为。这一主体特征为城市外交限定了范围，城市外交的主体既不是中央政府派驻到城市的派出机构，也不是没有政治权力的地方社区，而是由地方社区选举产生并对地方社区提供公共服务的合法而负责的城市当局，包括民选官员和行政长官。在开展城市外交的时候，必须具

---

① Global Forum, "Globalization: Research Study and Policy Recommendations". CERFE/Global Forum/Think Tank on Globalization, Rome, 2003.

② Rogier vander Pluijm and Jan Melissen, "City Diplomacy: The Expanding Role of Cities in International Relations", p12.

有合法身份和代表能力，所开展的一切活动能够有效，不受到中央政府的明示否决（单一制国家）或宪法的明令禁止（联邦制国家）。

**2. 目的特征**

与外交致力于捍卫国家利益和执行对外政策相比，城市外交除了执行对外政策外，还寻求管理多样化的国际利益、提升社会团结、拓展城市发展空间等目的。尤其是在全球化时代，大多数城市面临着多样化族群、文化、宗教、环境、恐怖主义、跨国犯罪、经济、金融等产生的外交问题，不仅需要和中央政府在对外政策上保持密切的沟通，而且还要广泛地与世界各国政府、跨国公司、非政府组织等保持密切联系，为城市的安全、繁荣和发展营造良好的环境。

**3. 内容特征**

与国家外交相比，城市外交所处理的事务强调非主权性，城市外交不能私自卷入主权性事务，只能开展非主权性事务的交往，诸如促进出口、吸引外资、促销旅游、贸易推广、文化交流、社会管理、环保政策等。即便是像纽约、东京、香港这样的国际性大都市，在涉及主权性事务上也必须获得中央政府（或联邦政府）的许可，尤其是涉及调解地区冲突、参与战后重建、维护国际和平与安全等"高级政治"事务时，必须慎重操作，严格在主权国家政策范围内开展，防止逾越主权红线。

**4. 形式特征**

与国家外交类似，城市外交强调制度化的和平沟通，必须以承认一系列国际法、国际制度和外交惯例为前提，以沟通信息、寻求合作、建立信任为落脚点，所有的外交活动诸如访问、谈判、交涉、斡旋、调解、缔约、参加国际会议和国际组织等，均需遵守相关的法律、制度和规范，特别是应避免违反他国法律，以非法手段干涉他国内政。只不过相比国家外交，城市外交形式上更为灵活，不必拘泥于严格的外交礼仪，更突出社会性、世俗化甚至生活化特征。

## 二　广州城市外交发展现状分析

### （一）开拓交往渠道，积极推进国际友好城市建设

城际交往，被称为城市外交或泛指非中央的外交活动，主要指不同国

家间的城市或地方政府交往。1973 年，为配合我国的总体外交需要，我国
与日本之间建立了两对友好城市，即天津与横滨、上海与大阪，这是我国
最早的两对友好城市，从此开启了我国城市对外交往的历史①。友好城市交
往工作作为一项系统工程，包括首脑交往、经济交往、文化交往等。

首先，首脑外交是国际友好城市建设的主要形式。其表现为城市双边
或多边交流，直接体现了城市当局对于发展友好城市工作的重视程度。例
如，市长之间的互相参访，部门领导间的考察调研、组织团体之间的协同
合作等。多种形式的高层频繁互访直接促成了城市间友好关系的可持续良
性发展，进一步推动双方多层面、宽领域、多角度的合作交流。

其次，经济交往是国际友好城市建设的基础。以各国间的友好城市及友
好交流合作城市为载体，通过双边的经贸交流活动，共同推动双边及多边的
经济共同发展是中国城市开展"友城"工作的宗旨之一。"友城经济"现象，
成为各国城市寻求自我发展、自我完善和提高综合竞争力的有效途径。根据
优势互补的原则，广州将友城资源进行分类，积极实施"走出去，引进来"
战略。第一类是经济技术发达、资金雄厚的区域合作组织和友城。它们主要
分布在欧洲和美国等经济发达国家，如法国的里昂市、美国的洛杉矶、英国
的布里斯托尔、芬兰的坦佩雷等，是发展高新技术产业和引进外资的主要对
象。第二类是互补性很强的双向合作对象，可利用其本身及周边城市的产业
布局，实施"走出去"与"请进来"并举战略，如德国的法兰克福、瑞典的
林雪平、澳大利亚的悉尼等城市。第三类主要是东南亚、南美和非洲等一些
国家的友城如越南的胡志明市、印度尼西亚的泗水、秘鲁的阿雷基帕市等，
主要利用其资源，作为开拓新市场的重点。第四类是一些暂时经贸交流还不
活跃的城市，如意大利的巴里，南非的德班，日本的大分等②。

再次，文化交流是国际友城建设的重要内容。众所周知，城市的国
际利益还包括国际文化利益，通过与不同文化背景的友好城市的交流，
城市间民众可以更好地增进相互理解，为进一步合作创造条件。文化方
面的交流，可赢得他国的认同，树立起良好的国际形象。因此，在充分
利用友城文化交流平台的基础上，还可以进一步为推进经贸发展服务。

① 李宝俊：《当代中国外交概论》，中国人民大学出版社，1999，第 268 页。
② 《友好城市》，广州市外事办网站：http://www.gzfao.gov.cn/Category_ 12/Index。

广州 2003 年利用中法文化年在法国友城里昂市举办经贸推介活动，2005 年借助"友好州"概念，在广东省友好州德国巴伐利亚州慕尼黑市举办一系列经贸活动，扩大了广州的城市宣传，提高了城市知名度和美誉度。

### （二）积极发挥外国驻广州领事馆的作用

在中国，领事工作是地方外事工作和国家总体外交的重要组成部分。根据领事公约，领事业务主要包括领事保护和领事服务。即领事业务主要是指派遣国的机关或领事官员，根据本国的国家利益和对外政策，在国际法许可的范围内，在接受国内保护派遣国及其国民的正当权利和利益的行为，以及依据有关法律和法规，为在接受国内的本国公民办理护照、公证、认证等民政事宜的行为。随着对外开放程度的不断加深，广州市与世界各国的经贸文化交流活动日益频繁[1]，目前，已有 20 多个国家在广州派驻总领事馆，并且办理包括各类签证在内的领事业务。

纵观各国驻广州领事馆的发展情况，可以发现，各国领事馆在广州城市对外交往过程中扮演着越来越重要的角色，发挥着不可替代的作用，主要表现在以下方面。

首先，外国驻广州领事机构成为推动广州与其派遣国政府及商界之间交往的有效渠道。驻穗领事馆是除了友好城市之外，广州开展对外交往的重要媒介。从广州市政府近年来组团出访的情况来看，以各领事馆的派遣国为主要目的地，这不仅是由于对于派遣国情况熟悉、人脉关系较广，更有签证、面谈等出国审批程序上的便利。

其次，是推动两地商务、旅游的重要渠道。目前欧美等发达国家驻广州的总领馆已达 10 多家，其余各馆也以东南亚国家为主，这在客观上有利于广州企业"走出去"，是外经贸部门可资依赖的重要资源。

再次，直航线路以驻广州领事机构的派遣国为主要依据。据不完全统计，驻广州的 20 多家领事机构已有过半数开通了派遣国与广州的国际航班，来自派遣国的人流、物流成为进出广州的主要来源。

最后，客观上推进海外教育的拓展。广州是我国留学生的重要来源地，

---

[1] 王福春：《外事管理学概论》，北京大学出版社，2003，第 129 页。

各领事馆教育官员十分重视来自广州的留学大军，如澳大利亚、英国等领馆每年都会举办教育展、大学推介会等宣传派遣国的教育资源，这无疑也为广州市民出国留学创造了更多选择。

（三）重视多边交流，日益拓展城市外交发展空间

世纪之交，国际城市间交往成为国际民间多边交往的重要内容和渠道。其中以国际城市多边组织的兴起为主要代表。国际城市多边组织由各国的地方政府自愿结合，致力于拓展城市间的交往、交流与合作，致力于研讨和解决城市发展与管理的共同问题。从性质上来看，其具有明显的地方政府色彩，从地方政府的利益出发，关注城市的发展和管理、改善民生、增加社区福利等问题，是会员城市共同关心的话题，也是彼此走到一起的重要原因。从组织活动形式来看，它们具有严密的组织体系，定期召开地区委员会和全体会员大会，并通过技术援助、培训等方式实现城市的可持续发展。从工作方式上看，为推动和加强国际城市间的交流与合作，每年均在不同的国家城市召开董事年会（或会员大会）和专门工作委员会会议，并与承办城市围绕城市建设、发展和管理方面的问题联合举办专题国际研讨会。广州重视国际城市多边交流，积极开展与世界大都市协会、地方政府国际联盟、联合国人居署、亚太城市首脑会议等国际城市多边组织的交往。一方面扩大了与世界重要城市在城市建设、管理与发展等方面的交流，更广泛地吸取国外城市管理和建设的先进经验，进一步提高城市建设和管理的水平；另一方面为广州与更多的国外城市发展双边关系创造了条件，借助国际多边交流平台，广泛推介广州的城市形象和投资环境，发展广州与其他国际城市的双边友好关系，不断提高广州在国际社会的知名度。

首先，与世界大都市协会（World Association of the Major Metropolis）加深沟通。该协会成立于 1985 年，2004 年 5 月世界大都市协会在保留其独立地位的前提下，并入新成立的世界城市和地方政府联盟，并承担该联盟大都市部的工作。协会总部原设在法国巴黎，1999 年搬往西班牙的巴塞罗那。该协会目前共有 80 多个会员城市和准会员主要是公司或其他民间机构）及个人会员。目前，该协会与联合国人居署、世界卫生组织、世界

银行、欧盟以及经济合作与发展组织等重要国际机构建立起了工作联系①。广州市于 1993 年 9 月在世界大都市协会举行的蒙特利尔大会上被吸收为正式会员城市，1996 年被推选为董事会员城市，是我国最早加入该协会并成为董事会成员的城市。广州市与该协会建立了良好的合作交流关系，是该协会比较活跃的会员城市之一，每年都派出由一位市领导率领的代表团出席协会举办的会议和参加相关的交流活动。2000 年，广州还承办了世界大都市协会的董事年会和国际研讨会，是该协会第一次在中国举办活动。

其次，与世界城市和地方政府联盟强化合作。联盟成立于 2004 年 5 月，由世界城市协会联合会、地方政府国际联盟和世界大都市协会为共同探讨解决全球化和城市化带来的挑战等问题而合并成立，是现今世界上最大的城市和地方政府国际组织②。广州、上海、天津、湖南等我国城市和地方政府作为创始会员加入该联盟，由全国对外友好协会统一管理和协调我国城市和地方政府参与该联盟的各类活动。

再次，与联合国人居署拓展联系。2001 年，广州市摘取了"国际花园城市"称号后，利用承办联合国人居署 2002 年迪拜奖技术顾问委员会会议之机，积极拓展与联合国人居署的联系与合作，并与联合国人居署于 2003 年在广州召开世界城市交通优秀范例经验交流暨城市交通建设研讨会。2002 年，在意大利那不勒斯举行的联合国人居奖评审会议上，"广州城市环境综合整治五年行动"项目从来自世界各国的 500 多个参选项目中脱颖而出，荣获"联合国改善人居环境最佳范例奖"，成为 2002 年中国唯一获奖城市，进一步提高了广州的国际知名度。

最后，与亚太城市首脑会议（Asian-Pacific City Summit）加强协调。该组织创设于 1994 年，由广州市友好城市福冈发起。目前会员城市已达到 20 多个，作为一个区域性的城市间组织，组织的宗旨是加强彼此间合作，促进亚太乃至全世界的繁荣③。广州市曾于 1996 年承办第二届首脑会议。到 2006 年，亚太城市首脑会议已成功举办七届，广州市每年均派代表团参会，已成为广州联系亚太地区友好合作城市的重要纽带。

———————————

① 《世界大都市协会》，广州市外事办网站：http://www.gzwaishi.gov.cn/Item/2430。
② 《广州多边合作》，广州市外事办网站：http://www.gzfao.gov.cn/Item/8168。
③ 《亚太城市首脑会议》，广州市外事办网站：http://www.gzwaishi.govcn/Item/2428。

## 三　广州推进城市外交对于广州学学科发展的价值分析

### （一）充实丰富广州学学科的研究内容

广州城市外交的一个重要特征是经济因素的地位突出。通过发展外向型经济，广州的国际化程度取得以显著提升，外资的流入连年被刷新，主要经济指标在全国始终排名前列。以跨国公司为中心的"聚集效应"日益显现，成为推动广州经济发展的主要动力之一。友城经济越来越受到瞩目，为广州经济寻求自我发展、自我完善和提高综合竞争力开辟了有效途径。随着区域经济一体化的发展，广州的国际化进程将进一步加快，广州学学科发展对于自身经济发展方向、方式调整、转型升级等方面应作为重要的研究领域。例如，研究广州如何积极利用国内各地的资源，努力挖掘国际资源，通过国际合作促进本地经济与国际经济联系，通过谋求国际经济利益来发展广州本地经济，推动广州"外源型"经济的发展。尤其分析和探讨广州借助 CEPA 的实施、中国—东盟（10＋3）自由贸易区的推进及泛珠三角（9＋2）经济合作的加强，发挥自身特殊的地缘区位优势，进一步拓展对外贸易发展空间的可行性和价值。

### （二）提升广州学学科的知名度和影响力

广州作为珠江三角洲城市群的中心城市，一直是我国南部最大的经济中心城市，肩负着带动我国经济发展的功能。通过拓展对外交流渠道、强化友好城市带动效应、推动民间对外交往等方式，广州的国际利益大大增加，外部发展空间越来越优化，城市竞争力连年提升，国际美誉度、知名度也随之提高。广州提出"把广州建成带动全省、辐射华南、影响东南亚的现代化大都市"城市发展战略①，这既是一个目标，也是一个相当长时期的动态过程。尽管与世界公认的国际大都市相比，广州目前的国际化还存在相当大差距，国际化城市的建设对于广州来说还只是一个中长期的发展目标，但这一目标的确立，为广州的国际化发展指明了方向。为此，广州

---

① 《广州年鉴》，中国广州网站：http：//www.guangzhou.gov.cn/node_ 450/。

学研究应以"三多"为依托：多资源、多渠道、多形式地为广州城市的知名度和影响力提升发挥传播和展示作用。例如，研究广州岭南文化优势，以塑造城市形象和提升城市知名度；研究中国进出口商品贸易会扩大了外商直接投资的力度，以经济外交推动城市的知名度提升；研究留学人员回国服务，扩大广州在国际智力资源市场的知名度。

### （三）积极发挥广州学学科突出的地缘优势

从历史上看，东南亚各国、南亚诸国一直是广州对外交往的传统热点地区。这些地区"粤侨"人数众多，与广州保持着丰富的人脉关系。新中国建立后，尤其是改革开放后，广州的城市外交重点有所转移。由于发展战略的调整，一度以欧美、日韩和澳新为发展重点，各类推介会、招商会以及考察目的地均选择发达国家为主，直至 21 世纪初，广州实现了与西方主要发达国家都有友好城市，建立起较为广泛的城市外交网络。在"建设具有地区影响力的现代化大都市"战略指引下，东南亚和南亚地区再次成为热点，深化与东盟国家的交流与合作被提到了议事日程上来。为此，广州学研究应重点把握其所拥有的地缘、人缘、亲缘优势，在城市外交领域中通过平等的、友好的、坦诚的对话与协商，增加相互理解、相互信任和相互尊重，以达成交流与合作；通过平等互利的合作，谋求各方最大的共同利益，达到双赢或多赢的目的；通过减少城市间交往过程中的分歧，努力扩大双方的共识。尤其是在"和谐外交"的战略理念下，广州学应为城市可持续发展，为当今的国际局势、全球问题、人类命运和理想目标提出正确的基本判断和价值追求，为国际社会的发展发挥理论支撑和思路引导作用。

### （四）持续拓展广州学学科的研究视野

近些年，在广州市的社情民意调查中，市民对广州市对外交往满意率在全市各项工作中均名列前茅，反映了市民对外事工作的热情关注和参与。由此可见，开展民间外交，让民众真正成为外事工作的主体和受益者，是帮助公众了解世界、增强国际意识的有效途径。政府越来越认识到，培养市民的国际视野是建设国际性城市的前提之一。为此，广州学研究应着力拓宽研究视野，强化社会建设意识宣传和建构，提高城市文明水平。尤其是针对打造优秀文化品牌，打造具有广州特色的文化产业体系，进一步净化文化市场环

境等具体问题进行深度考察。例如，知识产权管理与保护研究方面，形成全
社会尊重和保护智力成果的良好氛围；教育强市战略研究方面，健全义务教
育经费保障机制和监督机制；教育惠民政策研究方面，充分发挥示范性普通
高中的示范辐射作用，进一步提升高校办学水平，加强学校对外交流能力。

　　总之，广州作为一座有 2000 多年历史的文化名城，作为珠三角地区最
大的中心城市，在不断融入全球化的进程中，秉持着敢为人先的精神，为
其他城市的对外交往和开放发展作出了指引和表率。随着自身对外交往的
实践越来越丰富，经验累积越来越成熟，我们有理由相信，广州城市外交
的深度发展将在很大程度上充实广州学学科内容并丰富分析视角和范式，
进而为广州的国际化和现代化发展提供更多启示和借鉴。

## 参考文献

［1］约瑟夫·奈、约翰·唐纳胡：《全球化世界的治理》，世界知识出版社，2003。

［2］王福春：《外事管理学概论》，北京大学出版社，2003。

［3］左正：《广州：发展中的华南经济中心》，广东人民出版社，2003。

［4］龚铁鹰：《国际关系视野中的城市——地位、功能及政治走向》，《世界经济与政治》2004 年第 8 期。

［5］戴维·赫尔德等：《全球大变革——全球化时代的政治、经济与文化》，《马克思主义与现实》2003 年第 6 期。

［6］中国人民对外友好协会：《友好城市工作管理规定》，2002 年 2 月修订执行。

［7］Robert Cooper, *The Breaking of Nations*：*Order and Chaos in the 21st Century*, London：Atlantic Books, 2003.

［8］Knox P. L. & Taylor P. J. *World Cities in a World System*, Cambridge：Cambridge university Press, 1995.

# 经济视野

# 从国家战略层面看广州新常态格局

李三虎[*]

**摘要：** 近年来广州经济总量保持一定增量的同时，存量出现了衰减。面对这种情形，广州要基于国家中心城市定位，进入国家战略层面谋划发展新常态格局。必须要着眼于中国与东盟国家"共建21世纪海上丝绸之路"战略构想，突出广州的海上丝绸之路支点城市和对外文化门户城市地位，在塑造中国在亚洲自贸区的领导力和影响力方面担当相应功能。这意味着广州应以国家中心城市目标定位为基础，逐步向"亚洲中心城市""世界城市"的更高目标迈进。也就是说，广州建设国家中心城市绝不只是地方的事情，而是有着更多的国家战略意义，而来自地方的确保"北上广"地位的"保三"策略并不能满足这种战略要求。鉴于广东自贸区已经成立，应该给予广州与"京津沪渝"同等的国家政策支持，以便在国家层面上确保广州国家中心城市目标的实现。

**关键词：** 国家中心城市　海上丝绸之路支点城市　对外文化门户城市
"北上广"地位　国家政策支持

广州作为珠三角的中心城市、广东省省会城市和副省级城市，以经济总量全国第三的地位保持了迅猛的发展速度，在我国改革开放中起到了窗口作用。但必须要看到，广州在保持一定增量的同时，存量却出现了明显衰减趋势。目前经济总量排在广州前面的是上海和北京，排在广州之后的是深圳和天津。广州经济总量2002年比天津高出49%，到2012年只比天津高出5%。广州年均名义增速2000－2013年比深圳和天津分别慢1.1%和

---

\* 李三虎，男，1964年出生，山西长治人，哲学博士，中共广州市委党校校刊部主任、教授，研究方向为技术哲学、社会空间理论和当代政治伦理。

2.6%，2010－2013 年分别比深圳和天津慢 1.9%和 4.2%。这种增长态势表明，近期内天津可能超过深圳，居于经济总量第四位，广州迟早会被天津超过。

在中国经济普遍降速的"新常态"下，广州、深圳和天津的增速都将出现放缓，但天津高于深圳和广州的总体增长格局不会改变。据智谷趋势研究中心预测，如果从现在起到 2022 年前后，广州、深圳、天津的增长率逐渐从 2013 年的 10%左右过渡到 6%左右，三个城市降速比率相等，预测广州 GDP 总量可能在 2018 年前后被天津超越，在 2022 年前后被深圳超越。届时广州将从"北上广"（也称"京沪穗"）前三位退出，变为"第五城"。

以上广州可能的发展情形，使人们开始围绕广州是否已经地位不保、是否还要继续"保三"等问题进行了各种议论。如果这些议论不是"唱衰"广州，那就要认真对待广州存量衰减的未来趋势。如果这种衰减是"新常态"下的大概率事件，那我们便不能仅仅停留在经济总量排名第三的意义上考虑广州的发展，而是应该基于国家中心城市定位，进入国家战略层面谋划广州在"新常态"下新一轮发展的大格局。广州学在学科意义上以广州城市发展为研究对象，涉及城市历史与现实、经济与社会、文化与政治以及理论与实践等各个层面，本文将在广州学的实践维度上，突出广州国家中心城市建设的国家战略意义，采取比较方法对目前的"保三"策略进行分析，然后就广州发展新常态格局形成提出一些建议性措施。

## 一 广州国家中心城市定位具有国家战略意义

国务院 2008 年颁布实施的《珠江三角洲地区改革发展规划纲要（2008－2020 年）》，明确要求广州要强化国家中心城市地位。2010 年国家住建部的《全国城镇体系规划纲要（2010－2020 年）》，更是将广州这样一个副省级城市列入"国家中心城市"，与北京、天津、上海、重庆四个直辖市并列加以规划，并称"京津沪渝穗"。国家中心城市定位显然不是抽象的概念，联系到广州的地理区位和基础条件，抑制广州发展存量衰减趋势，便绝不只是地方的事情，而是有着更多的国家战略意义。

第一，在国家建设"21世纪海上丝绸之路"战略构想中，广州占据核心枢纽地位，以海上丝绸之路的支点城市地位，塑造中国在亚洲自贸区的领导力和辐射力。党的十八大提出建设"21世纪海上丝绸之路"的战略构想，对古代海上丝绸之路传统进行了拓展，力图打造连通东盟、南亚、西亚、北非、欧洲等各大经济板块的市场链，是一种经济外拓与国家安全战略。在这一战略构想中，广州必然要扮演海上丝绸之路的核心枢纽角色。一方面，广州的直接腹地珠三角的深圳、佛山、惠州、东莞等都已形成较为坚实的制造业基础，内陆江西、湖南、广西、贵州等也都可依托广州发展海事贸易，它们为广州从事对外商贸提供了大量的货物与人力资源。另一方面，广州也是中国南方重要的海上门户城市，能够通过海事运输的便利，联通东亚、东南亚、南亚、波斯湾、红海、东非、地中海乃至欧洲各地。广州在历史上曾是海上丝绸之路的起点，到唐宋时期就以中国的"通海夷道"，贯穿南海、印度洋、波斯湾和东非海岸的90多个国家，成为当时世界上最长的远洋航线和海外交通线。现在广州以30多年的巨大积累，以华南地区实力最强的基础设施，特别是海上丝绸之路港口优势（海港南沙港，空港白云机场，高铁枢纽广州南站等），在国家政策布局下，围绕对外贸易这一海上丝绸之路发展的核心要素，以世界范围内的大规模经济贸易活动为基础和联系，加强海上互联互通和大力发展海洋经济，提升城市的发展能级，扩大城市国际影响力，助推广州迈入全球城市体系的"塔尖城市"，为国家拓展海上丝绸之路相关国家的高端商品市场和国际服务贸易，重塑中国在亚洲自贸区的领导力和辐射力。

第二，立足"粤港澳"一体化国家发展规划，广州以岭南文化为纽带可以对港澳起到凝聚作用，以其对外文化门户城市的地位，提升中国文化在东南亚乃至世界的影响力。广州在改革开放过程中之所以一跃成为经济总量"第三城"，与毗邻港澳的区位优势是分不开的，广州融资、商贸、专业服务等都曾从香港引进和借鉴。正是由于这种紧密的经贸关系，香港发生的"占中"事件不仅影响到自身的经济发展，而且也直接甚至长期影响广州的经贸发展。"占中"事件提醒我们，对港澳的工作尤其不能放松。在当前新的形势下，广州必须以国家中心城市的定位，在"粤港澳"一体化的国家发展规划中发挥应有的作用。作为国家中心城市的广州，其优势是它的华南文化教育中心地位。较之与香港一河之隔的深圳单纯的经济功能，广州更能以岭南文化为纽带，在与港澳的同步转型升级中，谱写出"粤港澳"一体化发展的新篇章，在内地与港澳之间架起文化桥梁，更多更好地发挥作用，凝聚港澳人心。也要看到，港澳地区国际化程度较高，与东盟等海上丝绸之路沿线国家联系密切。广州还可以依托港澳地区的这种优势，借力国际上众多讲粤语的华人华侨的沟通与辅助，充分利用自身海上丝绸之路起点的历史和文化优势，打造我国重要的对外文化门户城市，积极开发针对海上丝绸之路沿线国家的文化商品，扩大我国文化贸易的国际市场，助推中国文化产业走向世界，提升中国文化在世界的影响力。

## 二 "保三"策略不能确保广州国家中心城市目标实现

广州经济总量 1989 年开始超过天津，成为中国经济总量"第三城"至今；广东省经济总量 1990 年开始超过江苏，成为中国经贸发展的战略高地。计划经济时代曾被广泛使用的"京津沪"概念，随之被市场经济时代的"北上广"所取代。这是国家将广州列入国家中心城市的重要依据，也是广州地方上采取"保三"策略的政策基础。所谓"保三"，是广州把"北上广"作为自身的城市发展定位，以一种忧患意识，改变被天津紧追不舍的被动局面。就广东来说，由于江苏近年来对广东的紧逼，广州保住"北上广"的地位，当然也有为广东继续领先江苏的特殊意义。但是，"保三"作为一种地方策略，根本不可能在国家战略上确保广州国家中心城市目标实现。

第一，广州是副省级城市，天津是直辖市，广州以自身的行政资源与天津竞争不在一个平台上。在五大"国家中心城市"中，"京津沪渝"都是直辖市，只有广州是副省级城市。广州是广东这个中国经济总量大省的省会城市，虽然也有一定的行政资源，但与作为直辖市的天津还是不能相提并论。天津是土地资源较丰富的城市，有 11946.88 平方公里。相比之下，广州只有 7434.4 平方公里，建设用地几近极限。广州常住人口 1270.08 万略多，低于天津常住人口 1354.58 万，但广州实际管理人口是 1600 多万人，实际上是以较少土地承载着大量人口。仅就此而言，广州面对天津的追赶，"保三"的胜算就已经不大。

第二，在经济增长放缓的"新常态"下，广州已经出现了从区域向外扩张到向内收缩的空间格局，与天津滨海新区整体的高强优势相比不在一个层次上。天津已形成"三机一箭一星一站"的产业格局，是"全球唯一兼有航空与航天两大产业的城市"。广州虽然也有汽车制造、电子通信和石油化工等所谓三大支柱产业，但其大产业规模明显不如天津。天津滨海新区生产总值目前已经超过上海浦东新区，占据天津全市的半壁江山。与天津滨海新区相比，广州三大国家级开发区各自为政，国家级新区还处于起步阶段，面积、人口规模都要小得多。广州的南沙新区、中新知识城刚刚启动，在全国目前经济放缓的"新常态"下，一年半载恐怕也很难成为发展的引擎。特别是中新知识城所在的萝岗区（广州经济技术开发区），在广州一直保持着经济总量第一的水平，但近年来已经被广州中心城区的天河区和越秀区超越。2013 年萝岗区的 GDP 规模为 1892.14 亿元，远低于天河区的 2781.61 亿元和越秀区的 2384.71 亿元。广州这种向内收缩的空间格局如果不能得到逆转，"保三"便显得艰难。

第三，相对于国家中心城市定位，"保三"绝不是抑制广州存量衰减的长远战略。广州国家中心城市定位显然有着超越中国经济总量"第三城"的含义，这就是广州应在国内具有引领、辐射和集散功能，在国际上应该成为世界金融、贸易和航运中心，甚至成为世界经济中心。与国家中心城市的这种定位相比，"保三"只能算是一种保守的应对策略，因为它的思维定势在于：只有确保市场经济时代的"北上广"地位，才能不回到当年计划经济时代的"京津沪"状态。从现实来看，尽管广州有着一流的基础设施，但在"新常态"下，广州不仅行政区划和政策资源、对外开放程度或远程辐射能力、金融和科技核心引领功能等方面被"京津沪"三大直辖市围困，而且在科技创新、高端产业等方面也敌不过拥有经济特区优势的深圳（深圳高新技术产业一枝独秀，文化产业也发展迅猛），甚至面对苏州这样的城市发展都有相当压力。这种情况表明，广州如果不能在国家战略视野中获得顶层设计或深层谋划，那么就只能沦为一般的副省级城市，自然也就难以担当国家中心城市功能。

## 三　在国家战略层面上打造广州国家中心城市

从长远看，广州显然应以国家中心城市定位为基础，逐步向"亚洲中心城市""世界城市"的更高目标迈进。广州作为国家中心城市的这种定位和战略支撑，对于我国打破体制制衡，实现资源和市场配置的全球化，确立我国在周边地区特别是东南亚、南亚和南太平洋地区的地位具有重要的战略意义，而来自地方暗中摸索的"保三"策略显然无法满足这种战略要求。这就要求首先要在国家战略层面上打造广州国家中心城市，以便在抑制广州存量衰减趋势中，使广州承担起相应的国家战略功能，形成广州发展新常态格局。

第一，着眼于广州与广东的关系，将广东自贸区与广州国家中心城市建设在国家层面进行同步推进。广东改革开放较早，市场经济在全国也最为成熟，整体上成为自由贸易区不仅有利于实现国家"21 世纪海上丝绸之路"构想和"粤港澳"一体化规划，而且可以推动广东区域协调发展和带动"泛珠三角"发展。广东自贸区显然需要一个国家中心城市起到引领作用。担当这一角色，有竞争性的城市只有广州和深圳。但是，深圳只具有经济功能，不能在政治和文化方面起到核心引领作用。要在国家战略层面，进行东西南北的国家中心城市布局，与北部的"京津"、东西部的"沪渝"相应，把广州作为南方的国家中心城市进行战略提升，使其能够以适度的重大事项谋划能力和资源支撑能力，集中精力打造引领华南地区、辐射全国、面向东南亚和东盟的国际商贸中心、航运物流中心、中外文化交流中心、金融中心和科技创新中心。

第二，在目前既有的行政区划格局下，充分考虑广州以较小土地面积承载较大人口规模的区域现实，规划和推动广州与佛山、东莞甚至清远的"同城化"协同发展。随着广州周边地区的城市化发展，佛山和东莞在城市建成区方面已与广州成为一体，特别是佛山与广州更有"同城"之称。这种区域发展格局表明，必须要在战略上把广州国家中心城市建设与周边地区的"同城化"协同发展进行统一规划和推进，在基础设施、产业和生态建设各方面进行功能上的分工、整合与协调，逐步呈现面向世界、服务全国的国际大都市格局。

第三，立足广州的区位和基础，给予广州发展与"京津沪渝"同等的国家政策支持。在中国，广州要成为真正的国家中心城市，涉及政治地位、国际知名度、所辖区域面积、经济总量、金融中心功能、交通枢纽功能、总部经济、产业辐射力、大企业集聚水平、对外贸易和吸引外资能力、科技创新能力等因素。目前围绕广州发展衰减的讨论主要集中在经济总量现象上,只有进一步分析这种衰减才涉及其他因素。除行政资源和用地紧张的发展限制之外,还特别表现为工业规模、质量、金融业弱于天津和深圳,科技创新水平不如"京沪深",科教资源没有明显优势,甚至对外经济联系的传统优势也在明显减弱之中(特别是曾经辉煌的"广交会"正在相对弱化而日渐式微),各个产业领域没有"大企业(总部)"集聚。因此要真正扭转广州存量衰减趋势,必须在金融中心功能、总部经济、产业辐射力、对外贸易和吸引外资能力、科技创新能力等方面实现提升,从而提高辐射力和赢得国际知名度,而这需要国家给予广州与"京津沪渝"同等的国家政策支持这一可能条件。其实,目前广州对于转型升级做了各种"保三"的努力,包括广佛同城化推进,但由于缺乏国家政策支撑,这种努力绩效并不明显。例如,广州与周边地区合作因行政体制制约而很难协调和整合,国际商贸中心和金融中心功能因通关、汇率、汇兑、结算等方面限制而难以确立,科技创新地位因缺乏大项目基础而无法形成,等等。

一方面,可以考虑争取国家出台一些支持广州发展的政策。支持广州金融业发展,将涉及海上丝绸之路建设和粤港澳一体化发展的金融机构、咨询服务机构等设在广州,批准广州设立期货交易所;鼓励广州数控技术研发和应用拓展,使其在工业机器人研发基础上,尝试开拓机器人的军事和深海作业应用,推进"国家机器人研发和制造基地"建设;创造条件,在广州空港经济区设立民用大飞机或相关零配件制造项目,与上海、西安相应建立起华南地区的"民用飞机制造中心"。类似这种优势产业、大型装备制造或大项目布局,都需要在国家战略层面统筹考虑,赋予广州更多的机会和更大的发展空间。

另一方面,面对周边城市的强有力竞争,广州自身要珍惜并利用好现有的资源条件。巩固并拓展广州已经形成的局部优势,包括全国第三大空港白云机场、南沙海港、区域高铁枢纽广州南站,目前具有世界影响力的唯一品牌代表"广交会",以及广州国际商贸中心(世界物流中心),同时还要切实谋划南沙新区的大开发、大发展。

## 参考文献

［1］智谷趋势研究中心：《震惊！广州一线城市地位不保，可能被天津、深圳超越》，2014 年 9 月 24 日，http：//finance. sanqin. com/2014/0924/43635. shtml，2014 年 10 月 16 日。

［2］胡刚：《打破悲观思想　广州可“保三争二”》，《南方日报》2013 年 5 月 14 日，第 A02 版。

［3］丁力：《关于广州与天津之争的思考》，《南方日报》2013 年 5 月 8 日，第 A02 版。

［4］彭澎：《广州誓与天津争老三》，《第一财经日报》2011 年 2 月 22 日。

［5］彭澎：《广州发展自贸区能否有大作为》，《南方日报》2014 年 12 月 16 日，第 A02 版。

# 广州经济增长方式特点探析

傅元海[*]

**摘要：**本文从经济增长动力、资源利用效率及增长效率、产业结构和环境影响等方面概括了广州经济增长方式的特点。研究表明：广州经济增长方式已经从粗放型向集约型转变，由投入驱动向需求拉动、创新驱动转变，逐步向经济增长与环境相协调方向迈进，但由于缺乏核心技术，经济增长质量仍然不高。

**关键词：**经济增长动力　资源利用效率　产业结构优化　环境污染 经济增长方式

2000 年以来，广州经济一直保持高速增长态势，2001－2013 年广州经济平均增长 11.1%。2013 年广州地区生产总值达到 1.54 万亿元；2012 年广州人均地区生产总值突破 10 万元，2013 年达到 12 万元，明显高于北京、上海。2008 年以来全国经济增长速度减缓，经济增长下行压力大，虽然广州经济增长速度也出现下降趋势，但是增长率仍超过 10%，不仅明显高于全国水平，而且明显高于北京、上海。与北京、上海相比，广州经济增长速度放缓的幅度较小，经济增长空间较大。广州经济能否保持现有增长态势，很大程度上依赖于经济增长方式是否具有可持续性，因此，剖析广州经济增长方式的特点具有较强的现实意义。

---

* 傅元海，男，1967 年出生，经济学博士，广州大学经济与统计学院教授，主要研究国际直接投资与经济增长，已在《经济研究》《中国工业经济》等期刊发表论文多篇。

# 一 经济增长动力变化

## 1. 需求动力

经济增长的持续性和速度主要取决于经济增长的动力。从需求看，投资、消费和净出口是拉动经济增长三大需求，投资和出口波动较大，消费需求一般较为稳定。投资拉动经济增长是投入驱动型经济增长，一般是粗放型经济增长方式；由投入拉动经济增长方式向需求拉动经济增长转变，是提高经济增长质量的主要路径。从表 1 可以看出，除了少数年份投资和净出口对经济增长的贡献率和拉动较明显外，广州经济增长主要依靠消费需求拉动，消费需求对经济增长的贡献率最低的是 2004 年，为 26.4%，拉动经济增长 4%，其余年份消费需求对经济增长的贡献接近或超过 40%，拉动经济增长接近或超过 5%；其中消费需求对经济增长的贡献率较高的是 2000 年、2001 年和 2010 年，分别达到 59.2%、63.7% 和 67.9%，分别拉动经济增长 7.9%、8.1% 和 9%。基于上述分析可以得出以下结论，广州经济增长主要由消费拉动，与全国、北京、上海相比，广州经济增长动力具有可持续性和稳定性。

表 1 各类需求对经济增长的贡献　　　　单位:%

| 年份 | 地区生产总值增长率 | 最终消费支出 | | 资本形成总额 | | 货物和服务净流出 | |
| --- | --- | --- | --- | --- | --- | --- | --- |
| | | 贡献率 | 增长拉动 | 贡献率 | 增长拉动 | 贡献率 | 增长拉动 |
| 2000 | 13.3 | 59.2 | 7.9 | 13.8 | 1.8 | 27.0 | 3.6 |
| 2001 | 12.7 | 63.7 | 8.1 | 28.3 | 3.6 | 8.0 | 1.0 |
| 2002 | 13.2 | 55.6 | 7.3 | 21.2 | 2.8 | 23.2 | 3.1 |
| 2003 | 15.2 | 43.8 | 6.7 | 17.4 | 2.6 | 38.8 | 5.9 |
| 2004 | 15.0 | 26.4 | 4.0 | 42.4 | 6.4 | 31.2 | 4.6 |
| 2005 | 12.9 | 46.8 | 6.0 | -8.5 | -1.1 | 61.7 | 8.0 |
| 2006 | 14.9 | 39.2 | 5.9 | 39.1 | 5.8 | 21.7 | 3.2 |
| 2007 | 15.3 | 43.9 | 6.7 | 18.4 | 2.8 | 37.7 | 5.8 |
| 2008 | 12.5 | 47.8 | 6.0 | 33.9 | 4.2 | 18.3 | 2.3 |
| 2009 | 11.7 | 53.9 | 6.3 | 61.8 | 7.2 | -15.7 | -1.8 |

续表

| 年份 | 地区生产总值增长率 | 最终消费支出 | | 资本形成总额 | | 货物和服务净流出 | |
|------|------------------|------|------|------|------|------|------|
| | | 贡献率 | 增长拉动 | 贡献率 | 增长拉动 | 贡献率 | 增长拉动 |
| 2010 | 13.2 | 67.9 | 9.0 | 44.0 | 5.8 | -11.9 | -1.6 |
| 2011 | 11.3 | 49.2 | 5.6 | 17.5 | 2.0 | 33.3 | 3.7 |
| 2012 | 10.5 | 47.0 | 4.9 | 50.8 | 5.4 | 2.2 | 0.2 |

注：贡献率指三大需求增量与支出法计算的 GDP 增量之比，增长拉动指 GDP 增长速度与三大需求贡献率的乘积。数据来自历年《广州统计年鉴》和《广州统计资料》，下同。

**2. 产业动力**

从表 2 产业对经济增长的贡献看，第一产业对广州经济增长的贡献率最低，最高的 2002 年贡献率只有 2.5%，拉动经济增长 0.33%；绝大多数年份不超过 1.2%，拉动经济增长低于 0.17%；多数年份不超过 0.7%，拉动经济增长低于 0.1%。总体上第二产业对广州经济增长的贡献较大，但呈波动下降态势，最低的 2013 年贡献率为 29%，工业对广州经济增长的贡献率也达到最低，仅为 28.6%；第二产业拉动经济增长最低的 2012 年为 3.17%，工业拉动经济增长也是最低，仅为 3.07%。第三产业对广州经济增长的贡献最大，且呈波动上升态势；对广州经济增长的贡献率最低的 2003 年为 42.7%，拉动经济增长最低，为 6.49%；绝大多数年份第三产业对经济增长的贡献率超过 50%，拉动经济增长超过 7%；其中 2007 - 2013 年第三产业对广州经济增长的贡献率超过 60%，2001 年、2006 - 2008 年、2010 年、2013 年拉动经济增长超过 8%。总体来说，三次产业对经济增长的贡献特征与产业结构优化是一致的，具有可持续增长的特征。

**表 2　各产业对经济增长的贡献**　　　　　　　　单位:%

| 年份 | 地区生产总值增长率 | 第一产业 | | 第二产业 | | 工业 | | 第三产业 | |
|------|------------------|------|------|------|------|------|------|------|------|
| | | 贡献率 | 增长拉动 | 贡献率 | 增长拉动 | 贡献率 | 增长拉动 | 贡献率 | 增长拉动 |
| 2000 | 13.3 | 0.5 | 0.067 | 48.3 | 6.42 | 45.5 | 6.05 | 51.2 | 6.81 |
| 2001 | 12.7 | 0.7 | 0.089 | 35.0 | 4.45 | 30.7 | 3.90 | 64.3 | 8.17 |
| 2002 | 13.2 | 2.5 | 0.330 | 37.8 | 4.99 | 36.1 | 4.77 | 59.7 | 7.88 |
| 2003 | 15.2 | 0.6 | 0.091 | 56.7 | 8.62 | 56.1 | 8.53 | 42.7 | 6.49 |
| 2004 | 15.0 | 1.1 | 0.165 | 48.3 | 7.25 | 46.6 | 6.99 | 50.6 | 7.59 |

续表

| 年份 | 地区生产总值增长率 | 第一产业 | | 第二产业 | | 工业 | | 第三产业 | |
|---|---|---|---|---|---|---|---|---|---|
| | | 贡献率 | 增长拉动 | 贡献率 | 增长拉动 | 贡献率 | 增长拉动 | 贡献率 | 增长拉动 |
| 2005 | 12.9 | 1.2 | 0.155 | 43.2 | 5.57 | 41.4 | 5.34 | 55.6 | 7.17 |
| 2006 | 14.9 | -0.7 | -0.104 | 43.9 | 6.54 | 42.7 | 6.36 | 56.8 | 8.46 |
| 2007 | 15.3 | 0.4 | 0.061 | 36.4 | 5.57 | 36.3 | 5.55 | 63.2 | 9.67 |
| 2008 | 12.5 | 0.4 | 0.050 | 35.1 | 4.39 | 34.5 | 4.31 | 64.5 | 8.06 |
| 2009 | 11.7 | 0.5 | 0.059 | 31.4 | 3.67 | 28.6 | 3.35 | 68.1 | 7.97 |
| 2010 | 13.2 | 0.5 | 0.053 | 38.1 | 5.03 | 34.0 | 4.49 | 61.5 | 8.12 |
| 2011 | 11.3 | 0.5 | 0.057 | 38.6 | 4.36 | 34.5 | 3.90 | 60.9 | 6.88 |
| 2012 | 10.5 | 0.5 | 0.053 | 30.2 | 3.17 | 29.2 | 3.07 | 69.3 | 7.28 |
| 2013 | 11.6 | 0.4 | 0.046 | 29.0 | 3.36 | 28.6 | 3.32 | 70.6 | 8.19 |

注：产业贡献率指各产业增加值增量与地区生产总值增量之比，各产业对地区生产总值的拉动指地区生产总值增长速度与各产业贡献率之乘积。

### 3. 所有制变迁的动力

理论上，市场经济以民营经济为核心，民营经济越发达，经济效率越高，经济增长越具有可持续性和稳定性。从表 3 可以看出，公有经济对广州经济增长的贡献率较高，但呈波动下降趋势，2000 - 2012 年贡献率从57.61%下降到33.48%，对经济增长的拉动从7.66%下降到3.52%。民营经济是广州经济增长的主要动力，2007 - 2013 年民营经济对广州经济增长的贡献率最低达到35.65%，对经济增长拉动最低达到4.17%；民营经济对广州经济增长的贡献率多数年份超过40%，对经济增长拉动接近或超过5%。因此，除了少数年份外，广州经济增长主要依靠民营经济发展，有利于广州经济增长保持较高速度和稳定性。

表 3　各类所有制经济对经济增长的贡献　　　　单位:%

| 年份 | 地区生产总值增长率 | 公有经济 | | 民营经济 | |
|---|---|---|---|---|---|
| | | 贡献率 | 增长拉动 | 贡献率 | 增长拉动 |
| 2000 | 13.3 | 57.61 | 7.66 | / | / |
| 2001 | 12.7 | 42.00 | 5.33 | / | / |
| 2002 | 13.2 | 43.31 | 5.72 | / | / |

续表

| 年份 | 地区生产总值增长率 | 公有经济 | | 民营经济 | |
| --- | --- | --- | --- | --- | --- |
| | | 贡献率 | 增长拉动 | 贡献率 | 增长拉动 |
| 2003 | 15.2 | 31.86 | 4.84 | / | / |
| 2004 | 15.0 | 17.52 | 2.63 | / | / |
| 2005 | 12.9 | 53.95 | 6.96 | / | / |
| 2006 | 14.9 | 37.19 | 5.54 | / | / |
| 2007 | 15.3 | 55.19 | 8.44 | 37.12 | 5.68 |
| 2008 | 12.5 | 41.51 | 5.19 | 50.21 | 6.28 |
| 2009 | 11.7 | 22.30 | 2.61 | 35.65 | 4.17 |
| 2010 | 13.2 | 54.18 | 7.15 | 52.05 | 6.87 |
| 2011 | 11.3 | 31.93 | 3.61 | 60.11 | 6.79 |
| 2012 | 10.5 | 33.48 | 3.52 | 40.85 | 4.29 |
| 2013 | 11.6 | / | / | 42.57 | 4.94 |

### 4. 创新驱动

技术创新是经济增长最根本的动力和源泉。创新能力可以用每万人专利申请数、每万人专利授权数、每万人发明专利授权数和每万人专业技术人员数测度，创新水平可以从研发水平角度反映。表4反映了2000－2013年广州和广东的创新能力、创新水平和创新驱动效应。广州每万人专利申请数从2000年的6.48项上升到2013年的48.05项，明显高于广东省水平；每万人专利授权数从2000年的4.59项上升到2013年的31.62项，明显高于广东省水平；发明专利是反映自主创新能力的核心指标，每万人发明专利授权数从2000年的0.14项上升到2012年的4.92项，广东省不及或接近广州的一半。技术人力资本也是反映技术创新能力的重要方面，广州每万人专业技术人数从2002年的575项上升到2013年的717项，是广东省的3倍以上。广州大中型企业研发水平先上升然后逐步下降，但明显高于广东省水平。与广州创新能力变化趋势一致，创新驱动经济增长的效应不断增大，如高新技术产业增加值占地区生产总值比重从2000年的5.77%不断上升到2012年的13.33%，明显高于广东省水平，且与广东省的差距不断扩大，表明创新对广州经济增长的贡献不断增大。这意味着，广东创新驱动经济增长的效应越来越大，经济增长集约化水平不断提高。

表 4 创新水平及创新驱动效应

| 指标 | 每万人专利申请数（项） | | 每万人专利授权数（项） | | 每万人发明专利授权数（项） | | 每万人专业技术人员数（人） | | 高新技术产业增加值占地区生产总值比重（%） | | 大中型企业研发水平（%） | |
|---|---|---|---|---|---|---|---|---|---|---|---|---|
| 地区 年份 | 广东 | 广州 | 广东 | 广州 | 广东 | 广州 | 广东 | 广州 | 广东 | 广州 | 广东 | 广州 |
| 2000 | 2.82 | 6.48 | 2.11 | 4.59 | 0.03 | 0.14 | 173 | 624 | 6.41 | 5.77 | / | / |
| 2001 | 3.65 | 7.07 | 2.41 | 4.72 | 0.04 | 0.18 | / | 601 | 6.31 | 6.39 | 0.84 | 1.24 |
| 2002 | 4.49 | 8.77 | 2.98 | 5.10 | 0.05 | 0.21 | / | 575 | 7.40 | 7.80 | 0.97 | 1.34 |
| 2003 | 5.59 | 11.35 | 3.79 | 6.94 | 0.12 | 0.41 | 164 | 629 | 9.85 | 10.13 | 1.16 | 1.73 |
| 2004 | 6.69 | 11.25 | 4.03 | 7.57 | 0.25 | 0.81 | 176 | 630 | 10.00 | 10.75 | 1.19 | 2.15 |
| 2005 | 9.14 | 14.80 | 4.67 | 7.69 | 0.24 | 0.81 | 177 | 633 | 10.48 | 10.91 | 0.70 | 1.21 |
| 2006 | 11.29 | 16.27 | 5.41 | 8.49 | 0.30 | 0.93 | 171 | 642 | 10.72 | 11.29 | 1.25 | 2.35 |
| 2007 | 12.56 | 15.72 | 6.92 | 11.11 | 0.46 | 1.10 | 171 | 676 | 9.07 | 13.26 | 1.12 | 1.01 |
| 2008 | 12.57 | 17.96 | 7.50 | 10.38 | 0.92 | 1.44 | 172 | 685 | 9.96 | 13.31 | 1.07 | 0.95 |
| 2009 | 15.02 | 20.94 | 10.00 | 14.06 | 1.36 | 1.92 | 175 | 681 | 9.76 | 13.17 | 0.81 | 0.82 |
| 2010 | 17.94 | 25.99 | 14.01 | 18.85 | 1.61 | 2.49 | 171 | 695 | 10.54 | 14.83 | 0.81 | 0.86 |
| 2011 | 22.72 | 34.67 | 14.87 | 22.64 | 2.11 | 3.88 | 168 | 702 | 8.91 | 14.74 | 0.75 | 0.86 |
| 2012 | 26.58 | 40.79 | 17.79 | 26.88 | 2.57 | 4.92 | 169 | 713 | 9.60 | 13.33 | 0.65 | 0.73 |
| 2013 | 30.17 | 48.05 | 19.46 | 31.62 | 2.29 | / | 166 | 717 | 10.70 | / | 0.62 | 0.76 |

注：大中小企业研发水平采用研发支出占销售收入比例反映。数据来自历年《广东统计年鉴》和《广州统计年鉴》及《广州统计资料》。

## 二 资源利用效率与经济增长效率

转变经济增长方式的含义是由高投入、低产出增长方式向低投入、高产出增长方式转变，核心是提高资源利用效率，即提高经济增长效率。这里主要是从劳动、资本、能源等资源利用效率及工业增加值率考察广州经济增长效率。劳动生产率和劳动边际产出可以测度劳动利用效率，从表 5 可以看出，按可比价格计算，广州劳动生产率从 2000 年的 5.023 万元/人·年不断提高到 2013 年的 16.19 万元/人·年；劳动边际产出均为正，最低的 2000 年为 6.67 万元/人·年，2005 年为 15.604 万元/人·年，2004 年、

2006 年和 2008 年超过劳动边际产出 25 万元/人·年，2003 年、2007 年和 2009-2011 年超过 30 万元/人·年，2001 年达到 45.945 万元/人·年，2002 年为 87.892 万元/人·年，2012-2013 年则超过 120 万元/人·年。资本效率可以从资本生产率和资本边际产出测度。首先按《广州 50 年》1989 年资本折旧数据除以单豪杰（2006）提出的固定资本折旧率 10.96%，得到 1988 年资本存量；进而按单豪杰（2008）的方法测算广州 1989-2012 年资本存量，可以按 2000 年不变价格测算出 2000-2012 年资本存量；利用平减指数测算出按 2000 年不变价格计算的地区生产总值，利用地区生产总值除以资本存量，即为资本生产率。从表 5 可以看出，广州资本生产率从 2000 年的 0.539 上升到 2010 年的 0.712，2012 年下降到 0.665，也就是说，广州资本生产率先上升后下降；资本的边际产出总体上先上升后下降。这意味着，资本的利用效率先提高后下降，下降的原因可能是 2007-2012 年投资过度。

**表 5　经济增长效率**

| 年份 | 工业增加值率 | 劳动效率（万元/人·年） | | 资本效率 | |
| --- | --- | --- | --- | --- | --- |
| | | 劳动生产率 | 劳动边际产出 | 资本生产率 | 资本边际产出 |
| 2000 | 0.330 | 5.023 | 6.670 | 0.539 | 0.529 |
| 2001 | 0.328 | 5.586 | 45.945 | 0.560 | 0.577 |
| 2002 | 0.320 | 6.272 | 87.892 | 0.577 | 0.677 |
| 2003 | 0.316 | 7.031 | 33.336 | 0.577 | 0.859 |
| 2004 | 0.310 | 7.792 | 27.112 | 0.580 | 0.762 |
| 2005 | 0.302 | 8.280 | 15.604 | 0.600 | 0.674 |
| 2006 | 0.301 | 9.116 | 27.420 | 0.628 | 0.739 |
| 2007 | 0.286 | 10.104 | 33.569 | 0.657 | 0.743 |
| 2008 | 0.281 | 10.858 | 26.070 | 0.641 | 0.632 |
| 2009 | 0.276 | 11.660 | 30.619 | 0.713 | 0.518 |
| 2010 | 0.277 | 12.606 | 31.726 | 0.712 | 0.536 |
| 2011 | 0.275 | 13.424 | 30.567 | 0.698 | 0.472 |
| 2012 | 0.276 | 14.674 | 124.928 | 0.665 | 0.404 |
| 2013 | 0.259 | 16.190 | 143.572 | / | / |

注：劳动效率和资本效率均按 2000 年不变价格测算。

能源是支撑现代经济增长的重要资源，能源利用效率可以从万元地区生产总值耗费的标准煤、电力和万元工业增加值消耗的标准煤测算。表 6 反映了 2005－2013 年广州能源利用效率的变化，万元地区生产总值消耗标准煤从 2005 年的 0.78 吨不断下降到 2013 年的 0.48 吨，明显低于广东省水平，广州单位地区生产总值能耗下降速度超过 4%，高于广东省水平；万元地区生产总值消耗电力从 2005 年的 826 千瓦时不断下降到 2013 年的 537 千瓦时，远低于广东省水平，广州单位地区生产总值电耗下降速度 2.29%～8.21%，高于广东省水平。2005－2013 年广州工业能源利用效率不断提高，万元工业增加值消耗从 2005 年的 1.3 吨标准煤下降到 2013 年的 0.52 吨标准煤，但是 2005－2010 年一直高于广东省水平，不过单位工业增加值能耗水平下降幅度大，明显高于广东省水平，致使 2011－2013 年广州单位工业增加值能耗水平低于广东省水平。因此，广州市能源利用效率不断提高，经济增长方式不断向低能耗方向转变。

表 6　能源利用效率

| 年份 | | 2005 | 2006 | 2007 | 2008 | 2009 | 2010 | 2011 | 2012 | 2013 |
|---|---|---|---|---|---|---|---|---|---|---|
| 单位 GDP 能耗（吨标准煤/万元） | 广东 | 0.79 | 0.77 | 0.75 | 0.72 | 0.68 | 0.66 | 0.56 | 0.53 | 0.51 |
| | 广州 | 0.78 | 0.75 | 0.71 | 0.68 | 0.65 | 0.62 | 0.53 | 0.51 | 0.48 |
| 单位 GDP 能耗变化（%） | 广东 | / | －2.93 | －3.15 | －4.32 | －4.27 | －2.94 | －3.78 | －5.38 | －4.55 |
| | 广州 | / | －4.62 | －4.44 | －4.56 | －4.01 | －4.60 | －4.91 | －4.94 | －5.14 |
| 单位 GDP 电耗（千瓦时/万元） | 广东 | 1195 | 1172 | 1157 | 1086 | 1002 | 1002 | 988 | 959 | 924 |
| | 广州 | 826 | 793 | 775 | 775 | 661 | 644 | 614 | 585 | 537 |
| 单位 GDP 电力消耗变化（%） | 广东 | / | －1.95 | －1.30 | －6.17 | －6.13 | 0.03 | －1.46 | －2.90 | －3.62 |
| | 广州 | / | －3.96 | －2.29 | －7.77 | －6.96 | －2.53 | －4.74 | －4.59 | －8.21 |
| 单位工业增加值能耗（吨标准煤/万元） | 广东 | 1.08 | 1.04 | 0.98 | 0.87 | 0.81 | 0.75 | 0.71 | 0.63 | 0.6 |
| | 广州 | 1.30 | 1.22 | 1.12 | 1.00 | 0.89 | 0.78 | 0.70 | 0.58 | 0.52 |
| 单位工业增加值能耗变化（%） | 广东 | / | －2.96 | －5.28 | －11.32 | －6.94 | －6.88 | －5.13 | －11.18 | －4.97 |
| | 广州 | / | －5.08 | －8.33 | －10.72 | －10.52 | －12.61 | －10.06 | －16.98 | －10.89 |

注：数据来自《广东统计年鉴》。

与资源利用效率相反的是，广州工业增加值率，即投入产出率不断下降，从 2000 年的 0.33 下降到 2013 年的 0.259。这意味着，广州资源利用效率不断提高，而经济增长效率不断降低，但二者并不矛盾。原因是广州在经济发展中提高资源利用效率的同时，由于没有掌握核心技术，主要依赖进口核心技术即高附加值的中间投入品进行生产，广州本地企业仅仅承担劳动密集型产品或技术含量高产品的价值链低附加值环节的生产。因此，广州经济增长在不断提高资源利用效率的同时，没有掌握核心技术，经济增长质量不断下降。

## 三　经济结构变迁

产业结构优化能提高资源再配置效率，是经济增长的另一重要源泉。转变经济增长方式一个重要内容就是优化产业结构。产业结构优化的内涵不仅包括产业结构的升级，也包括产业结构趋于合理化；从产业结构的外延看，产业结构优化不仅包括三次产业结构优化，而且包括产业内部结构优化。从表7可以看出，2000－2013年广州第一产业的比例很低，且不断下降，从2000年的0.038下降到2013年的0.015；第二产业的比例较高，但不断下降，从2000年的0.41下降到2013年的0.339，其中工业的比例变化与此一致，从2000年的0.352下降到2013年的0.308；第三产业的比例最高，且不断上升，从2000年的0.552上升到2013年的0.646。因此，第二产业特别是工业化是广州经济增长的重要原因，产业结构日趋向服务化方向发展是广州经济增长的主要原因。产业结构不断升级致使生产要素不断流动，促使整个社会生产率不断提升，进而推动经济持续增长。这一观点可以从三次产业的合理化水平变化得到验证。为避免结构偏离度忽略不同产业的重要性，采用泰尔指数公式测度三次产业的合理化：

$$TS = \sum_{j}^{n} (Q_j/Q) \ln [(Q_j/L_j)/(Q/L)]$$

$j$ 表示第 $j$（$j=1$，2，3）次产业，$Q$、$Q_j$ 分别表示地区生产总值和第 $j$ 次产业的增加值，$L$、$L_j$ 分别表示广州就业总人数和第 $j$ 次产业就业人数。泰尔指数 TS 越大意味着三次产业结构越不合理，TS 越小三次产业结构越合理，TS 趋于 0 时意味着三次产业资源配置效应相同。2000－2013年广州三次产业的泰尔指数不断下降，从2000年的0.116下降到2013年的0.049，即合理化水平不断提升，三次产业劳动生产率趋同，产业间资源配置效率趋于一致。这进一步说明，三次产业不断升级且趋于合理，提高了资源配置效率，促进了经济增长。

**表 7 广州产业结构变化**

| 年份 | 三次产业结构 | | | | 工业比例 | 制造业结构 | | | | 产业内部结构 | | |
|------|------|------|------|------|------|------|------|------|------|------|------|------|
| | 第一产业比例 | 第二产业比例 | 第三产业比例 | 合理化水平 | | 低端技术产业比例 | 中端技术产业比例 | 高端技术产业比例 | 合理化水平 | 高新技术农业比例 | 高新技术工业比例 | 高新技术服务业比例 |
| 2000 | 0.038 | 0.410 | 0.552 | 0.116 | 0.352 | 0.365 | 0.178 | 0.457 | 0.036 | / | 0.314 | / |
| 2001 | 0.034 | 0.391 | 0.574 | 0.126 | 0.336 | 0.344 | 0.189 | 0.467 | 0.059 | 0.010 | 0.226 | 0.001 |
| 2002 | 0.032 | 0.378 | 0.590 | 0.126 | 0.328 | 0.324 | 0.174 | 0.502 | 0.075 | 0.057 | 0.266 | 0.002 |
| 2003 | 0.029 | 0.395 | 0.575 | 0.123 | 0.350 | 0.276 | 0.156 | 0.568 | 0.107 | 0.065 | 0.321 | 0.002 |
| 2004 | 0.026 | 0.402 | 0.572 | 0.106 | 0.358 | 0.259 | 0.140 | 0.601 | 0.125 | 0.088 | 0.341 | 0.005 |
| 2005 | 0.025 | 0.397 | 0.578 | 0.094 | 0.358 | 0.255 | 0.125 | 0.620 | 0.121 | 0.089 | 0.327 | 0.007 |
| 2006 | 0.021 | 0.401 | 0.577 | 0.089 | 0.366 | 0.241 | 0.124 | 0.635 | 0.123 | 0.111 | 0.329 | 0.006 |
| 2007 | 0.021 | 0.396 | 0.583 | 0.077 | 0.365 | 0.243 | 0.119 | 0.638 | 0.104 | 0.108 | 0.372 | 0.006 |
| 2008 | 0.020 | 0.389 | 0.590 | 0.067 | 0.359 | 0.223 | 0.159 | 0.619 | 0.107 | 0.098 | 0.366 | 0.013 |
| 2009 | 0.019 | 0.373 | 0.609 | 0.071 | 0.341 | 0.218 | 0.125 | 0.657 | 0.112 | 0.041 | 0.387 | 0.010 |
| 2010 | 0.018 | 0.372 | 0.610 | 0.044 | 0.339 | 0.209 | 0.125 | 0.666 | 0.101 | 0.049 | 0.426 | 0.010 |
| 2011 | 0.016 | 0.368 | 0.615 | 0.047 | 0.333 | 0.236 | 0.115 | 0.649 | 0.065 | 0.043 | 0.442 | 0.007 |
| 2012 | 0.016 | 0.348 | 0.636 | 0.053 | 0.315 | 0.245 | 0.145 | 0.644 | 0.044 | 0.032 | 0.424 | 0.008 |
| 2013 | 0.015 | 0.339 | 0.646 | 0.049 | 0.308 | / | / | / | / | / | / | / |

从三次产业结构内部看，2000－2012 年高新技术农业占第一产业的比例先升后降，且比例不高，除了 2006－2007 年超过 0.1 外，其余年份均低于 0.1。高新技术服务业占第三产业的比例很低，最高的 2008 年仅为 0.013，其余年份低于 0.01。高新技术工业占工业增加值的比例呈上升趋势，从 2001 年的 0.226 上升到 2011 年的 0.442，不仅意味着工业结构不断升级，而且工业结构升级是技术进步的结果。制造业结构可以按照 OECD 和傅元海（2014）方法分为低端技术产业、中端技术产业和高端技术产业 3 类，2000－2012 年广州制造业结构不断优化，高端技术产业比例最高且不断上升，从 2000 年的 0.457 上升到 2010 年的 0.666，2011－2012 年略有下降；低端技术产业的比例较高，说明劳动密集型制造业仍是广州制造业的重要构成部分，与广州劳动力质量是相匹配的；中端技术产业的比例最低，即资本密集型产业的比例低，与广州城市发展目标一致。但是制造业结构的合理化水平则先趋于不合理，然后趋于合理，泰尔指数先从 2000 年的

0.036 上升到 2004 年的 0.125，然后下降到 2012 年的 0.044。以上分析表明，广州制造业结构不断升级，但是制造业间的资源配置效率并没有趋于一致。因此，技术进步推动的产业结构升级是促进广州经济增长的重要动力，但是产业结构变迁产生的资源配置效率特别是制造业结构升级产生的资源配置效率并没有完全释放。

## 四　环境影响

转变经济增长方式不仅要重构经济发展的动力，提高资源利用效率，改变高投入低产出的增长方式，而且包含降低排放，改善生态环境，实现经济增长与生态环境相协调。表 8 从废水、工业废气排放、二氧化硫和工业固体废弃物排放等方面反映了广州和广东经济增长对生态环境的影响。从单位地区生产总值废水排放总量看，广州每万元地区生产总值排放废水从 2005 年的 24.41 吨不断减少到 2013 年的 11.75 吨，明显低于广东省的水平；广州每万元工业增加值排放废水从 2005 年的 10.98 吨不断减少到 2013 年的 4.5 吨，也低于广东省的水平。广州单位工业增加值的废气排放呈下降趋势，从 2005 年的每元工业增加值排放 1.27 立方米下降到 2013 年的 0.79 立方米，低于广东省水平。广州单位地区生产总值的二氧化硫排放呈下降趋势，从 2005 年的百万元地区生产总值排放 0.29 吨下降到 2012 年的 0.06 吨，不足广东省的一半；广州单位工业增加值的二氧化硫排放也呈下降趋势，从 2005 年的百万元工业增加值排放 0.79 吨下降到 2013 年的 0.13 吨，约为广东省的一半。广州生产单位工业增加值的固体废弃物不断下降，从 2005 年的百万元工业增加值产生 29.3 吨下降到 2013 的年 11.68 吨，2007 - 2013 年低于广东省水平。

表 8　环境污染

| 指标 | 地区 | 2005 | 2006 | 2007 | 2008 | 2009 | 2010 | 2011 | 2012 | 2013 |
|---|---|---|---|---|---|---|---|---|---|---|
| 废水排放总量（吨/万元地区生产总值） | 广东 | 28.30 | 25.42 | 23.38 | 19.95 | 18.34 | 17.59 | 20.50 | 16.49 | 15.68 |
| | 广州 | 24.41 | 21.66 | 16.33 | 16.42 | 13.91 | 12.94 | 13.09 | 12.79 | 11.75 |
| 工业废水排放量（吨/万元工业增加值） | 广东 | 22.08 | 19.31 | 17.21 | 12.65 | 9.98 | 9.08 | 7.94 | 7.11 | 6.05 |
| | 广州 | 10.98 | 9.18 | 8.11 | 11.60 | 8.35 | 6.48 | 5.94 | 5.33 | 4.50 |

续表

| 指标 | 地区 | 2005 | 2006 | 2007 | 2008 | 2009 | 2010 | 2011 | 2012 | 2013 |
|------|------|------|------|------|------|------|------|------|------|------|
| 工业废气排放（立方米/每元工业增加值） | 广东 | 1.28 | 1.12 | 1.18 | 1.22 | 1.20 | 1.17 | 1.33 | 1.03 | 1.01 |
| | 广州 | 1.27 | 0.95 | 0.77 | 0.82 | 0.81 | 0.87 | 1.00 | 0.86 | 0.79 |
| 二氧化硫排放量（吨/百万元地区生产总值） | 广东 | 0.57 | 0.49 | 0.41 | 0.33 | 0.29 | 0.26 | 0.18 | 0.16 | 0.14 |
| | 广州 | 0.29 | 0.22 | 0.15 | 0.13 | 0.11 | 0.08 | 0.06 | 0.06 | / |
| 工业二氧化硫排放量（吨/百万元工业增加值） | 广东 | 1.21 | 1.03 | 0.82 | 0.65 | 0.54 | 0.48 | 0.35 | 0.29 | 0.26 |
| | 广州 | 0.79 | 0.56 | 0.39 | 0.32 | 0.28 | 0.20 | 0.16 | 0.15 | 0.13 |
| 工业固体废物产生量（吨/百万元工业增加值） | 广东 | 27.61 | 25.14 | 26.92 | 28.67 | 25.04 | 26.50 | 27.52 | 22.78 | 20.98 |
| | 广州 | 29.30 | 28.39 | 23.40 | 22.26 | 20.59 | 18.98 | 15.92 | 14.42 | 11.68 |

注：地区生产总值和工业增加值按 2005 年不变价格计算。

经济发展中的碳排放导致全球气候变暖，引起各国政府和全世界学者的关注。各国政府和学者致力于探讨碳减排的问题。中国政府也承诺降低碳排放，按 1 吨标准煤排放 3.68 吨二氧化碳计算，2000－2013 年广州碳减排的效果虽然出现波动，先是从 2000 年的 3.19 吨/万元地区生产总值下降到 2003 年的 2.78 吨/万元地区生产总值，然后不断上升，2005 年上升到 3.11 吨/万元地区生产总值，2005－2013 年碳减排的效果非常显著，单位地区生产总值碳排放逐步下降，2012 年已经降到 2.23 吨/万元地区生产总值，明显低于广东省水平（见图 1）。因此，广州在经济发展中，环境恶化的趋势得到了有效控制，正逐步实现经济发展与环境相协调。

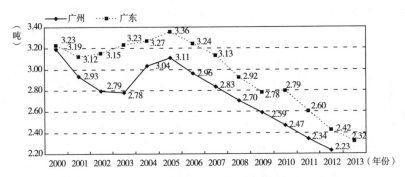

**图 1　单位地区生产总值的碳排放**

注：单位为吨/万元地区生产总值

## 五 简要结论

本文从经济增长动力、资源利用效率及增长效率、产业结构和环境影响等方面概括了广州经济增长方式的特点。从增长动力看，除了少数年份投资和净出口对经济增长的贡献率和拉动较明显外，广州经济增长主要依靠消费需求拉动，与全国、北京、上海相比，广州经济增长动力具有可持续性和稳定性；第二产业对广州经济增长的贡献较大，但呈下降态势，第三产业对广州经济增长的贡献最大，且呈上升态势，三次产业对经济增长的贡献特征与产业结构优化是一致的，具有可持续增长的特征；公有经济对广州经济增长的贡献较高，但呈波动下降趋势，民营经济是广州经济增长的主要动力，有利于广州经济增长保持较高速度和稳定性；每万人专利申请数、每万人专利授权数、每万人发明专利授权数和每万人专业技术人员数反映的创新能力表明，广州经济增长方式正向创新驱动方式转变，创新驱动经济增长的效应不断增大，如高新技术产业增加值占地区生产总值的比例上升。

考察劳动、资本、能源利用效率发现，劳动、资本和能源利用效率不断提高，经济增长方式不断向低能耗方向转变。但是广州工业增加值率不断下降，与广州利用资源效率变化趋势相反，但二者并不矛盾。因为广州经济增长在不断提高资源利用效率的同时，没有掌握核心技术，经济增长质量不断下降。

从产业结构变化看，第二产业特别是工业是广州经济增长的重要因素，产业结构日趋向服务化方向发展是广州经济增长的主要因素。产业结构不断升级促进生产要素不断流动，促使整个社会生产率不断提升，进而推动经济持续增长。这与三次产业的合理化水平不断上升一致。工业结构特别是制造业结构不断升级，但是制造业合理化水平与制造业结构升级并不一致，制造业结构升级产生的资源配置效率并没有完全释放。

从广州经济增长对生态环境的影响看，广州单位地区生产总值废水排放总量、单位工业增加值废气排放量不断下降，而且低于广东省水平，从2005年以来的单位工业增加值废水排放量、单位地区生产总值二氧化硫排放量、单位工业增加值二氧化硫排放量、单位工业增加值固体废弃物产生量及单位地区生产总值碳排放量均逐步下降，并明显低于广东省水平。广州正逐步实现经济发展与环境相协调。

考察广州经济增长的动力变化、资源利用效率及经济增长效率、产业结构优化和环境影响发现，广州经济增长方式已经从粗放型向集约型转变，由投入驱动向需求拉动转变，逐步向经济增长与环境相协调方向迈进。

**参考文献**

[1] 单豪杰：《中国资本存量 K 的再估算：1952－2006 年》，《数量经济技术经济研究》2008 年第 10 期。

[2] 干春晖、郑若谷、余典范：《中国产业结构变迁对经济增长和波动的影响》，《经济研究》2011 年第 5 期。

[3] 傅元海、叶祥松、王展祥：《制造业结构优化的技术进步路径选择——基于动态面板的经验分析》，《中国工业经济》2014 年第 9 期。

# 广州学服务地方经济社会发展的路径研究

## ——以广州打造国际商贸中心为视角[*]

汪文姣[**]

**摘要：**广州学是以广州政治、经济、社会和文化等为研究内容的地方学，服务地方经济社会发展是广州学研究的最终目标之一。本文以广州打造"国际商贸中心"为切入点，重点从学术理论和实践领域探讨广州学服务商贸经济发展的具体路径，指出广州学将遵循"定位—理论构建—实际运用—区域协同"来推动广州商贸中心建设。从方法论来看，广州学研究将综合运用定性和定量分析工具，从政策解读、新思路研究以及具体目标的实现路径和实现速度来推动广州商贸经济发展，最终为广州国际商贸中心建设提供一定的参考建议，促进商贸中心早日建成。

**关键词：**广州学　服务地方　国际商贸中心

## 一　前言

国际商贸中心建设是广州"十二五"期间提出的重要战略目标，是广州发挥"国家中心城市"功能的重要体现，也是落实珠三角改革发展规划的重要举措。作为我国对外开放的"南大门"以及历史悠久的商贸名城，广州拥有打造国际商贸中心的独特优势。广州后工业化时代经济结构的调整提升了第三产业的比例，到 2010 年，广州第三产业的比例首次突破

---

[*]　广州市哲学社会科学规划课题资助，"广州学"研究协同创新基地重大项目阶段性成果。

[**]　汪文姣，女，湖南衡山人，广州大学广州发展研究院助理研究员，主要研究方向为空间经济学、空间计量经济学、贸易经济。

60%，其中商贸服务业成为主力。同时，广州的社会消费品零售总额远远超出国际公认的商贸中心城市标准（250 亿美元）。交通枢纽的地位和产业优势更是为广州商贸经济的发展提供了强有力的支撑。但是，目前广州在国际商贸中心的打造方面仍然存在亟待解决的问题。具有强拉动作用的大项目和好项目缺失严重制约了广州大型商贸经济的发展，低端的市场业态无法构建规模性高端商贸集聚区，从而严重制约了广州作为国际商贸中心的辐射力和影响力。此外，政策对接不足和人才缺乏也阻碍了广州商贸经济转型升级、实现跨越式发展的进程。

广州学是研究广州历史、人文、社会和经济等多方面内容的综合学科，对广州经济社会发展和中心城市功能的发挥具有不可或缺的支撑作用。从服务地方经济社会发展的角度来看，广州学研究能够结合广州自身发展特点，探索广州特有的发展属性和演变过程。本文以广州国际商贸中心打造为切入点，重点探讨广州学研究在服务地方经济社会发展方面的主要路径，为广州国际商贸中心建设提供一定的参考建议。

## 二 文献回顾

我国社会结构的变化使得地域性差异凸显，地方学的兴起是社会转型在学术领域的表现。早期的地方学注重理论层面的城市规划、城市历史等普遍性研究，多样化的城市发展使得具体城市的个案研究成为新的研究热点。从狭义来说，地方学就是研究某一地区的学问，国外也称之为地区学。世界许多城市都成立了致力于城市综合发展的地方学，如东京学、伦敦学、罗马学等。在我国，目前主要有敦煌学、徽学、藏学、北京学、上海学、温州学以及广州学等，港澳地区的香港学、澳门学等也蓬勃发展。

国外的地方学主要从政治、经济和社会的角度来研究特定空间或地区的发展规律和未来发展方向，涵盖了经济学、地理学、社会学和人类学等多学科领域，并独立于这些学科研究之外（马纳斯·查特杰，1963）。从目前国外的地方学研究来看，东京学和伦敦学主要从历史文化建筑的层面进行研究，东京学重点研究了现代东京特色（小川和佑，2000），伦敦学研究强调"探索伦敦""了解伦敦"和"伦敦的历史"三个方面（严昌洪、汤蕾，2006）。

目前我国的地方学研究集中于文化和历史遗产的保护，对城市管理和社会发展领域略有涉猎。各个地方学均有自身的定位，如敦煌学和北京学等，主要通过挖掘城市精神内涵，研究历史文化遗产和城乡发展建设，为制定地方或城市发展战略提供理论支撑，为政府决策提供服务。徽学和藏学则分别以徽州文化和藏族历史、宗教、文化、经济、政治、社会等各个领域为研究对象，致力于正确合理地呈现客观社会历史文化和现实文化（严昌洪、汤蕾，2006）。上海学则始于对上海史的研究，随后拓展到城市研究、海派文化以及上海经济与市场等领域（刘邦凡和杨华昌，2008）。台湾学和澳门学也主要以文献档案和历史为研究对象，探讨不同文明的共生形态。不同的是，温州学着重研究温州经济现象，进而研究温州经济与文化的关系，探索温州经济与社会发展的内在规律。

从现有文献来看，国内外的地方学研究大都集中于人地关系问题、历史和文化领域，在特定经济领域的应用较少。因此，以广州学为工具，分析广州市国际商贸中心建设能够有效弥补地方学在服务地方经济发展方面的不足，对具体发展路径的探讨能够为广州商贸经济的发展指明方向，进而为其他地方学的发展提供一定的借鉴。因此，如何运用广州学研究来推动广州商贸中心建设是本文的主要创新点和研究重点。

## 三 广州学服务地方经济社会的应用

广州学研究通过对广州经济社会发展的梳理和总结，挖掘广州发展规律，进而顺应新时代广州新定位的发展趋势和潮流，将广州经济、政治和社会发展状况进行整合，彰显广州发展的特殊属性，提升广州经济社会发展的综合实力。具体服务地方经济社会的路径体现在以下几个方面。

### （一）促进广州学术交流和研究

理论研究是广州学服务广州的重要方式。通过多学科的研究，把握广州发展的复杂性和多元性，促进多领域多学科的交流融合，繁荣学术研究。具体而言，广州学的学术研究推动作用涵盖以下几点。首先，广州学涉及的学科内容广泛，能够集聚一大批来自经济、社会、文化等方面的专家学者，通过共同的平台进行自由的学术探讨；其次，广州学的研究可以通过学术会议、学术论坛吸引国内外的专家共同探讨广州的经济社会发展问题；再次，广州学的研究将通过大量资料汇编和征集构建"广州学"研究资料数据库，进一步丰富广州经济社会发展的各类资料；最后，广州学的研究能够催生一大批学术人才和学术成果。

### （二）推动广州经济社会的深化发展

广州学的研究最终落脚点是为广州经济社会发展献计献策，推动广州作为中心城市辐射功能的发挥。广州学的研究将以广州"国家中心城市""国际商贸中心"和"国际枢纽城市"为出发点，进而扩展到各区的发展定位和发展方向研究，最后上升到整个广州市层面，由局部研究到服务整体现实经济社会发展。通过大量的调研论证和课题研究，与市政府等职能部门保持高度联系，为地方发展和政府决策提供沟通的桥梁，通过撰写报告和决策内参为党政领导提供建议，共同推进广州经济社会的跨越式发展。

### （三）提升广州发展的区域竞争力

广州学研究虽然以广州为主要研究对象，但是外延将扩展到整个广东省乃至珠三角地区。广州经济社会发展具有很强的地域依赖性和相关性，广州学的研究能够充分运用比较分析方法，基于广州发展的现状、特点和内陆腹地，将周边的深圳、佛山以及港澳台，乃至中西部的云南、广西等地纳入分析框架，在探讨如何提升自身优势的同时，致力于推动珠江—西江经济带周边城市和珠三角经济社会的合理布局，提升区域的经济发展实力。

## 四 广州学如何服务广州商贸经济发展

根据上述讨论，作为地方学，经济结构的调整和商贸经济的发展是广州学服务地方经济社会发展的重要研究领域。商贸经济的发展有利于发展广州的现代产业，促进传统产业的转型升级，广州学将从定位、学术支撑、实体经济推动和区域协同共建四个方面探讨发展广州商贸经济，以及打造国际商贸中心的具体手段和研究领域。

## （一） 以"现代国际商都"为研究立足点

广州拥有"千年商都"的美誉，具有发展商贸经济的悠久历史，但是随着新兴经济的发展，如何准确定位"现代国际商都"成为广州打造国际商贸中心的首要问题。首先，广州学的研究可以从历史的角度回顾广州商贸经济的地位和发展进程，通过归纳和总结广州的优势和劣势，对区位因素、商都积淀等"先天基因"进行系统的梳理。其次，广州学研究具有与时俱进的特征，可以从客观的角度分析广州现代商贸的发展，以集聚、辐射和商贸经济空间重构等为研究对象，实现广州从"传统商贸中心"向"现代国际商都"定位的转变，引导互联网、物流以及展会等高业态商贸形式的创新。再次，广州学的研究能够对商贸经济的发展起到宣传促进作用，营造良好的商贸投资环境，推动商贸经济的规模发展。最后，广州学以学科建设为依托，明确广州的商贸经济发展不仅局限于省和国家，而是面向全球，凸显"国际化"特征。

## （二） 加强广州商贸经济的学术理论研究

学术理论研究能够为广州商贸中心建设和发展提供相应的对策建议。广州学涵盖了政治、经济、社会、文化等多领域，通过研究广州市政府开发建设的思路，围绕广州商贸中心建设目标、建设举措以及可能存在的问题开展学术研究，提供软科学学术支撑。

### 1. 政策钻研和解读

作为政府和地方经济发展沟通交流的纽带，广州学能够将学术研究和政府政策解读有效结合起来。为将广州建设成为国际商贸中心，国家、省、市均出台了一系列的政策和指导意见，广州学的研究能在把握整体政策导向的基础上，汲取各方面智慧，整合城市功能规划、产业规划、贸易自由化体制改革等内容，推进政策的解读和具体落实。从广州商贸经济发展的主体如外资企业、物流企业和会展商等角度来看，广州学的研究可以通过大量的走访调研，获取一手信息资料，切实了解深化商贸经济发展所需的政策支持等，形成书面报告提交市委市政府，实现政府和企业的有效沟通。

**2. 新的建设和发展思路**

早在 2009 年，广州就确立了"国际商贸中心"的建设目标，随后提出了实施意见，提出"以'国际化、高端化、特色化'为导向，积极承接世界现代服务业的转移，力争在国际商贸中心功能载体、资源配置交易平台、支撑体系、发展环境建设上取得新突破，推动广州国家中心城市资源配置能力、集聚辐射能力、国际竞争力显著提升"①。但是，在过去的 5 年中，国内外经济形势的复杂多变为广州商贸中心建设设置了新的障碍。广州学研究将成立涵盖产、商、学、协会和行政机构等各界精英的专家咨询委员会，运用量化分析工具，探讨广州推动"国际商贸中心"建设的速度以及具体方式，并且提出新的发展思路，提供有关决策建议和参考。

**3. 推进国际惯例的接轨**

国际商贸中心的建立和发展需要与国际接轨的标准体系，和国际重要商贸城市相比，广州市在商贸发展的营商环境上仍存在较大差距。广州学可以结合目前广州涉外审批程序中的不足，研究简化流程，提升营商环境，加快推进标准化商务服务的发展。同时，积极对接国家战略，推行国家商贸服务标准试点。广州学研究还可以通过国际交流和培训，总结归纳国际商贸平台的发展经验，在广州市空港经济区、南沙自贸区等外贸口岸建立单一窗口，为我国其他商贸中心城市的发展提供参考。

**4. 建设过程中的不断修正**

广州学的研究不是静态的，而是随着时间的演变形成一套长效动态机制。在商贸经济发展过程中，广州学可以从学术角度分析新环境下产业发展战略的调整、空间布局的重构，不断修正发展过程中的问题和不足。例如，广州商贸中心核心区由过去的越秀区逐步过渡到白云区，随后在海珠区发展壮大。广州学的研究可以不断审视商贸经济发展过程中提出的政策、战略和研究方法，对偏离目标的策略作出及时修订。例如，早期提出的"一网、二环、三带、四线"②格局是否需要进行调整等。

---

① 来源于《中共广州市委、广州市人民政府关于全面推进新型城市化发展的决定》。

② 引自王先庆《广州建设国际商贸中心的新战略、新思维与新视角——基于商贸中心能量等级分析的战略研究》一文。

### 5. 培养大批专业研究人才

人才队伍建设是广州学研究的现实需要，高层次人才的引进能够吸引更多高质量的贸易投资机会和投资项目，也能促进传统商贸经济的转型升级，发展高业态商贸经济。除了汇聚大批国内外经济学、社会学领域的专家致力于广州的商贸经济发展研究外，新的后备人才储备才是推动广州商贸中心建设的持久动力。以商贸经济为切入点，对广州学进行系统研究，可以培养出大批了解广州商贸业和国际贸易规则的人才。

### （三）推动广州学在商贸经济发展具体领域中的应用

在理论研究的基础上，广州学能够进一步推动商贸经济实体领域的发展，针对具体领域探索具体的发展路径。现代商贸流通业发展有一定的演进顺序，通过不同阶段的发展最终形成完善的现代商贸经济体系。广州学的研究将立足于广州商贸经济发展的重点领域进行探讨。

#### 1. 会展业

具体而言，在会展业发展上，广州学的研究可以借助广交会开展调研，详细论证广州会展业的收益以及产业带动力，明确广州进一步拓展的目标，培育一批民营企业推动会展业的多样化发展。广州学研究还可以通过借鉴北京学、上海学对于会展经济发展的贡献，引入市场运作机制，推动发展新兴会展经济。

#### 2. 都市商圈

在都市商圈的发展上，广州学将结合商圈生命周期理论，对广州现有的会展商贸商圈、旅游休闲购物商圈、公路物流园商圈和传统商贸流通优势聚集商圈的空间动态演变及其聚集外溢效应进行分析，探讨打造都市级商圈所需的交通、商家引进和优惠政策等，准确定位各个商圈的发展特色。此外，广州学还能总结天河路商圈、环市东商圈、珠江新城商圈等发展的不足，探索都市商圈的新型发展道路。

#### 3. 对外贸易

在对外贸易领域，广州学研究将对历年对外贸易的进出口数量、规模和结构进行归纳汇总，着重考察对外贸易的空间结构和产业结构，针对各区的发展现状，将内需和外资有效结合起来，重点发展南沙自贸区，探讨自贸区的具体发展规划以及其腹地经济的发展。

**4. 现代物流**

广州学研究将结合广州"东进、西联、南拓、北优"的发展战略，实现传统货物服务业向现代物流业的转变，树立现代物流的发展理念。广州学将致力于研究广州物流运输平台的合理布局，以协调各个物流枢纽站的发展，通过构建详细的宏观协调机制来发展大规模专业化的物流聚集区，打造国际枢纽中心，促进商贸经济往来。

**5. 电子商务**

电商发展的投融资渠道、支撑服务体系和发展环境是广州学研究现代商贸经济发展的主要领域。结合智慧广州的建设，以物流产业为支撑，运用经济学的相关知识为电商融资渠道的拓宽和电商支付、交易体系的完善提供建议。

**（四）广州学研究通过协同共建，加强广州与周边城市的商贸合作**

广州学的研究不是单纯的城市学研究，而是通过区市协同、省市共建，建立广州与珠三角其他地区的合作联动机制。从城市空间发展的视角，分析现有珠三角商贸经济的整体格局，并且从分工体系建设、规模效应形成和制度壁垒的消除等方面推动广州和周边城市商贸合作，建设国际商贸中心的区域性空间载体。此外，广州学还能通过协同创新平台环境孕育和孵化商贸经济的产业园区，以聚集的方式带动同级城市甚至是欠发达区域的经济结构调整以及产业的转型升级，同时通过各地的走访调研报告为区域一体化政策的完善提供决策参考和建议。

## 五　广州学推动国际商贸中心建设的具体路径

广州学将遵循学科体系构建、立项研究、创新模式探讨和区域辐射效应研究，稳步推进广州国际商贸中心的建设（见图 1）。

**（一）确定与商贸中心发展建设相关的学科体系**

作为重点研究广州发展的地方学科，广州学应当结合现有的贸易类、管理类、经济类学科，建设和广州商贸发展相关的广州学学科构架。广州

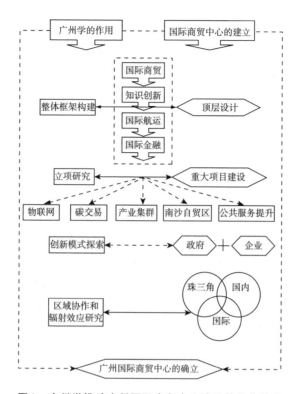

**图1　广州学推动广州国际商贸中心建设的具体路径**

学的学科架构应当涵盖广州市商贸经济发展的现状、存在的问题和面临的挑战以及未来商贸发展趋势等。广州学的研究要立足于和广州商贸经济发展密切相关的产业政策、投资政策以及区域协同发展策略，运用经济统计的学科知识，从学科建设的角度确定以广州为领航的珠三角都市圈产业结构调整方向和调整模式，结合信息技术类专业探讨广州商贸中心和信息技术的融合，形成新的学科点。

具体而言，围绕广州国际商贸中心建设的广州学学科体系构建要突出以广州的商贸研究为主线，探讨广州的商贸活动、商贸文化以及和商贸相关的学科研究。广州学在商贸领域的学术研究应当以知识创新引导城市产业发展方向，发挥国际商贸、知识创新、国际航运、国际金融四大中心乘法协同效应，着重于学者观点的提出。

## （二）以广州学推进商贸经济发展的立项研究

学科建设服务地方经济社会发展的主要手段，具体到广州学就是以大型项目立项研究来推进广州市商贸经济具体领域的发展。广州学的研究将结合广州城市特点，构建广州市政府、各职能部门和广州商贸经济企业协作共建平台，以国家社会科学基金项目、广东省哲学社会科学项目、广州市哲学社会科学项目以及共建项目和其他课题项目的形式，共同推进广州市商贸经济领域大型项目的研究，进而形成全产业链的制高点和创新动力中心，培育城市独特的核心竞争力。

结合目前国内外商贸发展形势，广州学可以从物联网建设、碳交易、产业集群、南沙自贸区发展和广州公共服务提升几个方面开展立项研究。第一，物联网建设研究将重点以广交会的创新发展以及广州港口建设、空港经济和铁路运输网络的构建为研究对象。第二，构建以"碳"交易中心体系为核心的产业金融服务平台也是广州学研究的重点。第三，以广州航交所为纽带，着眼突破广州高端服务产业发展严重滞后的局面，打造全球高端航运服务产业集群。第四，南沙自贸区负面清单的出台以及"协调、管理、开发相分离"的管理体制也是广州学推动广州建成国际商贸中心的重点课题。最后，广州学的研究将呼吁广州政府在城市公共服务上加大投入，为广州市民提供综合性福利服务平台。

## （三）弥补市场和政府研究的不足

在国际商贸中心城市的建设中，广州学可以扩大科学技术在经济发展中的动力源作用研究，以技术推动广州市产业和城市发展升级，促进科技成果向生产力转化，引领全球科技创新资源向企业聚集。广州学将搭建企业和政府沟通对话的桥梁，将企业的诉求如营商环境的改善、自主创新和知识产权保护、优惠政策的出台等以咨询报告或者结项成果的形式反映给广州市委市政府，同时也能及时将市委市政府的重点关注领域、主要产业规划方针政策以及具体的发展战略传达给相关商贸企业，更好地规范广州市商贸经济的发展。广州学可以避免官方主导的一言堂，以独立学科的姿态弥补市场和政府的不足，切实关注广州发展中的资源配置、产业升级和城市发展等问题，进而创造有利于广州建设国际商贸中心城市的市场条件和基础。

### （四）提供商贸活动跨区域研究的范式

广州国际商贸中心的建设不仅仅局限于广州自身的发展，更是要突出广州在整个珠三角、全国乃至全世界的经济带动作用和经济辐射效应。广州学具有跨学科、跨地域的研究特点，通过模型的构建和文献的梳理，能够对广州商贸经济发展结构的合理性进行验证，有效衡量广州市作为国际商贸中心对其他城市的辐射影响，提供商贸活动跨区域的研究范式，进而通过和其他发展成熟的国际商贸中心比较，讨论广州国际商贸中心建设中面临的问题和不足，强化和巩固广州作为国际商贸中心城市的地位。此外，商贸活动的国际化和市场化是广州学的研究重点之一，规范化研究将有助于形成完善的商贸活动区域理论体系。

## 六　结语

广州"国际商贸中心"的打造是一个漫长而复杂的过程，本文以广州学研究为工具，从商贸经济发展入手，探索广州学服务地方经济社会发展的路径。基于分析可知，广州学作为研究广州经济社会发展的专项学科，能够通过开展学术交流和搭建学术平台，并运用大量定性和定量分析，对广州发展提出建设性意见，进而提升广州作为中心城市的竞争力和辐射力。在"国际商贸中心"的建设过程中，广州学研究将遵循"顶层设计—立项研究—创新模式探索—区域辐射"的发展路径，构建广州学、政府和实体商贸企业之间的沟通纽带，打造产学研平台，共同促成广州"国际商贸中心"的早日实现。

**参考文献**

[1] 陈剑、张强：《广州建设国际商贸中心的政策建议》，《宏观经济管理》2011 年第 1 期。

[2] 黄汉强：《关于"澳门学"对象与方法的思考》，《学术研究》2001 年第 7 期。

[3] 刘邦凡、杨华昌：《"上海学"研究管窥》，《重庆工学院学报》（社会科学版）2008

年第 12 期。

［4］ 马纳斯·查特杰：《经济发展的管理与地区学》，1963。

［5］ 潘杰：《地方学的定位及其社会历史功能》，北京联合大学北京学研究所《地方文化与地方学学术研讨会论文选编》，2012。

［6］ 仝建平、张有智：《关于地方学研究的几点思考》，《社会科学评论》2008 年第 2 期。

［7］ 王先念：《广州建设国际商贸中心的新战略、新思维与新视角——基于商贸中心能量等级分析的战略研究》，《城市观察》2011 年第 4 期。

［8］〔日〕小川和佑：《东京学》，廖为智译，台北一方出版社，2000。

［9］ 严昌洪、汤蕾：《国内外城市地方学研究综述》，《江汉大学学报》（社会科学版）2006 年第 2 期。

［10］ 张宝秀、成志芬、马慧娟：《我国地方学发展概况及对北京学的再认识》，《北京联合大学学报》（人文社会科学版）2013 年第 3 期。

# 加强广州学研究，建设地方新型智库

谢意浓<sup>*</sup>

**摘要：**加强广州学研究，并将之建设成地方新型智库，可以为当地政府部门科学决策提供重要的智力支持，还能为解决广州发展中的难题献计献策，并有利于促进广州社会的和谐发展，提升广州的综合竞争力。作为一门初创学科，广州学需要建立和完善学科体系，设立专门的学术研究机构，组建一支稳定的研究队伍，整合各种社会资源，加强应用对策研究，真正做到立足广州、研究广州、服务广州，充分发挥"广州学"地方新型智库的作用，为促进广州的全面发展贡献力量。

**关键词：**广州学　研究　地方智库　政府部门

随着中国城市化进程的加快，城市地方学引起了各地学术界的重视，上海学、敦煌学、泉州学等城市地方学研究蓬勃发展起来。"广州学"作为地方学的一个分支，应该以广州的历史文化和现实中的发展问题为研究对象，以广州的现代化建设和城市发展为研究重点，通过各项综合研究，将广州这一历史文化名城的个性魅力在当代的价值充分展现给世人。一方面，可以通过广州学研究，激发广州人的归属感、认同感、自豪感和责任感，使他们更加热爱广州，为广州的发展作出更大的贡献；另一方面，可以通过广州学研究，加强广州同海内外的交流和合作，扩大广州的影响力。同时，它最终应为广州各项事业的发展提供有益的参考和借鉴，积极促进广州的现代化建设事业，努力在实践中逐步建立起广州学的理论体系，把广州学建设成地方新型智库，使广州学更好地"立足广州，研究广

---

＊　谢意浓，讲师、经济师，湖南人，曾任教于广州工商学院，现就职于广州大学广州发展研究院。

州，服务广州"。

## 一 建设地方新型智库是广州学发展的必然选择

广州学应以广州为研究对象，以广州的现代化建设和城市发展为研究重点，更好地为广州经济社会发展提供智力支持。而地方新型智库正是瞄准当地热点、难点问题，为当地经济社会发展献计献策，为当地政府或企事业单位等提供决策咨询或决策管理服务①。因此，广州学研究与地方新型智库建设两者在研究对象、功能等方面是高度契合的。加强广州学研究，将其建设成为地方新型智库，为广州经济社会发展贡献力量。

**1. 建设地方新型智库为广州学发展带来契机**

智库（Think Tank），亦称"思想库""智囊团""外脑"或"脑库"，顾名思义，它是智者或者思想汇集之"库"。智库是由不同学科背景的专家学者组成，为政府、企业等组织及其决策者处理经济、社会、军事、外交等公共事务和应对突发事件出谋划策，提供最佳思想、理论、方法和策略的咨询研究机构。作为智慧的集合体，智库以其全局性、战略性、前瞻性、针对性强的对策应用研究，帮助研判形势，影响公共决策，教育影响民众，提出对策建议，力图破解发展难题，推动社会变革，实现社会进步与发展②。

党的十八届三中全会《中共中央关于全面深化改革若干重大问题的决定》提出："加强中国特色新型智库建设，建立健全决策咨询制度。"中央领导高度重视智库建设，我国智库建设已经进入一个新的发展阶段。广州学研究应以此为契机，将之打造成地方新型智库，采取有效措施参与地方决策咨询，为广州政府部门制定政策提供参考和依据，为提升广州软实力和广州现代治理能力提供智力支持；服务广州经济社会发展，为广州发展提出具有应用性、可行性、可操作的对策建议，促进广州市经济社会的长远发展；而广州经济社会的发展以及地方政府的重视和支持也会促进广州学的可持续发展。

**2. 建设地方新型智库是广州学发展的迫切需要**

目前，广州面临比以往更复杂的经济环境，如何突破新一轮产业结构调整过程中的任务、困难、瓶颈，如何在调整中实现平稳过渡，都需要进行新的思考，这也给广州学研究提出了新的任务和挑战。广州经济社会的快速发展、经济全球化趋势的不断加强以及决策科学化、民主化的不断发展，迫切需要加强地方智库建设，智库的发展水平也越来越成为广州软实力的标志之一。因此，如何适应经济社会发展的需要，如何在服务党委政府决策中发挥好智库作用，是广州学研究面临的一项重大理论和实践问题。广州学研究应是探索地方新型智库建设的实践者。广州学研究既要成为一个信息共享、学术交流和专业咨询平台，也要为广州市委、市政府做好"参谋"工作，瞄准当前广州经济社会发展中的热点、难点问题，形成思路开阔、针对性强的调研报告，为经济社会发展处于转型关键期的广州提供决策咨询和决策管理服务，为广州经济建设、社会发展提供智力支持。

## 二　加强广州学研究，建设地方新型智库的现实意义

加快广州学研究，并将之建设成为地方新型智库，可以为当地政府部门科学决策提供重要的智力支持，还能为解决广州发展中的难题献计献策，有利于促进广州社会的和谐发展，提升广州市的综合竞争力。

### 1. 为政府科学决策提供依据和参考

地方智库作为决策者科学决策的重要依靠力量越来越受到重视，广州学研究对广州经济社会的发展将发挥越来越重要的作用。目前，广州正处在全面转型升级的关键时期，面对新情况和新问题，党委政府的科学决策，特别是事关整个广州经济社会发展的重大决策，十分需要广州学发挥地方智库的作用，为党委政府科学决策提供智力支持和理论支撑。同时，广州学研究也可为党委政府的科学决策提供战略储备和政策储备，当好党委政府的"思想库"和"智囊团"，为广州经济社会发展作出应有的贡献。

### 2. 为解决广州发展中面临的诸多问题献计献策

经过30多年的改革开放，广州市取得了举世瞩目的成绩，但仍然遇到了很多发展难题，如经济发展和社会建设的关系问题，城乡之间的发展平衡问题，政府与市场的角色定位问题，贫富差距、环境恶化问题，还有因原有的价值体系、组织结构、伦理秩序及社会关系模式瓦解而出现的社会失范、失序、失公现象等问题，乃至文化冲突、现代社会治理等问题。这

些深层次的问题逐渐凸显，也越来越复杂，迫切需要广州学研究深度介入，提出具有战略性、科学性、综合性的政策建议和方案。在这个过程中，广州学作为地方智库将发挥举足轻重的作用。

### 3. 提升广州市的综合竞争力

从地方智库的角度考虑，广州学研究最大的特点，在于它的专家和思想资源，这种资源一旦与现实问题结合起来，将会产生无限的创造力和影响力，从而推动广州社会进步与发展。在全球化不断深入的时代，城市与城市之间的竞争越来越激烈，且呈现出新的态势，即越来越表现为谋略和智慧的竞争，因此，在战略意义上，竞争终究归于"软实力"的较量③。广州学作为地方新型智库无疑是广州市"软实力"的重要组成部分，必将有利于广州市综合竞争力的提升。

### 4. 促进广州社会的和谐发展

改革开放以来，广州在经济社会发展方面取得了巨大的成就，人民生活水平不断提高，但各种社会问题也层出不穷，如各类犯罪活动屡禁不止，社会上两极分化日趋严重，社会结构处于不稳定状态，等等。这些都严重影响了和谐社会建设的效果和质量，如何有效协调、统筹和解决各种利益矛盾，寻求利益平衡点，实现政府与群众的有效对接，也成了广州学研究的重点。加强广州学研究，建设地方新型智库，其中一个重要目的就是要为广州构建和谐社会出点子、出思路，以进一步改善民生，提高老百姓幸福指数，促进广州社会的和谐发展。

## 三 加强广州学研究，建设地方新型智库的对策建议

作为一门初创学科，广州学需要在市委市政府和广大研究人员的通力合作下建立和完善学科体系，深入探讨广州学的研究对象和研究方法，设立专门的学术研究机构，开展国内外合作，整合各种社会资源，加强研究，将之打造成地方新型智库，为促进广州市的全面发展贡献力量。

### 1. 立足广州实际，加强应用对策研究

立足广州，加强应用对策研究。从建设地方新型智库的视角考虑，广州学应该是一门应用性学科，广州学应直接以现实的广州现象、广州问题作为研究切入点，以实践确定发展方向，以发现和解决社会政治经济发展

中的问题为宗旨，为广州发展服务。广州学研究要增强责任心和使命感，认真研究广州经济社会发展最直接、最现实的热点难点问题，搞好研究分析，提出对策建议，努力咨政建言，为地方党委政府的决策服务，为地方经济社会发展服务。因此，加强应用对策研究，服务广州应成为广州学研究的重中之重，这也是广州学研究的价值所在。

有组织地开展各种调研活动。调查研究是广州学研究获取一手资料的重要途径。新型智库建设对实地调研提出了更高的要求。广州学研究要注重应用对策研究，必须加大调研工作力度，并规范调研活动。科研人员要走出去，深入基层、深入生活、深入实际，积累足够多的研究素材，通过调研获取翔实准确的一手资料，更加注重对实际问题的分析，善于用数据和事实说话，注重精确的实证分析和定量分析，并提出对策建议，供有关部门决策参考。研究成果要为广州经济社会发展提供智力支持，真正发挥地方智库作用。

**2. 组建一支稳定的研究队伍，完善人才共享机制**

为加强广州学研究、建设地方新型智库，应该大力吸引更多的本地学者和外地学者来关注和研究广州学，组成一支有一定规模又比较稳定的研究队伍。科研团队建设是打造广州学地方新型智库的关键。为此，要着力营造吸引人才和用好人才的良好环境，创造优秀人才脱颖而出的条件，培养一支富有创新意识和创新能力的优秀科研团队[④]。培养和造就一批具有较高学术水平、学风良好和具有一定影响的学术带头人和中青年学术骨干，形成合理的人才梯队，构建广州学研究的"人才库"。

整合资源，建立人才共享机制。广州学研究要把眼光放到更广阔的空间，汇聚天下英才，不求所有，但求所用。要整合广州本地高校、科研机构、政府机关、企事业单位、社会组织等的资源，充分利用好这些部门或机构的优秀人才资源，促使他们在广州学研究中发挥积极作用。同时不要忽视一批长期在广州工作、有实际工作经验且具备研究能力的专业及业余研究人员或研究爱好者，充分吸收和联合他们。充分利用各种社会资源，建立人才共享机制，组建一支专兼职结合的高效的广州学研究科研队伍。

**3. 取得社会各界支持，建立多元化的研究资助机制**

广州学研究应力争取得社会各界的支持，尤其是地方政府的支持和资助，组建实体研究机构，要有人员编制、固定经费、研究场所、图书资料等具体保障，确保广州学研究落到实处。市里应加大支持力度、加大经费投入，使广州学研究为广州经济社会发展发挥更大的作用。政府在制定研究项目规划及审批时也应给予充分重视，或者以项目带动广州学研究也是很重要的途径和方式。同时，广州学研究还应该积极争取社会资金的资助，鼓励多元化的资金来源渠道和社会投入机制⑤，使广州学研究的经费来源，既有政府拨款，也有企业和基金会的资助，还有个人的捐赠或其他途径，建立多元化的筹资模式，创新体制机制，确保广州学研究的资金保障，使广州学研究能够可持续发展。

**4. 打造成果转化平台，拓宽成果转化渠道**

科研成果转化难是新型智库建设中面临的突出问题，主要体现在两方面：一是科研成果转化率低，许多有很好应用价值和社会效益的研究成果停留在理论层面上，造成成果与现实的脱节；二是科研成果转化速度慢，许多科研成果不能在第一时间应用于实践，长时间得不到应用，失去了创新性和时效性。广州学研究要多措并举，促进创新成果的转化，完善成果转化机制，把研究中取得的创新成果应用于实践，更好地服务广州，满足需求。一是要建立健全与党委政府的联络沟通机制，完善成果报送、反馈制度，通过多种渠道、多种形式，及时呈送最新的调研报告、对策建议，为领导决策提供理论咨询服务，促使研究成果及时转化为各级党委政府的决策思路。二是打造多渠道的成果发布机制。根据研究成果的不同性质，可以分别以决策参考、学术报告、科普活动乃至媒介宣传等不同形式对外传播，拓宽转化渠道，确保研究成果能够应用于经济社会发展实践。

**5. 创新科研激励机制，建立成果考核评价机制**

为加快广州学研究，建设地方新型智库，需要促进科研转型，推动学术创新；需要建立一套科学、有效、合理的科研激励机制和成果考核评价体系⑥。一是要建立合理的激励机制。要加大对广州学应用型研究的奖励力度，特别是加大对进入决策成果的奖励力度，对于获得重大经济社会效益、获得市级以上领导肯定性批示并进入党委政府决策的成果予以重奖。二是制定成果考核评价办法。通过科研业务考核、科研奖励、评先选优等多种形式，形成强力引导机制，鼓励广州学科研人员多出成果、出好成果，创造出有深度、有分量、有应用价值的应用对策研究成果，提出具有战略性、前瞻性、适应地方经济社会发展需要的对策建议，真正发挥好党委政府

"思想库"和"智囊团"的作用。三是完善制度保障。出台科研激励政策，为推动理论创新和实践创新提供良好的外部环境和制度保障，调动广州学科研人员开展应用对策研究的积极性、主动性和创造性。

**6. 树立智库形象，不断扩大广州学的社会影响力**

广州学研究要通过举办学术活动、加大宣传力度等方式，树立广州学的智库形象，扩大广州学的影响力，打造广州学品牌。一是要开展各种形式的学术交流活动。通过组织学术讲座、报告会、座谈会和学术沙龙等，活跃广州学研究学术气氛，加强与国内外高校、学术机构、智库、地方学研究机构的学术交流和联系，扩大广州学的知名度和影响力。二是利用媒体广为宣传广州学的重大成果和知名专家。要积极主动地与有关媒体建立长期合作关系和合作机制，利用广播电视、报纸刊物、网络媒体等传媒载体，扩大宣传力度，树立广州学的智库形象，打造广州学品牌，增强广州学的社会影响力。

**参考文献**

[1] 王文：《重建中国智库》，《文化纵横》2014 年第 5 期。

[2] 徐晓虎、陈圻：《中国智库的基本问题研究》，《学术论坛》2012 年第 11 期。

[3] 汪毅夫：《厦门大学国学研究院与泉州历史文化研究》，《海交史研究》2002 年第 2 期。

[4] 赵晋：《关于北京学研究若干问题的思考》，《北京联合大学学报》2001 年第 1 期。

[5] 陈桂炳：《史学转型与泉州学学科意识的产生》，《泉州师范学院学报》2007 年第 5 期。

[6] 王小海：《哈佛"大学智库"研究》，《战略决策研究》2014 年第 6 期。

# 数据海洋中广州城市规划与功能分区的新思考[*]

崔雪竹[**]

**摘要：** 大数据的出现和快速发展为城市空间和居民行为研究提供了有力的技术支撑，本文通过对大数据获取和应用模式的分析，从空间交互视角讨论其应用于居民行为活动与城市空间重构研究的理论基础与技术方法，提出广州城市规划与功能分区的新思路与概念框架，从城市多中心布局、产业转移与规划、存量土地利用、空心村问题以及城市扩张五个方面明确未来的研究和发展方向。

**关键词：** 大数据　城市规划　功能分区　行为活动　广州

## 引　言

随着我国城市的转型和经济快速发展，城市居民的空间行为特征及城市空间关系发生了深刻的改变，广州作为全国第三大城市，华南地区的政治、经济、文化中心，正在迎来新一轮的城镇化浪潮，而新型城镇化推进的过程，本身是资源和要素在空间上优化的过程，同时也是居民空间行为变化的过程和城市空间重构的过程。近年来，信息技术的飞速发展，伴随着大数据时代的来临，互联网、3S 技术（GPS 、GIS 、RS）以及智能手机的迅速普及与发展，人文社会科学领域的研究数据获取与处理出现了新的趋向，包括利用软件对网络数据进行挖掘、利用 GPS 设备结合 GIS 或网络

* 广东省哲学社会科学"十二五"规划项目（GD14CGL02）、广州市属高校科技计划项目（1201420951）、广州大学哲学社会科学科研资助项目——"青年博士"专项课题（201403QNBS）研究成果。

** 崔雪竹，广州大学讲师，管理学博士，从事城市土地资源管理、城市建设管理相关研究。

日志来采集与分析居民行为数据、利用网络地图对获取的数据进行可视化开发等。这些技术的应用与发展都成为城市居民空间行为研究的重要方法支撑。本文旨在通过对相关研究的总结和梳理，对大数据背景下广州城市居民空间行为研究与城市规划理念创新方法进行总体框架设计，进而从理论层面解决广州新型城市化进程中面临的诸多问题。

## 一 基于大数据的居民时空行为数据获取

居民的时空行为研究、人类移动模式研究一直以来都是城市地理学、社会学、管理学等多学科的研究重点，从数据获取角度来看，数据获取方式由传统年鉴统计、社会问卷调查、深入访谈等进一步拓展至以网络数据（特别是社交网络数据）的抓取和新空间定位技术（GPS、智能手机等）的应用为主；从数据特征来看，数据内容体现出大样本量、实时动态、微观详细等特征，且更加注重地理位置信息的提取；从数据的应用来看，城市活动主体的相关数据（居民、企业等）自下而上的数据模拟与预测思路在以人、房和地为研究对象的研究中，与目前公众参与、社会公平的思路不谋而合。在尊重社会发展规律的基础上，居民移动数据的采集为城市功能分区与规划设计提供了基础数据，而数据的分析与表达则为其提供了技术条件。因此，大数据获取技术将作为城市居民时空行为研究的重要数据获取来源，并有利于增强研究的精确性。

### (一) 网络数据获取技术

从数据获取技术来看，网络数据挖掘是计算机科学领域的重要研究内容，目前比较常用的计算机软件网络爬虫在网络数据挖掘中应用广泛，可以用来获取搜索引擎中的访问量、社交网站中的用户信息（用户地址、发布的文本与图片等）及用户关系、网络热门事件以及淘宝等购物网站的信息数据等，几乎包含了网页信息的大部分显性和隐性的特征信息。对于城市居民，互联网的应用已经成为生活中不可或缺的一部分，因此，网络数据就成为表征城市居民活动最重要的基本载体之一，数据挖掘与应用更是管理学、社会学、地理科学等科学领域关注的重点。

### （二）居民行为数据的获取渠道

大数据时代居民行为数据的获取渠道众多，如公交刷卡数据，由于其记录了刷卡人的出行轨迹，成为反映居民空间轨迹的有效工具；出租车轨迹数据能够记录每一辆出租车精准的时空信息，也有学者在研究中将公交卡信息与出租车信息整合，从交通分析视角实现对城市结构和功能的评价；手机数据挖掘能够获取用户的移动轨迹信息，通过数据库管理与与土地利用信息的结合形成多个体出行链，对于识别和判断居民居住地、工作地以及行为和活动的关系具有重要意义。

除此之外，以 GIS 为平台的二次开发也增加了居民时空行为数据获取的精确性，有研究将 GIS 与网络数据采集相结合，并融合了 GPS 和网络日志，使用 GIS 提供路线计划，GPS 记录实际路线选择，网络日志反映选择的结果，设计了城市居民出行路径选择跟踪系统，通过多种技术手段的应用，较好地实现了居民行为数据的跟踪与采集。因此，信息技术所创造的各种网络信息，以及由此产生的网络设备和技术，是城市居民空间行为研究的有力技术支撑，其将居民行为活动记录并体现的同时，也成为城市空间研究的基础，挖掘居民行为数据应用于规划与管理工作的前景十分广阔。

## 二　城市居民行为活动与城市空间重构

城市居民在不同的城市区域间移动的过程实际上是群体空间交互，既能够反映城市各功能分区间的社会联系与经济关系，又在一定程度上反映了城市的空间结构，因此基于大数据与定量空间模型对广州城市居民移动流特征进行研究，能够进一步通过城市居民移动行为对城市空间结构的作用进行判断，从而进一步为城市交通、土地利用规划提供依据。

### （一）行为与活动特征

城市居民移动特征研究的对象是行为与活动，人类活动特征比移动特征更具有规律性可循，因此对于活动特征的研究也更加深入。除了人类活动的规律行为（用餐、睡觉、工作等人类基本行为）外，居民活动还包括学习行为，即在一定的环境中所产生的特定的行为活动。规律行为的影响因素相对单一，即日夜更替、四季变化等，可以通过网络日志进行收集和处理，而学习行为相对复杂，众多的环境影响因素对行为活动所产生的影响难以准确地定量表达。特别是不同学科对于学习行为的研究持不同观点，从心理学研究的角度看，学习行为多是主观行为，即居民活动的产生是个人主观态度对行为的影响结果，从感知到决策再到行为的过程；而行为地理学对于学习行为的理解则多基于客观影响的分析，即居民行为主要是受到客观环境的影响从而形成活动结果，是对客观环境的反馈和控制。

在行为与活动特征研究初期，多数研究侧重于对客观行为的研究，将环境因素、社会和经济要素综合考虑，分析其在行为活动结果中的作用及因果关系，众多学者在实证分析中证明了社会环境和经济因素对居民活动规律的影响，但是对于城市空间结构和功能的行为影响却存在不同的结论。有学者对美国部分地区的研究表明，市区与郊区的居民活动范围不均衡，市区居民日常活动空间较小，且出行比较少，因此在土地利用政策上，可以通过该出行特性进行调整。也有学者通过收集多个国家和地区的数据进行研究发现，相对于人口的社会属性而言，空间结构和位置对于居民出行活动的影响较弱，从而提出居民对空间位置等环境的适应性较强，心理因素和主观感知对行为活动的影响更突出。还有学者对这一问题进行研究后认为，这在很大程度上跟指标设置、数据获取与模型构建有关，从而造成了研究结果的差异。但是随着相关研究的不断开展，学者们对人类活动与行为特征的研究逐渐转移到主观行为分析中，因此居民活动决策包括活动模式、活动时间和出行目的地与方式的选择。其中，活动模式包括活动的内容、类型、路线、次数等，活动时间涵盖出发时间、持续时间以及主要活动和次要活动的消耗时间等，目的地和出行方式主要指出行的地点和选择的交通工具等。因此，从这一层次上对行为决策进行分析，即认定行为活动是主观主导的，同时受到客观社会环境等因素的影响。

### （二）行为与空间重构

居民行为与活动同城市空间存在相互作用，一方面这种作用体现于城市空间对于居民出行活动的影响，即区位的量化、交通系统的布置、土地利用的程度以及居住与就业的分布等；另一方面还表现在居民活动对城市空间变化的影响，即人们为了满足出行需要所采取的空间选择和调整，即城市空间重构的微观过程。

居民行为对空间重构的主要影响不但包括对短期日常生活（用餐、购物、休闲等）的空间调整，还包括居民对长期居住空间、就业空间的选择与更换，因此在根本上影响了城市的空间组织和构成。在相关定性研究中，居民对城市地理空间的满意度被认为是促进城市空间变化的"推力"，而在空间变化过程中，剩余空间的再次供应则成为空间变化的"拉力"，两种力量的共同作用使城市空间结构与组织不断平衡。量化分析方法的应用与实证研究的结合从决策视角对城市居民行为与空间重构进行研究，将居住空间的选择看成是对日常活动安排效用最大化的过程，从而量化居民行为对城市空间变化的影响。也有研究将土地利用政策作为影响城市空间重构的因素之一，通过分析土地利用变化对居民行为活动的边际效应来进行用地政策的调整，以及土地利用政策对城市空间重构的意义。

因此，基于从电信运营商、社交网站、出租车及公交智能卡等多种途径获取的研究数据，围绕大样本量的城市居民出行模式进行分析，构建量化模型，从居民居住、交通、就业以及其他多方面环境条件的实际出发，结合土地使用现状对广州市居民行为活动特征进行研究，并以此为切入点探索广州城市土地利用与空间变化的内在动力，有利于更加合理地进行空间规划和土地利用调整。

## 三 广州城市规划与功能分区的新理念与框架设计

城市功能分区是城市地理学和城市规划领域研究的重点，城市地理学更注重对城市空间结构和转换的机制研究，以及空间结构变化对城市发展的影响等方面的研究，而城市规划研究重点则是根据城市发展阶段和发展战略需求对城市各部分的组织和功能以及空间结构安排进行优化。但共同点是，两者都是基于人口、土地利用、产业发展和规模等因素，从宏观角度对城市进行空间分析和研究。在大数据的背景下，广州城市功能分区如何基于大数据的服务功能，改进传统的城市功能区划思路、原则、方法，从居民感知角度进行城市单元划分，即从行为对空间（日常活动空间、生活空间）的影响这一视角进行分析，从而体现"紧凑混合布局"的规划理念，这是目前有待进一步深入研究的问题之一。

从国内外相关研究情况来看，国外学者已经开始将大数据应用于城市功能分区研究中，霍伦施泰因等（Hollenstein etc）（2013）通过获取社交网站（Flikr）定期（一个月）的位置和图像数据，应用量化与可视化分析伦敦和芝加哥的中心城边界划分；卢斯彻（Luscher）（2013）以英国的大城市为研究对象，基于地形图数据库对城市的空间特征与居民行为特征进行分析，将居民的行为特征与习惯、情感等因素作为城市分区的影响要素，从微观视角提出了城市功能分区的三种方法，即应用旅游地图、公交车地图或者网站描述等与城市现有中心范围相结合综合分析，从而进行城市分区，结合 Flikr 网站的位置信息与图片、文本等信息，从而判断居民行为特征与习惯，进行城市功能分区，采用全景照片网站（Panorama）的信息与文本记录相结合的方式确定城市中心区与各功能分区。传统的城市功能分区理念正在被基于居民习惯、情感的人文因素分区理念与方法所取代，在反映人文精神的同时，紧凑分层也在这一过程中被充分体现。

近年来，广州市在城镇化进程中不断扩大城市规模，同时也伴随着经济总量的增加和社会不断进步。不可否认的是，广州市在城市规模扩大、行政区划调整以及城市规划制定的过程中，都充分考虑并尊重了社会发展规律，并因此取得了辉煌的建设和发展成就。但是，从广州市目前的发展状况来看，仍然在一定程度上存在着中心城区过分聚集、边缘地带旁落、用地供需矛盾突出等一系列问题。2012 年 8 月，国土资源部批复广州城乡统筹土地管理制度创新试点方案，广州如何走节约、绿色、人本的新型城市化道路，是时代赋予这座国家中心城市的改革命题和历史使命。在此背景下，定量化的研究方法也成为广州城市布局与规划问题的研究重点之一，加之大数据的快速发展，海量和多类型的数据给城市规划与功能分区的研究带来了全新的发展机遇（框架设计见图1），具体应用方向包括以下五个方面。

（1）基于大数据平台对广州市居民行为活动进行数据挖掘和空间分析，通过居民行为特征的分析与预测，调整城市规划与布局，构建"多中心、组团式、网络型"的新型城市空间结构，改变城市原有的单中心结构，改变城市不同功能区之间的跨地域产业和行业转承不畅的现状。

（2）将城市功能区、城市交通系统结合城市居民微观心理感知与行为研究，应用信息技术与量化方法进行城市总体规划与专项规划方法创新，

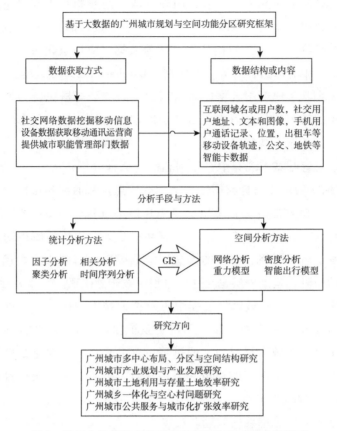

**图1　基于大数据的广州城市规划与空间功能分区研究**

从根本上对老城区的"退二进三""腾笼换鸟"进行系统规划，建立城市副中心，有效承载多方面的发展机会。

（3）利用网络和GPS数据信息，结合广州城市居民行为活动研究方法，分析城市各功能分区活跃度，作为存量建设用地评价的重要指标和参考，在相对微观的尺度和较短的时间跨度内分析城市土地利用效率和总体水平，能够为存量土地潜在效率提升提供相应的优化空间表达。

（4）通过大量不同尺度下手机通话数据的应用，结合土地利用数据与人口普查数据，可以对广州城市空心村分布、空心化程度和变化规律进行准确表达，为郊区、郊县规划提供数据基础和支撑，有助于为实现广州新型城镇化进程的城乡一体化奠定研究基础。

（5）通过GIS平台应用，将相关的大数据热点（如公共服务设施、地铁站、超市、医院、学校等）提取并纳入广州城市发展与建设用地外扩影响因素体系进行研究，结合多智能体模拟，提高对广州建设用地空间扩张的预测精度，有利于加速推进广州外围地区全面城市化步伐和公共服务水平与质量的提高。

## 四 结 论

本文在大数据背景下讨论了城市居民空间行为研究方法的创新思路，从数据获取、数据挖掘与数据应用，到城市居民空间行为的理解及其对城市空间重构的影响，在相关文献和已有研究的基础上进行分析和梳理，提出针对广州现阶段发展需要的城市规划与功能分区研究概念框架。其作为广州城市空间组织、城市技术体系以及城市管理系统在大数据平台上进一步发展的理论基础，将进一步为指导城市规划和城市发展发挥重要的理论支撑作用。该领域未来的发展方向也集中于以大数据为基础的新技术、新方法的应用研究，从而能够更有效地解决日益复杂的城市发展问题。

**参考文献**

［1］秦萧、甄峰、熊丽芳、朱寿佳：《大数据时代城市空间行为研究方法》，《地理科学进展》2013 年第 9 期。

［2］龙瀛、崔承印、茅明睿、张永平、张宇、吴运超：《大数据时代的精细化城市模拟：方法、数据、案例和框架》，《城市规划年会"规划信息化与新技术"》专题，2013。

［3］张文佳、柴彦威：《时空制约下的城市居民活动—移动系统——活动分析法的理论和模型进展》，《国际城市规划》2009 年第 4 期。

［4］Buliung R N, Kanaroglou P S. "Urban Form and Household Activity-travel Behavior". *Growth and Change*, 2006, 37（2）.

［5］Timmermans H P, van der Waerden, Mario A, et al. "Spatial Context and the Complexity of Daily Travel Patterns：An International Comparison". *Journal of Transport Geography*, 2003, 11.

［6］Snellen D. Urban Form and Activity-travel Patterns：An Activity-Based Approach to Travel in a Spatial Context. PhD. dissertation, Technische Universiteit Eindhoven, 2002.

［7］Papinski D, Scott D M, Doherty S T. Exploring the Route Choice Decision-Making

Rocess：A Comparison of Planned and Observed Routes Obtained Using Person-Based GPS. *Transportation Research Part F：Traffic Psychology and Behaviour*，2009，12（4）.

[8] Ben-Akiva M，Bowman J L. "Integration of an Activity-based Model System and a Residential Location Model". *Urban Studies*，1998，35（7）.

[9] Shiftan Y. "The Use of Activity – based Modeling to Analyze the Effect of Land-use Policies on Travel Behavior". *Annals of Regional Science*，2008，42.

[10] Hollenstein L，Purves R. "Exploring Place through User-Generated Content：Using Flickr Tags to Describe City Cores". *Journal of Spatial Information Science*，2013，（1）.

[11] Lüscher P，Weibel R. "Exploiting Empirical Knowledge for Automatic Delineation of City Centers from Large-scale Topographic Databases. Computers"，*Environment and Urban Systems*，2013，37（1）.

[12] 郭艳华：《广州建设人与自然和谐城市的现实思考》，《南方论丛》2008 年第 1 期。

# 《当代广州学评论》稿约

**【辑刊宗旨】**

加强广州研究，推进学科建设；对接海外资源，拓展国际视野；服务地方发展，培育高校智库。

**【辑刊特色】**

立足现实，坚持原创，贯通广州的历史和现实，实现基础研究与应用研究的双轮驱动。

**【辑刊形式】**

《当代广州学评论》由广州大学广州发展研究院、广州学协同创新发展中心联合海内外专家、学者共同策划、组编、出版，是以推进广州学学科建设为目的的专业性、学术性连续出版物，每年出版1辑。

**【辑刊栏目】**

《当代广州学评论》主要栏目有：学科前沿、方法论研究、文化展望、经济视野、决策咨询、热点聚焦、典籍文献、悦读书评及广府文化、海上丝绸之路等专题。

**【投稿须知】**

《当代广州学评论》投稿以中文为主，被录用外文文章由本刊负责翻译成中文，由作者审查定稿。《当代广州学评论》仅接受首发稿件，不接受一稿两投。

投稿地址为：广州市桂花岗东1号广州大学3号楼广州发展研究院《当代广州学评论》编辑部。

电子邮件投稿地址为：hopetan@126.com；dingyanhua@139.com。

《当代广州学评论》将在收到稿件后三个月内给予作者答复，稿件如被录用，将以微薄稿酬致谢作者。

图书在版编目(CIP)数据

当代广州学评论.第1辑/徐俊忠,涂成林主编.—
北京:社会科学文献出版社,2015.12
ISBN 978 - 7 - 5097 - 8382 - 5

Ⅰ.①当…　Ⅱ.①徐…②涂…　Ⅲ.①区域经济发展
- 研究 - 广州市 ②社会发展 - 研究 - 广州市　Ⅳ.
①F127.651

中国版本图书馆 CIP 数据核字(2015)第 276508 号

**当代广州学评论(第1辑)**

主　　编/徐俊忠　涂成林

出 版 人/谢寿光
项目统筹/王　绯
责任编辑/曹长香

出　　版/社会科学文献出版社·社会政法分社(010)59367156
　　　　　地址:北京市北三环中路甲 29 号院华龙大厦　邮编:100029
　　　　　网址:www. ssap. com. cn
发　　行/市场营销中心 (010)59367081　59367090
　　　　　读者服务中心(010)59367028
印　　装/三河市尚艺印装有限公司

规　　格/开本:787mm×1092mm　1/16
　　　　　印张:19.75　字数:312 千字
版　　次/2015 年 12 月第 1 版　2015 年 12 月第 1 次印刷
书　　号/ISBN 978 - 7 - 5097 - 8382 - 5
定　　价/78.00 元